Frank Fabian

Das Rätsel: Adolf Hitler

Was über Hitler bis heute verschwiegen wurde

Wirtschafts Verlag W. V. GmbH
Lauwetter 25
98527 Suhl

Tel. 0 36 81 / 3 53 58 49
Fax 0 36 81 / 30 02 09

Autor: Frank Fabian

www.wirtschaftsverlag-suhl.de

ISBN: 978-3-936652-38-3

Made in Germany

INHALT

1. HITLER, DAS RÄTSEL

Trotz der Literaturflut über Adolf Hitler wurde bis heute eine Frage, die vielleicht wichtigste Frage, für viele Deutsche immer noch nicht zufriedenstellend beantwortet:
WIE konnte eine Unfigur, ein brutaler, ungebildeter Krakeeler wie Hitler, überhaupt die Macht in Deutschland an sich reißen?
Die Deutschen waren doch ein hochkultiviertes Volk, das einen Marktschreier, einen Demagogen wie Hitler eigentlich sofort hätte durchschauen müssen?
Schließlich verfügte man mit Goethe, Schiller und vielen anderen feinen, abgeklärten und aufgeklärten Geistern, mit zahlreichen Schriftstellern und Philosophen, mit Kant und Fichte, über einen intellektuellen-hochgeistigen Hintergrund, der es mit den zivilisiertesten Nationen der Welt aufnehmen konnte?
Die Deutschen, das Volk der Dichter und Denker, verfügten über den höchsten Ausbildungsstandard der Welt! Sie hatten Genies wie Bach und Beethoven, Haydn und Mozart hervorgebracht – rund um den Globus beneidete man sie um ihre Musikalität und ihr Einfühlungsvermögen. Überall in deutschen Landen sang man, fast jeder Deutsche spielte ein Instrument. Im Bereich der Musik und der Kunst überhaupt war man in ästhetische Höhen aufgestiegen, die nie zuvor und vielleicht nie nachher je wieder erreicht wurden!
Zudem waren die Deutschen, in ihrer Gesamtheit jedenfalls, klar, ehrlich, offen und fleißig. Der US-amerikanische General George S. Patton (1885 – 1945), der alte Haudegen, der geholfen hatte, 1945 die Nazis niederzuringen und der gewiss nicht dafür bekannt war, ein Blatt vor den Mund zu nehmen oder einer Illusion anzuhängen, urteilte über die Deutschen: „In Wirklichkeit sind die Deutschen das einzig anständige in Europa lebende Volk.“ [1]
Welch ein Kompliment – von einem Feind! Der Deutsche war vielleicht dann und wann ein wenig derb, aber eine durch und durch ehrliche Haut. Er war im Allgemeinen dem Scherz zugetan und zudem hochbegabt, was Wissenschaft, Technik und das Ingenieurwesen angingen – noch heute bauen die Deutschen die besten Autos der Welt. Er verfügte über ausgezeichnete Baumeister, Architekten, Goldschmiede, Maler und Bildhauer.

Und trotzdem, und trotzdem … gab es da diesen Hitler, gelang es einem dahergelaufenen, österreichischen, rangniedrigen Soldaten, einem gescheiterten Kunstmaler, einem Versager, einem Strolch, sich an die Spitze dieses hochbegabten Volkes zu setzen? Und es in den Abgrund zu führen? Wie passte das alles zusammen?

FRAGEN UND ANTWORTEN

Um diese Frage endgültig zu beantworten, wurde das vorliegende Buch verfasst.
Wenn wir Hitler wirklich verstehen wollen, von seinem innersten Kern her, wenn wir künftige Hitlers verhindern wollen, wenn wir destruktiven Strömungen, die auch heute noch sichtbar sind, das Wasser abgraben wollen, müssen wir folgende Fragen ohne Wenn und Aber beantworten können:

- **WER lehrte Hitler das staatsumstürzlerische Know-How?**
  Nicht Hitler erfand die Techniken und Methoden, sich einen ganzen Staat in die Tasche zu stecken.

- **WER injizierte in Hitler die „Begeisterung für das Militär"?**
  Als man später die Bibliothek Hitlers durchforschte, entdeckte man, dass sich drei Viertel der gesamten Lektüre Hitlers mit militärischen Themen befasste. Aber WER waren seine genauen Vorbilder, WER seine konkreten Kontakte?

- **WELCHEN Geheimbünden gehörte Hitler an?**
  Zu selten wurde darauf aufmerksam gemacht, dass Hitler auch von Geheimbünden inspiriert wurde.

- **WER lehrte Hitler die Finessen der Rhetorik und verwandelte ihn in einen regelrechten Schauspieler?**

- **WER „motivierte" Hitler, als der Zweite Weltkrieg nicht so verlief, wie er es sich erträumt und zusammenfantasiert hatte?**
  Bis heute wissen zu wenige Menschen, vor allem junge Menschen,

dass Hitler mit Medikamenten/Drogen vollgestopft wurde, ja, dass sogar deutsche Soldaten, die unmenschliche Grausamkeiten im Zweiten Weltkrieg begingen, aufgrund von bestimmten Medikamenten so handelten, wie sie handelten. Zu viel wird also immer noch unter den Teppich gekehrt. Nur wenn wir all diese Fragen zufriedenstellend beantworten können, vermögen wir auch Hitler zu verstehen und damit unsere eigene Geschichte.

HITLER, DER SCHAUSPIELER

Machen wir sogleich die Probe aufs Exempel und verweilen wir bei den Themen „Rhetorik“ und „Schauspielerei“, um sofort zu demonstrieren, wie ein gänzlich anderes Hitler-Bild entsteht, wenn, wenn ..., ja, wenn wir nur um bestimmte Fakten wissen.

Es ist noch immer schaurig-faszinierend: Wenn man Hitler bei seinen Reden zuhört und wenn man beobachtet, welche Wörter und welche Gestik er verwendete, so ist man selbst heute nicht vollkommen davor gefeit, mitgerissen zu werden – man kann sich seiner Vorstellung und des „Rede-Theaters“, die der Diktator einst zum Besten gab, kaum entziehen.

Oberflächlich könnte man urteilen, dass Adolf Hitler ein begnadeter Rhetoriker war, der Menschen einfach in seinen Bann zog. Man könnte zu dem Urteil gelangen, dass er eine fast hypnotische Wirkung auf seine Zuhörer ausübte. Und man könnte von seinem unfassbaren Talent sprechen, die Massen aufzuwühlen.

Aber mit einer solchen Analyse kratzt man nur an der Oberfläche, man greift damit zu kurz.

Warum? Nun, mit einer solch mageren Analyse gelingt es nicht, „künftige Hitlers“ zu verhindern, sprich Diktatoren, Demagogen und Volksverführer.

Erst wenn man Hitler wirklich vollkommen auseinandernimmt, ihn seziert wie ein Arzt die Leiche, wenn er einer Krankheit auf die Spur kommen will, erst dann wird das Phänomen Hitler verständlich.

Üblicherweise werden im Falle Hitlers mindestens drei Faktoren zu wenig Beachtung geschenkt, wenn sein Redetalent also aufs Korn genommen wird.

ERSTENS: DIE KULISSE

Goebbels, der Propagandaminister Hitlers, ein Teufel in Menschengestalt, inszenierte die öffentlichen Reden seines Herrn und Meisters unvorstellbar sorgfältig. Die beeindruckenden Aufmärsche, die fackeltragenden Jünglinge, die im Stechschritt marschierenden Soldaten – all das und noch sehr viel mehr zauberten eine einzigartig beeindruckende Atmosphäre. Sie erst verschafften Hitler das entsprechende „Bühnenbild"; denn um nichts anderes handelte es sich: um Theater, um Schmierentheater vielleicht, aber gleichzeitig um eine höchst gekonnt inszenierte „Show", wie wir heute sagen würden. Goebbels war ein begnadeter Theatermann, der genau wusste, was funktionierte und was nicht. Nicht umsonst war er der Minister des gesamten Propagandaapparats, er herrschte über den Film,

Abbildung 1: Nazi-Soldaten in Nürnberg, 1936, Reichparteitag
Niemand inszenierte seine „Events" so sorgfältig wie die Nazis. Jeder Reichparteitag war ganz große Show. Man betrachte einmal völlig distanziert den Reichsadler zur Linken und zur Rechten, die (optisch eindrucksvollen) drei SS-Flaggen, die Bühne und die Stahlhelme der (scheinbar unzähligen) Soldaten, wobei das gesamte Bild sorgfältig perspektivisch komponiert ist und auf einen einzigen Punkt zuläuft, auf die Bühne.
Der Adler war bereits ein römisches Feldzeichen, er besitzt eine ehrwürdige Tradition, die Herrschaft und Befehlsgewalt anzeigt.

das Radio und die Zeitungen. Alles, alles wurde auf die richtige „Stimmung" hin abgetastet und ausgerichtet. Es handelte sich um ganz großes Staatstheater. Das war der Hintergrund, auf dem Hitler agierte.
Die besten Kameraleute, Cutter und Regisseure, die begabtesten Künstler und die frechsten, schmissigsten Texter feilten und schmirgelten an den Hitlerauftritten, bis das kleinste Detail stimmte. Es ging darum, den „Führer" schier ins Überirdische zu erhöhen.

ZWEITENS: DIE WELLENLÄNGE

Vergessen wird zudem gern die *Wellenlänge* der Hitler-Reden. Es handelte sich hierbei um ein regelrecht physikalisches Phänomen, das eine enorme „mentale" Wirkung ausübte. Die Art und Weise der Führeransprache übertrug sich in rasender Geschwindigkeit auf die Massen. Hitler nutzte eine zornige, destruktive Wellenlänge, darauf ausgerichtet, Wut und die Empörung *in anderen* auszulösen. Der Zorn riss Menschen aus ihrer Apathie und Lethargie, aus ihrer Verzweiflung und Furcht und katapultierte sie in den Bereich der Wut und des Hasses hinein. Der grollende Ton Hitlers übertrug sich. Es handelte sich um ein hoch interessantes, psychologisches Phänomen: Indem der „Führer" die Emotion Zorn schauspielerte, übertrug sich dieser *Zorn* auf die Zuhörer- und Zuschauermenge.
Zorn erweckt Zorn.
Testen Sie es einmal selbst aus, beobachten Sie es persönlich. Wenn jemand in Ihrer Umgebung voller Zorn agiert, überträgt sich der Zorn auf Sie selbst – nicht immer, aber oft. Die physikalischen Schwingungen des Zorns verursachen, dass man selbst plötzlich mitgerissen wird, Zorn wird in uns angezündet. *Die eigene Emotion verändert sich.* Zorn, Wut und Protest machen sich plötzlich in der Brust breit. Wenn der Zorn auf eine bestimmte Zielgruppe ausgerichtet wird – im Falle Hitlers waren das die Juden, die „jüdische Weltverschwörung" oder die „jüdischen Kapitalisten" – so überträgt sich diese Wut auf eben diese Zielgruppe.
Alle schlechten Instinkte, die jeder von uns besitzt, werden plötzlich wach. Schlagartig verändert sich die eigene Stimmung, ja die gesamte Gefühlswelt. Auf einmal will man etwas zerschlagen und zerstören. Man schwingt auf der gleichen Wellenlänge mit. Der Redner über-

trägt seine Wut auf die Menge, die er sehr berechnend manipuliert. Er peitscht und hetzt sie auf.
Und die Menschen bemerken nicht, wie übel sie manipuliert werden.

DRITTENS: DAS RHETORIK-TRAINING HITLERS

Verhältnismäßig unbekannt ist weiter die Tatsache, dass sich Hitler von den besten Rhetorikern und Theaterfachleuten der Zunft trainieren ließ. Sein persönlicher Trainer war ein bekannter, ja berühmter Gesangslehrer, Rhetoriklehrer und Bühnenfachmann namens Paul Devrient (1890 – 1976).
Gesangslehrer, so muss man wissen, verfügen über ein ganzes Repertoire von Techniken. Und so schmirgelte Devrient an Hitlers Reden, an seinem Rhythmus und der Melodik, an der Dynamik und der Stimmlage und -farbe seines Schülers Adolf Hitler. Besonders hob er auf die richtige, aufwühlende *Emotion* ab. Sie war und ist alles während einer Rede. Hitler beherrschte zweieinhalb Oktaven im Frequenzbereich des menschlichen Gehörs, so dass er seine Rede entsprechend modulieren konnte und er nie langweilig wirkte. Devrient korrigierte Hitler anfänglich in vielen Belangen, denn der „größte Feldherr aller Zeiten“ sprach zu Beginn zu oft mit heiserer Stimme, ja er quietschte, quetschte und quengelte manchmal nur mühsam die Töne aus sich heraus. Zudem zeigte Hitler eine schlechte Haltung auf der Bühne, er atmete stoßweise und schlecht, die Halsmuskeln waren verspannt und der Körper verkrampft. Hitler wanderte ursprünglich während einer Rede ständig auf und ab, er fuchtelte wild mit den Händen und rollte mit den Augen. Seine Aussprache war zu feucht. Außerdem verfügte er nur über einen geringen Wortschatz, seine Grammatik war hölzern und steif, seine Kenntnis der Sprache bescheiden. Und Hitler litt unter Lampenfieber.
Devrient trieb ihm die Flausen aus. Bestimmte Atem- und Sprechübungen vor der Rede lockerten seine Verkrampfungen. Er brachte ihm weiter die *Maskottchen-Technik* bei, die darin besteht, einen Gegenstand, dem man positive Gefühle entgegenbringt, vor sich auf dem Rednerpult zu platzieren. Hitler nutzte ein silbernes Hundehalsband, das er liebte. Immer wenn ihn Unsicherheit übermannte, immer wenn ihn das Lampenfieber heimsuchte, fixierte er seinen Blick auf das Hundehalsband – und blendete damit die Zuhörer und Zuschauer für einen Augenblick lang aus.

Seine Gefühle schlugen ins Positive um und das Halsband verscheuchte seine Angst.

Um die Wirkungen der Gesten zu erlernen, ließ Devrient Hitler seine Rede ohne Worte halten, stumm, nur mit Hand- und Körperbewegungen. Er belehrte ihn, dass theatralische Gesten Worte gekonnt unterstreichen und ebenfalls eine enorme Wirkung ausüben, wenn sie nur professionell eingesetzt werden.

Rede, kombiniert mit Gestik, ist ein eigenes Schulungsfach im Rahmen des Schauspielunterrichts.

Abbildung 2: Hitler mit Hitlergruß

Hitler setzte den Hitlergruß gezielt und berechnend ein. Der rechte Arm (mit flacher Hand) wurde schräg nach oben gestreckt, meist begleitet von den Worten „Heil Hitler!" oder „Sieg Heil!" Je zackiger und markanter der Gruß ausgeführt wurde, umso größer war der Effekt. Auch der Hitlergruß war nichts als Theater. Es handelte sich um eine spezielle Geste, die vielleicht von Benito Mussolini, dem italienischen Diktator, abgekupfert worden war, der einen ähnlichen Gruß auf die römischen Legionen zurückführte.

Das Wort „Heil" war besonders in Österreich beliebt, kam in einer Oper Wagners vor, dem Lieblingskomponisten Hitlers, aber es wurde auch in der Geheimgesellschaft Thule verwendet.

Wie lange Hitler den Hitler-Gruß übte, ist nicht bekannt.

Devrient lehrte den „Führer" weiter, *verschiedene* Grußgesten auszuführen, abhängig von dem Zielpublikum, nicht nur den Hitlergruß. Jede Pose wurde einstudiert, jede Bewegung, wie auf einer Bühne. [2]

Abbildung 3: Hitler mit zweitem Gruß
Hitler selbst pflegte den Hitler-Gruß oft mit nach hinten angewinkeltem Arm zu erwidern, möglichst schmissig und aufmerksamkeitsheischend.
Die verschiedenen Bewegungen wurden von Hitler regelrecht eintrainiert. Es handelte sich ebenfalls nur um Show und große Geste – Theater eben.

Außerdem belehrte Devrient Hitler, mit den Augen bis in die letzten Reihen seiner Zuhörer zu schauen und das gesamte Publikum zu umfassen, nicht nur die erste Reihe, was ein klassischer Anfängerfehler des angehenden Rhetorikers ist. Er riet ihm, jeden einzelnen Zuhörer zu zwingen, Blicke mit ihm auszutauschen, so dass er ihn „hypnotisieren" oder zumindest in seinen Bann schlagen konnte.

Überdies brachte er ihm bei, örtliche Skandale vor der Rede in Erfahrung zu bringen, so dass er nicht immer nur den gleichen Text herunterleiern musste.

Devrient riet Hitler weiter, bestimmte Schlagworte ständig zu wiederholen. Und er riet ihm immer wieder, bestimmte gefühlsdurchtränkte

Vokabeln zu gebrauchen, mit denen intensiv *Emotionen* geweckt werden konnten; er empfahl, auf dünne, blutleere Worte zu verzichten.
Sogar inhaltlich trainierte Paul Devrient seinen Schüler mithin, nicht nur, was die Form der Rede anging. Devrient stutzte Hitler zurecht. Als bekannter deutscher Opernsänger und Regisseur genoss er einen exzellenten Ruf und verfügte über die entsprechende Autorität. Er war ein namhafter Verdi- und Mozart-Interpret, bekannt unter anderem in Berlin, Chemnitz, Darmstadt, Dresden, Frankfurt, Hannover und Köln, wo er überall auf der Bühne gestanden hatte. Und Hitler hörte zu und lernte und lernte…
Devrient ließ Hitler zur Auflockerung sogar Stegreifspiele aufführen. Und so geriet Hitler, der knödelnde, spuckende, verkrampfte Adolf Hitler, zu einem exzellenten Rhetoriker. [3]
All das waren und sind die Hintergründe, die man mitdenken muss, wenn man Hitler enträtseln will.
Wann lernen wir endlich zu verstehen, dass Adolf Hitler nichts als ein *Schauspieler* war, ein „Staatsschauspieler“, der die Show penibel einübte? Seine Bühne war Deutschland, und für das Bühnenbild sorgte Goebbels. Hitler war eine Art Theater-Hampelmann, der seine Politik verkaufte wie ein Schmierenkomödiant seine Vorstellung, wie ein Leierkastenmann sein Gedudel. Es ging ihm darum, möglichst viele „Vorhänge“ zu ergattern, worunter man in der Theatersprache versteht, dass ein Darsteller wieder und wieder auf die Bühne gerufen und der Vorhang sich abwechselnd hebt und senkt, weil das Publikum einfach nicht aufhört zu applaudieren.
Die ganze Show Hitlers war nichts als ein billiger Theatereffekt.
Hitler war also nichts anderes als ein begabter Schauspieler – ein Prädikat, das man ihm nicht absprechen kann, das man ihm zugestehen muss. Aber er war gleichzeitig eben „nur“ ein Schauspieler, das heißt, es ging ihm nicht im Geringsten darum, Verbesserungen herbeizuführen, wie man das bei einem guten Politiker voraussetzen darf. Es ging ihm nur um die Äußerlichkeit, die Hülle, den Showeffekt, den Schein.
Zusammen mit Goebbels schuf er so das Märchen von dem „begnadeten Rhetoriker“, er wurde zu der „über jedes menschliche Maß hinausgehobenen Führerfigur“ aufgepeppt.
Die Deutschen kauften ihm das Märchen ab. Sie ließen sich von ihm hypnotisieren, sie ließen sich von ihm wieder und wieder um den Finger

wickeln, sie applaudierten frenetisch. Ständig marschierten sie in die gleiche Theatervorstellung, die da hieß:
ADOLF HITLER SPRICHT.

Abbildung 4: Wächserne Statue des Rhetorikers Adolf Hitler im Madame Tussaud-Kabinett in Prag, 2017. Jedes optische Detail war bis ins Kleinste ausgeklügelt: die Militäruniform, die einen martialischen, draufgängerischen, kämpferischen Charakter suggerieren und die Soldaten ansprechen sollte, der gut geknotete, feine Schlips und das saubere Hemd, was das Bürgertum zufriedenstellte, und die Armbinde für die Parteileute.
Bemerkenswert ist weiter der eigenwillige Oberlippenbart Hitlers, der auch Zweifinger-. Chaplinbart oder Quadratbärtchen genannt wurde. Er war nur zwei bis drei Zentimeter breit.
Ursprünglich trug Hitler einen Kaiser-Wilhelm-Zwirbelbart, einen Schnauzer, der jedoch aus militärischen Gründen auf Stummelformat zurechtgestutzt werden musste, damit Hitler im Ersten Weltkrieg eine Gasmaske tragen konnte. Auch er verwies optisch eindringlich auf Hitlers Engagement als Soldat, genauso wie der Orden auf der Brust. Auf diese Weise konnte er die Zuneigung verschiedener wichtiger Wählergruppen gewinnen.
Jeder einzelne Zentimeter des Diktators war also berechnend auf Wirkung, auf Effekt, auf Show ausgerichtet. Alles war (politisches) Theater.

Und so hob sich der Vorhang wieder und wieder.
Erst jetzt beginnen wir langsam, Hitler wirklich zu verstehen.
Alles war Theater.
Das aber lehrt uns viel.

POLITIKER HEUTE

Erst wenn wir wirklich verstanden haben, dass Hitler nichts als ein *Schauspieler* war, können wir begreifen, warum es bis heute fragwürdigen Politikern gelingt, die Massen für sich zu gewinnen. Selbst die armseligsten Hanswürste können einen gewissen Showeffekt erzielen, wenn sie nur über ein wenig schauspielerisches Talent verfügen und wenn ein paar Milliliter Theaterblut durch ihre Adern fließen.
Wenn wir Hitler wirklich verstehen, den Schauspieler Adolf Hitler, können wir auch heute zweifelhafte Politiker in Blitzgeschwindigkeit durchschauen. Sie werden mit ein paar gefühlsdurchtränkten Wörtern und großartigen Gesten versuchen, das Volk namenlos zu beeindrucken, sie werden poltern, schreien und brüllen, um Effekte zu erzielen. Sie werden versuchen, die Massen aufzuwiegeln, den Verstand auszuschalten und negative, destruktive Emotionen wachzukitzeln.
Vergessen wir nie: Auch Politik ist Theater, nichts als Theater, „Volkstheater".
Wenn wir Hitler vollständig durchschaut haben, können wir auch anderen Demagogen leichter auf die Schliche kommen.
Wir können „künftige Hitlers" verhindern.

VORSCHAU

Sie haben es längst erraten: Mit diesen Anmerkungen, mit diesen Fingerzeigen wissen Sie, was Ihnen das vorliegende Buch bietet.
Nur Spezial-Historiker, die sich mit dem *Dritten Reich* befassen, können die Fragen, die wir aufgeworfen haben, zufriedenstellend beantworten. Aber im Grunde genommen fehlt immer noch eine systematische Aufklärung über verschiedene Hitler-Finessen, denn niemand war je destruktiver für Deutschland und für die Welt, vielleicht abgesehen von Stalin und Mao-Tse-Tung.
WIE also konnte es Hitler gelingen, die Deutschen so namenlos zu beeindrucken, dass sie ihm nachfolgten wie Kinder dem Rattenfänger von Hameln?
WER beeinflusste Hitler, WAS waren seine Quellen? WORIN bestanden Hitlers genaue Techniken und Methoden, um die Menschen einzu-

seifen und um den Finger zu wickeln?
Erst wenn wir die richtigen Antworten parat haben, können wir Hitler verstehen und – noch einmal – können wir künftige Hitlers und Demagogen verhindern.
Nur wenn wir Hitlers „Geheimnisse“ endgültig entschlüsseln, wenn wir das Rätsel Hitler lösen, lassen sich seine Nachfolger, die versuchen, in seine Fußstapfen zu treten, schnell entzaubern.
Wir müssen eine *Lehre* aus der Vergangenheit ziehen, so dass sie sich nicht wiederholt und wir nicht wie ein Hamster im Schwungrad immer auf der gleichen Stelle treten.
Vielleicht gibt es keine wichtigere Aufgabe der Geschichtswissenschaft, als eben diese Lehre zur Verfügung zu stellen.
Steigen wir also ein. Und fragen wir uns als erstes, AUS WELCHEN QUELLEN Hitler schöpfte? WER gab Hitler die Ideen ein? Die richtige Antwort hierauf liest sich gänzlich anders, als es uns die gängigen Geschichtsbücher suggerieren.

2. DIE TEUFLISCHEN EINFLÜSSE

Wenn man eine Theatervorstellung besucht, so ist der wichtigste Mann immer der Regisseur, der das Schauspiel inszeniert und der für den (künstlerischen) Gesamteindruck und den Erfolg verantwortlich ist. Danach kommt in der Hackordnung der Hauptdarsteller, dessen Name im Idealfall so zugkräftig ist, dass sich möglichst viele Besucher in die Vorstellung drängen. Auch die anderen Schauspieler sind selbstredend wichtig, sowie die zahlreichen Posten hinter, vor, über und unter der Bühne.
Übersehen wird jedoch oft die Bedeutung des Theaterautors – des Mannes, der die Theatertexte verfasst und der vollständig für die Inhalte und die Botschaft eines Schauspiels verantwortlich ist. *Er* bestimmt die Dialoge und den gesamten Handlungsablauf, *er* lässt die Schauspieler nach seiner Pfeife tanzen, und selbst der Regisseur kann ohne ihn nicht einmal mit seiner Arbeit beginnen.
Auch im ganz großen Film heute wird die Bedeutung des Autors/ Urhebers im Allgemeinen unterschätzt. Man ehrt die Hauptdarsteller, kniet vor ihnen und wirft ihnen manchmal Millionensummen nach, und man verbeugt sich bis zum Boden vor den Herren Regisseuren. Das sind die Götter, die man feiert und mit Legenden umwebt. Aber vergessen werden zu oft die *Drehbuchautoren,* die doch die ganzen Charaktere erst aus dem Boden stampfen, die für die Spannung verantwortlich sind und die Handlung vorantreiben. Sie schaffen aus Nichts Etwas. Ihre Ideen, ihre Einfälle und ihre Erfindungen sind der Ursache-Pol, ohne den es nie einen Film gäbe. Sie sind die unbesungenen Genies, die eigentlichen Drahtzieher und Strippenzieher hinter den Kulissen, sie sind die Gehirne hinter unvorstellbaren Welterfolgen.
Fragen wir uns also: WER war für die Texte, Inhalte und Botschaften im Falle Adolf Hitlers verantwortlich? Zugegeben: Hitler war in gewissem Sinne Regisseur und Hauptdarsteller in Personalunion, was das Thema *Nationalsozialismus in Deutschland* anging; er war außerdem der Trommler.
Und dennoch leierte er nur einen Text herunter, der längst vorgegeben und alles andere als original war. Er war eigentlich nur eine Art Hampelmann, eine Art Schmierenkomödiant, ein Interpret, der etwas nachbetete. Er blies Texte auf, er motzte Sätze auf, die ihm von *anderen* eingeflüstert worden waren.

WESSEN TEXTE?

Hitler war also bei Licht betrachtet nichts als ein nachplappernder Schauspieler, wenn er die Show auch zugegebenermaßen hochprofessionell in Szene setzte.

Aber WER stand hinter ihm, wer waren die Hintermänner, WER die wahren Autoren?

Mit dieser Frage haben wir die wichtigste Frage gestellt, die überhaupt vorstellbar ist.

Doch wir betreten mit dieser Frage auch ein gefährlich glatt gebohnertes Parkett.

Denn die Antworten werden nicht allen schmecken, und sie sind nichts für zarte Gemüter.

Ein Rätsel rund um Hitler besteht bis heute noch immer darin, dass niemand all die unglaublichen Scheußlichkeiten und Verbrechen wirklich nachvollziehen und *verstehen* kann. Man kann sie sich kaum rational erklären, man steht fassungslos vor all den Gräueltaten – jedenfalls wenn man über ein Gewissen verfügt.

WER also gab dem Hauptdarsteller Hitler seinen Text ein?

Wir wissen heute, dass allein sechs Millionen Juden im *Dritten Reich* aus dem Leben befördert wurden. Man erschoss sie einfach in den verschiedenen Ländern, die von den deutschen Armeen besetzt wurden, im Osten und Westen, im Süden und Norden Europas, oder vergaste sie in den Konzentrationslagern. Wir wissen inzwischen, dass überdies „Zigeuner" (Roma), „Unfertige", politische Häftlinge, „Asoziale", Landstreicher und körperlich und geistig Behinderte ohne mit der Wimper zu zucken von den Nazis umgebracht wurden. Der Tod wurde durch Giftspritzen, durch Verhungern oder durch den barbarischen Elektroschock herbeigeführt, aber die Methode des Vergasens war vorherrschend, denn das war „praktisch". Zunächst arbeitete man mit Autoabgasen, später mit dem Gas *Zyklon B,* das die Firm I. G. Farben herstellte.[1] Dann schob man die Toten in eine Art Backofen und verbrannte sie, oder man verscharrte die ausgemergelten, leblosen Körper in Massengräbern. Wir alle kennen die entsprechenden Bilder, sie machen uns noch heute schaudern.

Aber die Frage aller Fragen lautet doch:

WER stand dahinter, wer gab Hitler die Texte ein? WER verunglimpfte die Juden und all die anderen „niederen Rassen", sowie die „Asozialen" und die geistig und körperlich Kranken? Nach welcher Melodie tanz-

te der „größte Feldherr aller Zeiten“? WER waren Hitlers Einflüsterer und Ohrenbläser? Und WIE lassen sich all diese *Verbrechen wider die Menschlichkeit,* wie sie später genannt wurden, erklären?
In diesem Kapitel werden dem Leser Antworten gegeben, die bislang bestenfalls in beschönigender Weise in der Literatur zu finden sind, fast verschämt. Vielleicht werden diese Antworten so manches Weltbild auf den Kopf stellen. Aber der Lohn wird auf der anderen Seite hoch sein: Vielleicht werden einige Leser das Phänomen Hitler erstmals vollkommen *verstehen.*

EINE WELT IN AUFRUHR

Ziehen wir den Vorhang beiseite. Zunächst müssen wir begreifen, wie die Welt um die Jahre 1890, 1900, 1910 aussieht, um die vorletzte Jahrhundertwende, die Welt, in die Adolf Hitler hineingeboren wird[2]. Die Zeiten sind wild, um das Mindeste zu sagen. Es brodelt unter der Decke, alles ist in Bewegung.
Hitler wird am 20. April 1889 in Österreich-Ungarn geboren, in dem winzigen Städtchen Braunau, das direkt an der Grenze zu Bayern liegt. Österreich-Ungarn wird von einem Kaiser regiert, von Franz Joseph I. (1830 – 1916), der jedoch mit eiserner Faust herrscht. Franz Joseph stammt aus dem mächtigen Geschlecht der Habsburger, in deren Reich einst die Sonne nie unterging. Der Kaiser ist ein rechthaberischer Eisenfresser, er führt ein Säbelregiment. Kaum verständigt er sich mit den Ungarn und anderen politischen Kräften. Die Demokratie wird abgebügelt, ein Parlament nicht geduldet.
Verschiedenen Kräften und Geheimbünden ist er deshalb ein Dorn im Auge – wir werden auf sie noch zu sprechen kommen.
Aber im Moment hält Franz Joseph I. die Zügel fest in der Hand. Zu herrlich sind die Erinnerungen an Maria Theresia (1717- 1780), die gute Kaiserin der Habsburger, zu prachtvoll sind die Schlösser und zu verführerisch die Romantik, mit der sich die Monarchie umwebt. Franz Joseph, der quadratschädelige, dickköpfige, selbstgerechte Kaiser, dem es sowohl an Intelligenz mangelt als auch an Liebe zu seinen Untertanen, lebt von dieser Vergangenheit, er lebt *in* dieser Vergangenheit; alle Freiheitsbestrebungen würgt er rigoros ab.

Gleichzeitig sind weite Teile des Volkes unzufrieden. Renommee besitzt nur, wer mit einem Adelstitel glänzen kann oder aus einem wohlhabenden Haus stammt. Zu viele Österreicher sind zwar brave, aber bedeutungslose Untertanen, sie gehören Klassen an, die nicht geachtet werden.
Hitler selbst erfährt das am eigenen Leib: Sein Vater ist ein kleiner, unbedeutender Zollbeamter, der bis zu seinem 39. Lebensjahr Alois Schicklgruber heißt. Von ihm wird Hitler während seiner Kindheit regelmäßig windelweich geprügelt, weil er in der Schule ein ausgemachter Faulpelz ist. Ein sumpfig-herrschsüchtiger Ton herrscht zu Hause, eine spießbürgerliche, muffige, kleingeistige Atmosphäre.
Später schämt sich Hitler seiner Herkunft und lässt die Heimatdörfer seines Vaters und seiner Großmutter zum militärischen Sperrgebiet erklären.
Hitler wächst heran und besucht erst verschiedene Volksschulen, dann eine Staatsrealschule, aber er ist lernunwillig, bleibt mehrmals sitzen und schließt die Schule nicht ab.
Als er heranwächst, schlägt er sich deshalb mehr schlecht als recht durch. Als der Vater stirbt, erhält er eine Waisenrente, mit der er sich mit Müh und Not eine Zeitlang über Wasser hält. Später stirbt auch die Mutter, auch hier winkt eine kleine Rente. Hitler versucht, als Künstler und Maler sein Brot zu verdienen, doch die Wiener Kunstakademie lehnt ihn ab. Nun befindet er sich ständig in Geldnöten. Er lügt sich durch, indem er sich als „akademischer Maler" ausgibt oder als „Schriftsteller", und indem er versucht, einige kleine Gemälde zu verscherbeln. In Wahrheit wohnt er inzwischen in einem Obdachlosenasyl und kriecht in Männerheimen unter. Er kopiert Postkarten, Ansichtskarten, zeichnet Aquarelle nach und verkauft sie oder lässt sie verkaufen – teilweise durch Juden. Grundsätzlich ist er arbeitsscheu, er ist ein herumlungernder Gammler und ein verkrachter Künstler. Vornehm drückt es Joachim Fest aus, der ausgezeichnete Hitlerbiograph, der ihm „ein Unvermögen zu regelmäßiger Arbeit" [3] bescheinigt. Der Beobachtung eines Kumpels zufolge ist Hitler in dieser Zeit „schmächtig, schlecht genährt, hohlwangig … und schäbig gekleidet". [4]
Erbost fragt sich Hitler, wer für seine Misere verantwortlich ist?
Nicht nur Hitler braucht eine Erklärung, eine Rechtfertigung, einen Sündenbock, für all die Probleme, über die man im Alltag stolpert, für all die winzigen Benachteiligungen, die unsichtbaren Schmähungen und die kleinen Nadelstiche.

Aufgrund seiner Kontakte und seiner Lektüre gibt er sich selbst die Antwort:
Natürlich, die *Juden*, die Juden sind schuld!
Hitler verschlingt in dieser Phase gierig zahllose Hefte, Magazine und Broschüren, die die Juden verteufeln und die Arier hochloben. Er hört die polternden Reden einiger Politiker in Wien, die wider die Juden hetzen. Sein Weltbild beginnt sich langsam zu formen. Für all die kleinen und großen Widerwärtigkeiten des Lebens gibt es offenbar eine Erklärung. Ja, es sind die Juden, die alles Unglück der Welt heraufbeschworen haben.
Mehr und mehr kommt Hitler mit dem Antisemitismus in Kontakt.
Georg von Schönerer (1842 – 1921) ist zu nennen, ein Polterer, Politiker und Schmähredner, der verschiedene nationalistische Vereinigungen anführt oder gründet. Schönerer ist ein radikaler Antisemit. Hitler vergöttert ihn, denn er verschafft ihm gute Rechtfertigungen für sein eigenes Versagen. Schönerer gebraucht in seinen Hetzreden bereits Vokabeln wie „Entjudung" oder „Rassentrennung". Hitler beginnt, die Multikulti-Atmosphäre Wiens, wo er inzwischen lebt, zu hassen, mit all ihren verschiedenen Nationen. Aber er lehnt auch die Habsburg-Monarchie ab, sowie das Christentum. Dafür lauscht er weiter willig und fasziniert dem Wiener Bürgermeister Karl Lueger (1844 – 1910), der ebenfalls auf die Juden wild eindrischt.
Durch üble Schmierhefte und billige Magazine, durch Schmachbüchlein und antisemitische Trivialautoren wie List und Liebenfels – auch Schreiberlinge wie Lapouge, Grant, Ammon und Gumplowicz werden in der Literatur genannt – kommt Hitler endgültig zu der Überzeugung, dass die Juden die Wurzel allen Übels sind.
Hitler liest sogar das opulente Werk *Die Grundlagen des neunzehnten Jahrhunderts,* ein Buch des antisemitischen Schriftstellers Houston Stewart Chamberlain (1855 – 1927), in dem die verschiedenen Rassen unterschiedlich bewertet und erneut die Juden verteufelt werden.
Genau an dieser Schnittstelle sind wir unversehens den Einflüsterern Hitlers auf der Spur. Langsam beginnt die Fährte heiß zu werden. Sie führt uns in den Bereich der Philosophie und der Religion, ja sogar in die heiligen Zirkel der Wissenschaft. Sie wurde bis heute nicht wirklich ausgelotet und jedenfalls nicht der breiten Öffentlichkeit bekannt gemacht, wahrscheinlich, weil sie zu brisant ist. Die Spur führt uns zu einer verborgenen Quelle.

DER NIEDERGANG DER RELIGION

Wenn man versucht, in unzulässigen Verallgemeinerungen die letzten 2000 Jahre in Europa zu überblicken, was Religion und Philosophie, Weltsichten und Glaubensbekenntnisse angeht, so muss man feststellen, dass die Religion, konkret das Christentum, etwa 500 bis 1500 n. Chr. nahezu unumschränkt herrschte, jedenfalls in unseren Breiten, in Deutschland, England, Italien, Frankreich und so weiter.

Die christliche Moralethik mit den zehn Geboten und seinem Sündenkatalog beherrschte nahezu in absolutistischer Manier das Denken. Architektur und Malerei, Musik und Literatur unterstützte die christliche Weltsicht in jeder Beziehung. Der mittelalterliche Mensch hinterfragte das Christentum nicht. Bis zum 15./ 16. Jahrhundert entschied der Typus des Priesters in den meisten europäischen Ländern, was gedacht und wie gehandelt werden musste. Streitigkeiten wischte der Papst in Rom blitzschnell vom Tisch. Selbst als Luther (1483 – 1546) auf den Plan trat und der Dreißigjährige Krieg (1618 – 17648) Deutschland und andere Regionen verwüstete, blieb man christlich, wenn es auch jetzt zwei große Konfessionen gab, von vielen kleineren Sekten ganz abgesehen. Niemand zweifelte daran, dass Jesus Christus tatsächlich gelebt hatte und für die Menschen gestorben war, um sie von ihren Sünden zu erlösen. Jedermann glaubte, nach seinem Tod im Rahmen des Jüngsten Gerichtes Rede und Antwort stehen zu müssen, was seine Missetaten anging. Und also bemühte sich der mittelalterliche Mensch, etwas weniger zu sündigen, um nicht der ewigen Seligkeit verlustig zu gehen.

Während im Osten der Buddhismus halb Asien zivilisierte, hob im Westen das Christentum halb Europa auf ein höheres Niveau.

Aber spätestens als die *Aufklärung* Platz griff, begann Religion generell und das Christentum speziell an Reputation zu verlieren.

Mit dem Begriff „Aufklärung“ bezeichnet man eine konkrete geschichtliche Periode, eine ganze Epoche – vom 17. bis zum 18. Jahrhundert. In England, in den USA, in Frankreich, in Deutschland, in der Schweiz … überall griff auf einmal die „Aufklärung“ um sich.

Der Grund? Die bisherigen religiösen Erklärungsversuche der Welt, sprich der Bibel, stellten sich mit einem Mal als falsch heraus. Bisher hatte man beispielsweise angenommen, die Welt wäre im Jahre 3950 vor Christus von Gott erschaffen worden. Nun erkannte man plötzlich, dass das unmöglich der Wahrheit entsprechen konnte: Es gab den Menschen schon vor Zehntausenden, Hunderttausenden und Millionen von Jahren. Aber das war nur ein einziger Stein in dem morschen theologischen Gebäude, das auf einmal Stück für Stück abzubröckeln begann. Allenthalben entdeckte man Unwahrheiten in der Bibel. Die Erde drehte sich um die Sonne und nicht umgekehrt, wie in der Bibel behauptet. Weiter konnte die Welt unmöglich in sechs Tagen erschaffen worden sein. Schließlich war die Erde keine Scheibe. Kolumbus und andere Seefahrer hatten das hinreichend bewiesen. Mit Fernrohren konnte man plötzlich den Verlauf der Gestirne beobachten und berechnen. Der Himmel hörte auf, eine Spielwiese eines allmächtigen Gottes und der Engel zu sein, und selbst an der Existenz der Hölle konnte man berechtigte Zweifel anmelden.

Das theologische Gebäude stürzte krachend ein. Die gesamte politische Philosophie geriet ebenfalls ins Wanken: Bisher hatte sich der Monarch auf den Papst oder einen anderen Hohepriester sowie auf Gott selbst berufen können, was seine Herrschaftsberechtigung anging. Unversehens stellte es sich jedoch heraus, dass das alles Unsinn war – niemand konnte Gott als Garant für die eigene Herrschaft zitieren. Es waren lediglich ein paar fragwürdige Priester, die den Monarchen bislang den Steigbügel gehalten hatten.

Ein Großteil der intellektuellen Welt lehnte sich mit einem Mal gegen die Behauptungen der Priester auf, an die sie viele Jahrhunderte wortwörtlich geglaubt hatten. [5]

Mit dem Zusammenbruch der priesterlichen Vorherrschaft stürzte jedoch auf einmal das gesamte Weltbild der Menschen des 17. und 18. Jahrhunderts ein. Die Vernunft gebot es, nach neuen Erklärungen für bestimmte Phänomene Ausschau zu halten. Selbst der Moralkodex des Christentums wurde in Frage gestellt. Mit anderen Worten: Das Kind wurde mit dem Bade ausgeschüttet.

DIE MORALISCHE ENTHEMMUNG

Als Ethik und Integrität keine Patronage bei den Überirdischen mehr besaßen, vergaßen viele „Denker“ und Philosophen, dass das Christentum auch sehr viel Gutes bewirkt hatte. Christliche Mönche hatten einstmals den barbarischen Germanen lesen und schreiben beigebracht, Schulen gegründet und die Zivilisation auf ein höheres Niveau gehoben. Christliche Nonnen hatten sich aufopferungsvoll um Kranke und Arme gekümmert und die Schwachen, Witwen und Waisen getröstet. Religiöse Gebote hatten geholfen, dass Millionen von Menschen Sünden vermieden und Gutes taten. Das Gebot der Nächstenliebe war ein edles Gebot, das vielleicht nie von einem anderen Gebot übertroffen worden ist.

Einige Aufklärer, selbst wenn sie von den besten Absichten beseelt waren, vergaßen, in einem geschichtlichen Kontext gedacht, dass Religionen einen Ordnungsrahmen zur Verfügung gestellt hatten, der das Zusammenleben erleichterte. Religionen hatten Integrität und Ethik gefördert, und wenn auch viele religiöse Gesetze und Regeln inzwischen überzogen wirkten und veraltet waren, wenn auch im Namen und im Rahmen der Religionen viele Grausamkeiten begangen worden waren, so konnte man doch die ursprünglichen guten Absichten nicht in Abrede stellen, ob es sich nun um den Konfuzianismus oder den Buddhismus handelte, den Judaismus oder das Christentum.

Und so verwundert es nicht, dass die „Herrschaft der Vernunft", die die Aufklärer beschworen hatten, zunächst in ein erstaunliches 19. Jahrhundert einmündete, daraufhin aber in ein furchtbares 20. Jahrhundert, dessen Grausamkeiten von keinem anderen Jahrhundert je in der Menschheitsgeschichte übertroffen wurden.[6]

DAS AUFKOMMEN DES RASSEGEDANKENS

Der Verlust eines verbindlichen religiösen Ethikkodexes zeitigte dramatische Folgen. Mehr und mehr „weltliche", materialistisch gepolte Weltanschauungen und Philosophien erblickten im 19. und 20. Jahrhundert das Licht der Welt.

Plötzlich wurden Moral und Ethik, Integrität und Anstand nicht mehr von „oben" abgesegnet. Auf den Plan traten Malthus und Darwin, Nietzsche und Gobineau Chamberlain und viele andere Theoretiker.

Thomas Robert Malthus (1766-1834), ein britischer Nationalökonom und Sozialphilosoph, stellte die Behauptung auf, dass die Völker zu schnell wachsen würden, aber dass Nahrungsmittelmangel, Epidemien und Kriege dieses Wachstum glücklicherweise behindern. Dadurch würde dem Problem der Überbevölkerung Einhalt geboten. Er forderte zudem, die Armenfürsorge einzustellen und begrüßte tatsächlich Seuchen, wie die Pest etwa.[7] Niedrige Löhne für die Arbeiter seien ebenfalls das Gebot der Stunde. Malthus` Thesen erreichten eine unvorstellbare Popularität.

Charles Darwin (1809 – 1882), ein englischer Naturforscher, hieb in die gleiche Kerbe; er wurde noch häufiger gelesen und zitiert. Darwin wies auf die „natürliche Auslese" im Tierreich hin und schloss daraus bei den Menschen auf das „Recht des Stärkeren". Weiter diskriminierte er „niedere Rassen", unter anderem mit folgendem Text: „Wirft man einen Blick auf die Welt in einer nicht sehr entfernten Zukunft, welche endlose Zahl der niederen Rassen wird durch die höheren zivilisierteren auf der ganzen Erde beseitigt worden sein", prophezeite er. [8] Darwin machte Schlagworte wie den „Kampf um das Dasein" populär. In ganz Europa begann man plötzlich sehr gelehrt von den „niederen Rassen" und dem „Überlebenskampf" zu sprechen.

Friedrich Nietzsche (1844 – 1900) bewegte sich in eine ähnliche Richtung. „Gott ist tot!", schrie er. Er wischte Werte wie die Nächstenliebe beiseite, nannte sie blanken Unsinn, bezeichnete die Frau als ein minderwertiges Wesen und fantasierte von einem „Übermenschen", der sich seiner Meinung nach durch Kraft, Kriegsliebe, Kampfeslust und den unbedingten Willen zur Macht auszeichnet.[9] Die Töne wurden immer schriller. Nietzsche stellte ebenfalls fest, dass bestimmte Rassen anderen Rassen überlegen seien. Und er drosch immer wieder auf das Christentum ein. Der Philosoph im Originalton: „Das Christentum, aus jüdischer Wurzel und nur verständlich als Gewächs dieses Bodens, stellt die Gegenbewegung gegen jede … Züchtung der Rasse … [dar]. Es ist die antiarische Religion par excellence: Das Christentum, die Umwertung aller arischen Werte [ist] das Evangelium der Armen, der Niederen, der Gesamtaufstand alles Niedergetretenen, Elenden, Missratenen … gegen die Rasse." [10] Nietzsche versuchte, dem Christentum den Todesstoß zu versetzen und den Rassegedanken auf den Königsthron zu heben.

Joseph Arthur Graf von Gobineau (1816 – 1892), ein französischer Diplomat und Schriftsteller, verfasste schließlich vier Bände mit dem Titel „Versuch über die Ungleichheit der Menschenrassen". Er lieferte zahlreiche Argumente für den Rassenfanatismus, sprach sich für die „Rassenreinheit" aus und eine „arische Aristokratie". Weiter hetzte auch er wider die „minderwertigen Rassen". [11]

Houston Stewart Chamberlain, dem wir bereits begegnet sind und dessen Werk Hitler im Original las, fantasierte ebenfalls von der „Überlegenheit der arischen Rasse“. Die gesamte Geschichte schien ihm eine Geschichte von „Rassenkämpfen“ zu sein. Sein Dogma lautete: Nur die starke Rasse überlebt.

Das 19. Jahrhundert war also durchseucht von dem Rassenwahn. In der Trivialliteratur wurden diese Gedanken aufgegriffen und in politische Forderungen umgesetzt.

Aber erst jetzt wird es wirklich aufregend.

DER SCHULTERSCHLUSS DER PSYCHIATRIE MIT DEM RASSEGEDANKEN

Die Vorstellung von den unterschiedlichen Wertigkeiten der verschiedenen Rassen wurde auch von der *Psychiatrie* aufgegriffen – und teilweise von ihr selbst in die Welt gesetzt, unabhängig von bestimmten „Denkern“. Bis heute wird dieser Umstand schamhaft verschwiegen und ist kaum der breiten Bevölkerung bekannt.

Richten wir also einmal das Scheinwerferlicht auf diese seltsame Disziplin.

Die Psychiatrie ist eine relativ junge Pseudowissenschaft. Der erste Lehrstuhl für Psychiatrie wurde im Jahre 1811 in Leipzig eingerichtet. Geradezu verzweifelt versuchten die Herren Psychiater von der ersten Stunde ihrer Existenz an, der „geistigen Gesundheit“ auf die Spur zu kommen und im Umkehrschluss zu definieren, was man als „geistig krank“ bezeichnen konnte. Psychiater vermuteten tatsächlich ganz ernsthaft im 19. Jahrhundert, dass man dann minderwertig oder geisteskrank war, wenn man ein Franzose war, eine Frau oder den Kriegsdienst verweigerte und den Frieden liebte!

Darüber hinaus waren die Psychiater geradezu besessen von dem Rassegedanken.

Psychiater besaßen also weder eine vernünftige Diagnose für „geistige Gesundheit oder Krankheit“, noch eine funktionierende Therapie. Schließlich vermuteten sie, dass die Nerven, das Gehirn und/ oder die Gene für alle Geisteskrankheiten verantwortlich seien.

Schnell, allzu schnell, sprangen sie jedenfalls auf den Zug auf, die *Rasse* für alles Mögliche verantwortlich zu machen, zusammen mit den

„Erbanlagen". Sie forderten die „Rassenhygiene" ein, die angeblich notwendig sei, um die arische Rasse reinzuhalten. Der Psychiater Gustav Aschaffenburg (1866 – 1944) plädierte zusammen mit dem Humangenetiker Fritz Lenz (1887 – 1976) und dem „Rassenforscher" und Arzt Alfred Ploetz (1860 – 1940) früh für die „Ausmerzung der Minderwertigen", der „Volksschädlinge" und der „Unfertigen", zu denen sie auch Behinderte, Greise und Tbc-Patienten sowie Landstreicher und Alkoholiker zählten. [12]

Mit anderen Worten: Niemand griff die Diskriminierung anderer Rassen begieriger auf als einige Ärzte und Psychiater, ja, sie waren die Mitbegründer dieses verdrehten Denkens. Auf einmal war man sich im Kreise der Ärzte und Psychiater völlig einig: Ja, ja, ja, die „niederen Rassen" verfügten über minderwertigere Erbanlagen als die Arier – die Juden, die Slawen, die „Neger" und so fort.

Schnell verschanzten sie sich hinter dem Wörtchen „Wissenschaft".

Erlauben wir uns, in der Zeit vorzugreifen. Als Hitler an die Macht kam, waren es erneut Psychiater, die rasch die gesetzliche Grundlage für die „Rassenhygiene" aus der Taufe hoben.

Psychiater Ernst Rüdin (1874 – 1952) sorgte für die Legalisierung der Zwangssterilisation, andere Psychiater für die *Euthanasie,* den Mord, ungeschminkt gesprochen. Nazis und Psychiater marschierten also gemeinsam Hand in Hand. „Erbkranker Nachwuchs" wurde unter Hitlers Regime aktiv verhindert. Aus „Heilanstalten" deportierte man Patienten in Tötungslager. Die Psychiater Max de Crinis, Carl Schneider, Hermann Paul Nitsche und Hermann Pfannmüller spielten dabei eine führende Rolle.[13] Im Namen der „Wissenschaft", im Namen der Psychiatrie, wurde nun gemordet und getötet, dass uns Heutigen noch immer das kalte Grausen ankommt. Psychiater spielten „Gutachter" und fällten am laufenden Band Todesurteile. In den Tötungsanstalten wurden ihre „Patienten" vergast und verbrannt. Kranke wurden durch Gift in den Tod befördert, man verpasste ihnen Elektroschocks oder ließ sie verhungern. Es sträubt sich die Feder, die unsäglichen Gräuel noch einmal in die Erinnerung zu rufen.

Fest steht heute, ohne die Psychiatrie, die im Gleichschritt mit den Nazis marschierte, ist das Phänomen Hitler nicht verstehbar.

GEHEIMNIS ENTHÜLLT: DIE WAHREN VERGEHEN DER PSYCHIATRIE

In den Konzentrationslagern wurden in der Folge sechs Millionen Juden auf barbarische Weise getötet, es handelte sich um den größten Völkermord aller Zeiten. Bei den „Euthanasie-Programmen" der Nazis handelte es sich um *Massentötungen.* Psychiater in Tarnorganisationen wie der „Reichsarbeitsgemeinschaft Heil- und Pflegeanstalten" suchten zunächst nach bestimmten „Krankheitsmerkmalen". Sie nahmen die Arbeitsleistung eines Individuums aufs Korn sowie die Rasse. Wer durch das Raster fiel, war dran.

Andere Tarnorganisationen, wie die „Gemeinnützige Krankentransportgesellschaft GmbH" (kurz Gekrat genannt) schleusten die erfassten „Kranken" oder „Minderwertigen" zu den Tötungsanstalten. Auf diese Weise entledigte man sich der Häftlinge, der Arbeitsunfähigen, der politisch und rassisch Missliebigen,
kurz allen „lebensunwerten Lebens".

In den Tötungsanstalten und in den Konzentrationslagern (KZs) waren erneut hochrangige, führende Seelenklempner des Dritten Reiches an den Morden beteiligt.

Auch Psychiater sind also des Massenmordes anzuklagen, nicht nur die SS oder Himmler. Bis heute schaudert es den Leser, wenn er erfährt, dass in den KZs nicht nur mit Giften gearbeitet wurde, sondern auch mit Unterkühlung und Massenerschießungen. Das Problem, das es zu lösen galt: Wie tötet man effizient, billig und rasch möglichst viele Menschen?

Psychiater sind also in dreifacher Hinsicht schuldig: Zunächst inspirierten sie Hitler, denn sie waren die eifrigsten Verfechter des Rassenwahns, ja, sie hoben ihn mit aus der Taufe. Danach entschieden sie, wer in die KZs abgeschoben werden sollte. Und schließlich waren sie in den KZs selbst tätig. *Psychiater* waren die fleißigsten Handlanger Hitlers.

Einige dieser elenden Seelenklempner tauchten nach 1945 unter, gaben sich falsche Namen und gründeten später sogar neue Institutionen mit irreführenden, hochtrabenden Namen. Sie operierten mit anderen Worten erneut mit Tarnorganisationen. Eilig änderten sie ihr Vokabular. Heute spricht man deshalb vornehm zum Beispiel von „Genetik", wenn es um den alten Hut der „Rasse" geht. Man verstehe die Ungeheuerlichkeit: Psychiater, Massenmörder, ließen ein paar Jährchen ins Land gehen, nur um dann plötzlich wiederaufzutauchen, mit einem falschen Pass versehen. Sie mischten wieder mit, als „Gerichtsgutachter“, Berater, angesehene Doktoren mit eigener Praxis, als „Nervenärzte“, selbst als „Anthropologen“ – oder unter welchen neuen Berufsbezeichnungen auch immer.

DIE TÄUSCHUNG

Verzichten wir darauf, der Chronologie treu zu bleiben, denn das Thema ist zu explosiv.

Ein Krimi, der beschreibt, wie sich die Psychiater nach 1945 tarnten, steht noch aus. Nur wenige Täter wurden gefasst, als Mörder verurteilt und hingerichtet – wie der Psychiater Paul Nitsche oder der Psychiater Carl Schneider – allesamt Seelenklempner, die an vorderster Front für die Massentötungen mitverantwortlich waren. Der Psychiater Max de Crinis verabreichte sich selbst Zyankali und entzog sich seinen irdischen Richtern. Aber die meisten Psychiater schummelten sich nach dem Krieg auf die eine oder andere Weise durch. Psychiater Dr. W. Heyde (1902 – 1964) zum Beispiel, ein Euthanasie-Gutachter und ordentlicher Professor in Würzburg, ein Massenmörder, gab sich nach dem Krieg einen falschen Namen – Dr. med. Sawade – und arbeitete danach wieder weiter als Psychiater, als wäre nichts geschehen. Er stellte psychiatrische Gerichtsgutachten aus.

Untersuchen wir diesen Fall genauer, der exemplarisch für andere Fälle steht, damit unser Blick für die Psychiatrie geschärft wird.

DR. HEYDE UND DR. SAWADE

Nach 1945 werden die Nazi-Gangster gesucht, verfolgt und gejagt. Nicht nur die politische Riege soll „entnazifiziert“ werden.

Auch Ärzten und Psychiatern spüren die neuen Herren Deutschlands nach.

Dr. Werner Heyde weiß darum. Er ist Psychiatrieprofessor in Würzburg und gleichzeitig ein hochrangiges Mitglied der SS, der gefürchteten *Schutzstaffel* Hitlers. Ursprünglich war die SS die persönliche Leib- und Prügelgarde Hitlers, später war sie für die Konzentrations- und Vernich-

tungslager zuständig und damit für den Völkermord.
Heyde weiß, er befindet sich direkt im Zielvisier der Fahnder.
Der Krieg ist verloren. Er muss sich absetzen. Schnell. Im Moment befindet er sich noch in Würzburg, in seinem nobel eingerichteten Domizil. Manchmal glaubt er schon zu hören, wie die Verfolger die Treppe zu seiner Villa heraufstürmen, um ihn festzunehmen. Oder täuscht er sich? Die Zeit brennt ihm unter den Nägeln.
Fiebrig denkt er nach. Der Schweiß fließt ihm in den weißen Kragen.
Heyde weiß, er hat Blut an seinen Händen kleben. Viel Blut. Der Krieg ist unwiderruflich verloren. Die Amis, die Russen, die Engländer und die Franzosen besetzen Deutschland. Und sie jagen einflussreiche Nazis. Er gehört zu ihnen. Was soll er unternehmen? Keiner wird ihm abkaufen, dass er bei den Braunen nicht mitgemischt hat. Er kann sich auch nicht herauswinden und tönen, dass Hitler an allem schuld sei, denn schließlich haben er und seinesgleichen Hitler und seine Schergen beeinflusst und erst auf den Trichter gebracht. Er weiß, Psychiater haben die Nazis dazu motiviert, ihre elende Ideologie zusammenzuzimmern. Er besitzt keinerlei Chance, sich herauszulügen. Zudem hat er Menschenleben vernichtet und getötet, direkt und indirekt, zu Tausenden und Abertausenden. Das kann er nicht vom Tisch wischen.
Die Verfolger, die Verfolger! Sind sie ihm schon auf den Fersen? Er lauscht auf jedes verdächtige Geräusch. Manchmal zuckt er zusammen.
Die Gedanken jagen wie Hornissen in seinem Kopf herum. Voller Wut und Trauer zugleich denkt er an seine Traumkarriere: Studium der Medizin. Habilitation. Privatdozent für Psychiatrie und Neurologie an der Universität Würzburg. Seine Gedanken trudeln weiter in die Vergangenheit zurück. 1933 – Mitglied der NSDAP. Rascher Aufstieg. Man kürt ihn zum Kreisamtsleiter des *Rassenpolitischen Amtes* Würzburg. Niemand anders als *er* befindet in dieser Funktion über die „Erbgesundheit" zahlreicher Bürger. Innerhalb der SS fällt er ebenfalls die Erfolgsleiter hinauf. Er avanciert sogar zum Chef der psychiatrischen SS-Abteilung, die für die Konzentrationslager zuständig ist. Das muss auf jeden Fall totgeschwiegen werden. Zahlreiche Male empfiehlt er die Sterilisation und die Kastration. Zeitweilig dient er sogar der Gestapo. Er steigt auf zum außerordentlichen Professor der Universität Würzburg und zum Klinikdirektor. Die Kanzlei des Führers setzt sich persönlich für ihn ein, als ein Prozess gegen ihn wegen Homosexualität angestrengt wird. Der Skandal

wird rasch unter den Teppich gekehrt. Die Nazis brauchen ihn.
1939 ist er an vorderster Front daran beteiligt, Geisteskranke und Behinderte aus dem Weg zu räumen. Jedenfalls entscheidet niemand anders als er über Leben und Tod. In gewissem Sinne ist er eine Art Gott. An der Entscheidung, Menschen mit Kohlenmonoxid zu vergasen, wirkt er persönlich mit. Das kann er vielleicht verheimlichen. Die SS feiert ihn. 1944 erhält er gar den begehrten *SS-Totenkopfring,* eine besondere Auszeichnung Himmlers.

Abbildung 5: SS-Totenkopfring
Der Ring galt als Ehrenzeichen der mörderischen Schutzstaffel (SS) im Dritten Reich. Er bestand aus Silber und besaß einen Totenkopf mit gekreuzten Knochen, sowie Runenzeichen, welche die „germanischen Tugenden" des Trägers stärken sollten. Jeder Ring war namentlich gekennzeichnet und mit einem Datum versehen. Überall war Eichenlaub eingraviert, die „Blätter des alten deutschen Baumes". Der Ring galt als Zeichen der Treue zum „Führer", er symbolisierte Gehorsam und Kameradschaft und war im Dritten Reich hochbegehrt.

All diese Gedanken jagen in Blitzgeschwindigkeit durch seinen Kopf. Ärgerlich scheucht er sie weg. Sie helfen ihm jetzt nichts mehr. Den SS-Totenkopfring zieht er rasch vom Finger und wirft ihn in den Müll.
Hölle, wie kann er seine Haut retten? Noch ist Rom nicht verloren. Er überlegt angestrengt. Fest steht, er muss verschwinden. Überall tauchen bereits die Amis auf. Die Besatzungsmächte sind im Moment noch fixiert auf die *politischen* Großverbrecher. Das ist vielleicht seine Chance. Aber zunächst muss er untertauchen. Er rafft alles zusammen, was er in seine Tasche stopfen kann und was Wert besitzt. Was muss er noch tun? Unterlagen vernichten. Alle verräterischen Akten, die darauf hinweisen könnten, dass er Tausende in die Konzentrationslager abgeschoben hat, müssen dem Feuer übergeben werden. Augenblicke später verbrennt er alles, was ihn verraten könnte.
Aber ist das genug? Soll er sich das Haar färben? Keine Zeit. Zunächst muss er den Ort wechseln. Außerdem braucht er neue Ausweispapiere.

In diesem Augenblick wird die Tür zu seinem Arbeitszimmer aufgerissen. Dr. Heyde fällt aus allen Wolken. Er wird verhaftet. *Er!*
Man interniert ihn und schafft ihn in ein Lager. Die Zustände dort sind furchtbar. Nach einem ersten Verhör wird er sofort seines Amtes als Lehrstuhlinhaber in Würzburg enthoben. 1947 überstellt man *ihn* der Justiz. Ihn, der einst Gottvater war.
Einige Monate später soll er in einem Prozess als Zeuge dienen. Heyde beginnt um sein Leben zu bangen. Seine Vergangenheit wird durchwühlt. Als er von einem Ort zum anderen transportiert wird, springt er plötzlich von dem fahrenden Militärlastwagen. Er rennt davon, wie von Furien gehetzt. Endlich gelingt es ihm, unterzutauchen.
Zwölf Jahre lang versteckt er sich, zwölf lange Jahre. Er verdingt sich als einfacher Gärtner und Landarbeiter. Dabei beißt er die Zähne zusammen: Die Zeit arbeitet für ihn.
Langsam beruhigt sich die Lage. Niemand kommt ihm auf die Schliche. Was für ein dummes Pack, die neuen Herren. Die Gestapo unter Hitler hätte ihn längst aufgespürt. Er denkt nach. Da er mit einigen Juristen und Nazi-Größen gut vernetzt war, kann er sich vielleicht neue Ausweispapiere besorgen, denn nicht alle hat man aufgespürt. Vorsichtig knüpft er Kontakte zur Unterwelt, in der das Fälschen von Papieren an der Tagesordnung ist. Es gelingt ihm, die entsprechenden Verbindungen herzustellen. Der Spaß klappt. Heyde atmet das erste Mal auf.
Er besitzt jetzt einen neuen Namen. Zusätzlich besorgt er sich Entlassungspapiere, die „beweisen", dass er nichts als ein einfacher Kriegsheimkehrer ist. Sein neuer Name lautet jetzt Fritz Sawade. Den Doktortitel behält er bei. Sein Ausweis gibt einen falschen Geburtsort an. Er muss sich erst an diesen Dr. Fritz Sawade gewöhnen, er ist jetzt nicht mehr Dr. Werner Heyde. Das frühere Leben hat er komplett abgeschlossen. Immerhin: Der Doktortitel und die Bezeichnung *Arzt* besitzen nach wie vor einen guten Klang.
Dr. Fritz Sawade, Dr. Sawade, murmelt er vor sich hin.
Überleben, er muss nur überleben. Wenn er Glück hat, kann er jetzt ein neues Leben anfangen. Er spinnt sich eine ganze Legende zusammen. Er sagt sie immer wieder leise vor sich hin, wenn er allein ist. Den falschen Geburtsort. Den falschen Namen. Die falschen Eltern. Soll er zusätzlich eine Geschichte erfinden, die zu Tränen rührt? Mitleid, das ist der Leim, auf den alle kriechen. Er muss richtig auf die Tränendrüsen drücken. Er

verwirft die Idee. Jedenfalls muss er klug sein wie eine Schlange.
Behutsam knüpft er weitere Kontakte. Zu seinem Erstaunen stellt er fest, dass er nicht allein ist. Unter den Juristen wimmelt es von alten Nazis, aber auch genügend alte Nazi-Psychiater stecken inzwischen den Kopf wieder aus dem Sand.
1949 erhält er unter seinem Falschnamen Dr. Fritz Sawade eine Anstellung als Sportarzt im hohen Norden der Bundesrepublik. Na also, es geht doch! Er muss nur weit, weit weg von Würzburg operieren. Langsam kommt er wieder auf die Beine, auch finanziell. Nach kurzer Zeit kann er sich sogar ein Reihenhäuschen leisten. Er wird frecher und frecher. Er knüpft noch mehr Verbindungen. Es gelingt ihm schließlich sogar, nervenärztliche Gutachten auszustellen. Hölle, das wird gut bezahlt! Bis 1959 erstellt er verschiedene Gutachten für zahlreiche Behörden und Institutionen, rund 7 000 an der Zahl. Er, Dr. Fritz Sawade, verdient sich eine goldene Nase. Das ärztlich-psychiatrische Kauderwelsch, dessen Trick darin besteht, mit möglichst vielen Fremdworten und Fachvokabular um sich zu werfen, das niemand versteht, beherrscht er aus dem Effeff. Zusammen mit der Methode, die unantastbare Autorität zu spielen, legt er alle aufs Kreuz.
Behutsam lässt er einige weitere Jahre ins Land gehen. Die Lage in Deutschland normalisiert sich schneller als gedacht. Der Wind dreht sich erneut auf dem politischen Parkett. Die Amis beginnen die Russen zu hassen. Gut so! Eine neue Zeit dämmert herauf.
Überleben, überleben, er muss nur überleben. Er darf jetzt die armen Teufel, die vor Gericht stehen, beurteilen, ob sie geistig gesund sind oder nicht. Einige der neuen Herren hätte man unter Hitler glatt vergast. Allen ist er überlegen, denn niemand kommt ihm auf die Schliche. Ihm kann niemand das Wasser reichen.
Er erkennt, dass sich innerhalb der Psychiatrie wenig oder nichts geändert hat. Er steigt höher und höher auf. Geschickt ergattert er einen lukrativen Auftrag nach dem andern. Hinter den Kulissen funktionieren die alten Nazi-Verbindungen noch immer.
Doch da passiert es. Er tritt einem anderen Mediziner auf die Zehen, der über seine Vergangenheit Bescheid weiß. Eigentlich handelt es sich um eine Lappalie, aber das Schwein lässt ihn auffliegen. Sofort ergreift er die Flucht. Beim Satan, was für ein elender Verräter! Die Fahndung wird ausgeschrieben. Man jagt ihn wie ein Kaninchen. Heyde versteckt sich.

Aber eines Tages geht ihm die Puste aus.
Zu sehr hat er sich an sein zweites Wohlleben gewöhnt. Schließlich gibt er entnervt auf. 1959 stellt er sich den Behörden.
Untersuchungen werden angestellt, während er im Zuchthaus Butzbach einsitzt, das im Regierungsbezirk Darmstadt liegt, in Hessen. Jeder Stein wird umgedreht. Alles, alles kommt ans Tageslicht. Es stellt sich heraus, dass er rund 100 000 Menschen auf dem Gewissen hat. [14] Heyde sieht seine Felle davon schwimmen. Er kann auf keine Begnadigung hoffen.
100 000? Er kann sich daran nicht erinnern. Leidet er an Gedächtnisschwund? Er hat doch nur versucht, armen Teufeln zu helfen, als er sie dem Tod überantwortete.
Es war nichts als ein Akt der Menschlichkeit!
1964 nimmt er sich das Leben.
Dr. Werner Heyde ist tot. Dr. Fritz Sawade ebenfalls.

NOCH EINMAL: DIE HERREN PSYCHIATER

Im Gegensatz zu Dr. Heyde kamen zahlreiche Psychiater davon und wurden nie entdeckt.
Selbst Patienten, man muss es sich vorstellen, die unter Nazi-Psychiatern wie Hunde gelitten hatten, fanden sich manchmal in den Händen der gleichen Psychiater wieder, die sie ehemals „behandelt" und im Prinzip „verurteilt" hatten. Der *Spiegel* schrieb: „Die meisten Mörder hat nur der Ablauf von Zeit, ihr eignes Alter besiegt. Nach Gründung der Bundesrepublik brachten sie es wieder zu Chefarzt-, Amtsarzt- und Professorenstellen, geachtet als Akademiker und Hochschullehrer, tadellos vernetzt mit Justiz, Bürokratie und Archiven, beschützt durch alte Kameraden…" [15]
Der wirkliche Skandal bestand darin, dass sie auch ihre Ideologie in die neue Zeit retteten, sowie ihre inhumanen, grausamen Praktiken. Sie verbreiteten weiter ihre Irrlehren, aber veränderten vorsorglich das Vokabular und nutzten neue Tarnnamen für ihre Institutionen.
Die *Deutsche Gesellschaft für Psychiatrie, Psychotherapie und Nervenheilkunde* (DGPPN) hieß 1955 auf einmal *Gesellschaft Deutscher Neurologen und Psychiater.* (DGPN) Eine Doktorarbeit fehlt, die diesen Trick genauer untersucht.
Auf einmal sprach man von „Psychohygiene" (anstatt von „Rassen-

hygiene“), oder sprach vornehm von „Humangenetik“. Auch das Wort „Molekularbiologie“ wurde nun genutzt oder „Soziobiologie“. Selbst die (eigentlich ehrenwerte) „Anthropologie“ wurde missbraucht, um ein Deckmäntelchen zur Verfügung zu stellen.

Psychiater änderten also

- ihre eigenen Namen,
- die Namen ihrer Institutionen und
- teilweise das Fachvokabular.

Und so gelang dies: Der Nazi-Psychiater Prof. Dr. med. Ernst Kretschmer verschwieg nach 1946 die Anstaltsmorde und die Verbrechen im Namen der „Erbbiologie“ und geriet von 1948 bis 1951 zum Präsidenten der „Gesellschaft deutscher Neurologen und Psychiater“. Er veränderte nicht einmal seinen eigenen Namen. 1958 boxte er sogar durch, dass er mit dem Großen Bundesverdienstkreuz ausgezeichnet wurde.[16]

Nazi-Psychiater Prof. Dr. Werner Villinger, im Dritten Reich Militärpsychiater und Verfechter der Zwangssterilisation, geriet nach 1945 zu einem vehementen Verfechter der „Psychohygiene“ und ebenfalls zum Präsidenten der *Gesellschaft Deutscher Neurologen und Psychiater,* weiter zum Präsident der *Deutschen Vereinigung für Jugendpsychiatrie.* Auch er, der alte Massenmörder, erhielt das Große Bundesverdienstkreuz.

Nazi-Psychiater Prof Hans Bürger-Prinz, im Dritten Reich von Anfang an in alle Tötungsaktionen eingeweiht, kürte man später, nach 1945, ebenfalls zum Präsidenten der neuen *Deutschen Gesellschaft für Psychiatrie und Nervenheilkunde* (DGPN); er machte weiter, als wäre nichts geschehen.[17]

Nazi-Psychiater Professor Friedrich Panse, der bei der Euthanasie kräftig mitgemischt hatte, schaffte es nach 1947 bis zum Dozenten an den Universitäten Bonn und Düsseldorf, ja, 1955 bis zum Direktor der psychiatrischen Klinik Düsseldorf, wo er nach wie vor für die „Erbgesundheit“ stritt.[18]

Nazipsychiater und Rassenhygieniker oder Psychohygieniker machten also weiter wie zuvor. Sie befürworteten erneut „eugenische“ Aktionen, traten für die Sterilisation ein und befürworteten radikale, brutale, inhumane Therapien, wie den furchtbaren Elektroschock, der noch nie jemanden heilte und Menschen zu Zombies degradieren kann, oder die Psychochirurgie, in der Nerven im Gehirn einfach zerschnitten werden, woraufhin irreparable Schäden entstehen.

Zwanzig Prozent der Bevölkerung, tönten die alten Nazi-Psychiater, hätten genetische Defekte – die sich nicht fortpflanzen dürften! Einen unvorstellbaren „Boom“ für ihre Berufsgruppe leiteten die Psychiater ein, als sie zahlreiche neue Krankheitsbilder einfach erfanden und Psychopharmaka verschrieben, die teilweise süchtig machen und eine Situation verschlimmern und schwere und schwerste Nebenwirkungen zeitigen können.

Also auch die vorgeblichen „Therapien“ wurden nahtlos nach 1945 fortgesetzt, von den zahlreichen Psychopharmaka abgesehen, die Schäden ganz eigener Art nach sich zogen. [19]

Und so erkennen wir auf einmal mit mittlerem Entsetzen, dass sich nicht nur viele alte Nazis in die neue Zeit hinüberretteten, sondern dass sie auch ihre verbrecherischen Nazi-Ideen und Nazi-Therapien im Gepäck mitnahmen.

Bis heute wurde dieser Skandal nie zur Gänze aufgearbeitet, nur ein paar mutige Autoren, wie Klee oder Röder, machten darauf aufmerksam.

Indirekt wurde damit auch ein Teil der alten Nazi-Ideologie in die neue Zeit, nach 1945, hineingetragen, obwohl sie innerhalb des Zweiten Weltkrieges 60 Millionen Tote gefordert hatte und 6 Millionen Tote in den Konzentrationslagern, wiederholen wir getrost die Zahlen.

Soweit so gut. Oder so schlecht.

Kehren wir mit diesem Wissen im Hinterkopf nun wieder zu unserem eigentlichen Thema zurück: Adolf Hitler.

Der chronologische Sprung in die Gegenwart war notwendig, damit man das ganze Ausmaß versteht, was all diese „Rassetheoretiker“ angeht, und damit man die Irrwege der Psychiatrie erkennt, die bis heute ihr Unwesen treibt.

Beobachten wir jetzt, was mit Hitler selbst geschah, nachdem er sich bei den Rassetheoretikern und Psychiatern infiziert und deren Ideen begeistert aufgegriffen hatte.

3. WIE MAN SICH EINEN GANZEN STAAT IN DIE TASCHE STECKT oder DAS SPIEL UM DIE MACHT

Hitler, der Rhetoriker, Hitler, der Schauspieler, verfügt inzwischen über einen Text, den er nur nachbeten muss. Der Text wird von Rassetheoretikern und Psychiatern vorgegeben. Hitler hat endlich seinen Ton gefunden. Wie Souffleure flüstern ihm die Rassenfanatiker zu, welche Inhalte er in die Welt schreien muss. Damit kann er die Massen erregen und auf seine Seiten ziehen. Er verfügt über eine Botschaft, die er jetzt nur noch hinausposaunen muss.

Obwohl er die arischen Lobhudeleien und die Judenbeschimpfungen gierig in sich einsaugt, muss er jedoch zunächst für seinen Lebensunterhalt sorgen, denn noch immer ist er nichts als ein verkrachter Kunstmaler. Außerdem nehmen die Zeiten auf einmal einen völlig unerwarteten Verlauf.

HITLER, DER SOLDAT

Der Erste Weltkrieg steht vor der Tür. Als am 28. Juni 1914 der österreichische Thronfolger von einem Serben ermordet wird, fliegt ein Pulverfass in die Luft. Deutschland versichert Österreich-Ungarn sofort, dass man, komme was da wolle, an der Seite des deutschen Bruderstaates stehen würde, falls es zum Krieg kommt.

Österreich-Ungarn tritt gegen Serbien in den Krieg ein. Serbien auf der anderen Seite ist durch einen Pakt mit Russland geschützt. Der Zar macht rasch ebenfalls mobil. Russland wiederum ist Frankreich in einem Pakt verbunden – und Frankreich zudem mit England. Eine Kettenreaktion setzt ein. Mit anderen Worten: England, Frankreich, Russland und Serbien stehen plötzlich gegen Österreich-Ungarn und Deutschland im Krieg. (Später werden zahlreiche weitere Nationen in den Krieg eintreten.)

Die Menschen in Deutschland jubeln, als sie in den Krieg ziehen. Man platzt fast vor Selbstbewusstsein. Die Deutschen nehmen in ihrem Wahn an, dass der Krieg lediglich ein „Spaziergang“ werden würde. In den Gewehrläufen der deutschen Soldaten stecken Blumen, und hüb-

sche Frauen werfen ihnen Kusshände zu, wenn die Eisenbahnwaggons mit den Militärs in Richtung Front abfahren.
Auf den Waggons stehen flotte Sprüche wie „Auf in den Kampf, mir juckt die Säbelspitze“ oder „Nach Paris!“ [1] Hunderttausende melden sich freiwillig.
Auch Hitler wird von der Kriegsbegeisterung angesteckt. Er wird in die Bayerische Armee eingegliedert und kann es kaum erwarten, an vorderster Front mitzukämpfen. Ende Oktober 1914 nimmt er an der *Ersten Flandernschlacht* teil. *Flandern* ist eine der drei Regionen des Königreiches Belgien. Man will über Belgien/Flandern rasch nach Paris vorstoßen, um die Franzosen in Blitzgeschwindigkeit in die Knie zu zwingen. Aber die Schlacht kostet nur zahlreiche Menschenleben. Hitler pfeifen die Kugeln um die Ohren. Nach der Schlacht wird er zum Gefreiten befördert und mit dem Eisernen Kreuz II. Klasse ausgezeichnet. Das stärkt sein Selbstvertrauen. In der Folge wird er als Meldegänger zwischen dem Regimentsstab und verschiedenen Bataillonen eingesetzt. 1916 nimmt er gar an der *Schlacht an der Somme* teil. Die *Somme* ist ein Fluss im Norden Frankreichs. Bei diesem furchtbaren Gemetzel handelt es sich um eine der größten Schlachten der gesamten Weltgeschichte, mit über einer Million getöteten, verwundeten und vermissten Soldaten. Hitler erlebt Trommelfeuer und Kanonendonner, entsetzliche Gasangriffe und ratternde Maschinengewehre, die erstmalig eingesetzt werden. Ein Granatsplitter verwundet Hitler am linken Oberschenkel. Man schafft ihn in ein Lazarett. 1917 kehrt er jedoch wohlauf in den Krieg zurück. Er nimmt an weiteren Schlachten teil. 1918 erhält er aufgrund seiner Tapferkeit das Verwundetenabzeichen in Schwarz, danach das Eiserne Kreuz I. Klasse. Hitler befindet sich im siebten Himmel. Die Anerkennung streichelt sein Ego. Im Oktober 1918 gerät er jedoch in einen Senfgasangriff. Er erblindet. Rasch wird er erneut in ein Lazarett verfrachtet. Die Wirkungen des Gases lassen schnell nach, schon bald kehrt sein Augenlicht zurück. 1918 ist der Krieg zu Ende. Deutschland und Österreich-Ungarn verlieren *La Grande Guerre,* den Großen Krieg, wie er von den Franzosen genannt wird.
Hitler ist maßlos enttäuscht über die Niederlage. Wenig später wettert er über den „Schandfrieden“ von Versailles.

DAS VERGIFTETE POLITISCHE KLIMA

Nichts ist für eine Nation demütigender und katastrophaler als ein verlorener Krieg. Deutschland ist zudem bis über beide Ohren verschuldet. Man nahm in völliger Selbstüberschätzung an, dass man den Krieg gewinnen – und dass der „Feind" in der Folge für die eigenen Schulden geradestehen würde.
Für die Deutschen und die Österreicher beginnt eine furchtbare Zeit. Alles ist knapp. Waren des täglichen Bedarfs und Nahrungsmittel fehlen. Fast jeder kämpft um das Überleben. Außerdem droht die Demokratie, denn die Monarchie hat offenbar versagt.
Der deutsche Kaiser, Wilhelm II., macht sich wenig heroisch in seinem feinen Salonwagen aus dem Staub und flieht nach Holland.
Franz-Josef I., der österreichische Kaiser, hat schon 1916 das Zeitliche gesegnet.
Deutschland befindet sich im Chaos. Die Inflation nimmt an Fahrt auf.
Die neuen demokratischen Politiker sind reichlich unerfahren, was die Regierungsverantwortung angeht.
Das erste Problem, dem sich die Demokraten gegenübersehen, besteht in dem sogenannten „Versailler Vertrag". Der Versailler Vertrag, so genannt nach dem Ort Versailles bei Paris, wo die Siegermächte tagen und sich um die Kriegsentschädigungen/ Reparationen und die Bestrafung Deutschlands streiten, ist in erster Linie ein Werk Präsident Wilsons (USA), Clémenceaus (Frankreichs Staatschef) und Lloyd Georges (Englands Premierminister), obwohl 32 Staaten bei der Pariser Friedenskonferenz anwesend sind.
Die USA ziehen sich jedoch in der Folge mehr und mehr aus Europa zurück. England wiederum ist nur noch daran interessiert, ein gewisses Gleichgewicht auf dem Kontinent aufrechtzuerhalten. Übrig bleibt Clémenceau, der plötzlich der starke Mann und federführend wird. Frankreich aber hat durch den Ersten Weltkrieg entsetzlich gelitten, entsprechend groß sind die Rachegefühle. Frankreich stellt schier unerfüllbare Forderungen. Deutschland soll rund ein Zehntel seiner Bevölkerung verlieren, ein Siebtel seines Gebietes, ein Drittel der Steinkohle- und drei Viertel der Erzförderung. Die gesamte Handelsflotte soll ausgeliefert werden, die überseeischen Besitzungen will man beschlagnahmen. Weiter will man es diesem Nachkriegsdeutschland nur noch erlauben,

100 000 Mann unter Waffen stehen zu haben, sprich, es wird verlangt, dass Deutschland abrüstet. Und: Es soll mit seinen Verbündeten die vollständige „Kriegsschuld" auf sich nehmen, das heißt die Verantwortung für den Ersten Weltkrieg allein schultern (Kriegsschuldartikel 231).
In Deutschland steht die neue Politikerkaste Kopf. Das kann, das darf nicht wahr sein! Empörung und Wut machen sich breit. Man besteht auf Nachverhandlungen, aber die Siegermächte sind nicht dazu bereit und drohen mit der Fortsetzung des Krieges. Der neue Reichskanzler Scheidemann weigert sich schlicht, den Versailler Vertrag zu unterschreiben und tritt zurück. Reichspräsident Ebert sucht zu vermitteln, scheitert aber ebenfalls. Schließlich müssen die Deutschen klein beigeben, der Vertrag wird zähneknirschend unterzeichnet. Sofort beginnt in Deutschland die Hetze gegen die Demokraten. Demagogen reißen das Maul himmelweit auf und sprechen von einem „Schandfrieden" und der „Schmach von Versailles".
Man nennt die neuen Politiker „Vaterlandsverräter" und behauptet plötzlich, das deutsche Militär sei im Felde stets unbesiegt geblieben. Nur ein Dolchstoß von hinten, verpasst von den Demokraten, die nicht stramm an der Seite des Kaisers und des Militärs ausgeharrt hätten, habe den Sieg verhindert. Die „Dolchstoßlegende" entsteht, der einflussreiche, bekannte General Ludendorff ist einer der Erfinder. Die Atmosphäre in diesem neuen demokratischen Deutschland ist aufgeheizt, um das Mindeste zu sagen. [2] Die extremistischen politischen Parteien erhalten Aufwind – auf der einen Seite die Nationalisten, die „Rechten", und auf der anderen Seite die Kommunisten, die „Linken". Plötzlich eröffnet sich für Hitler eine ungeheure Chance.

DER UNAUFHALTSAME AUFSTIEG

Auch Hitler kämpft nach dem Krieg um das nackte Überleben – und eine neue Identität. Was soll er jetzt unternehmen?
Zunächst versucht er, sich als Soldat weiter durchfüttern zu lassen und der Demobilisierung zu entgehen. Er kehrt nach München in eine Kaserne zurück.
Bis 1920 bleibt er Soldat. Auch in Bayern geht alles drunter und drüber, wie im übrigen Deutschland. Ein *Machtvakuum* schreit danach, aufgefüllt

zu werden. Alle möglichen neuen Parteien kämpfen darum, die Zügel in die Hand zu nehmen. Hitler versucht, einen einflussreichen Posten zu ergattern und sogar in dem Machtpoker mitzumischen. Er lässt sich erst zum Vertrauensmann seines Regimentes, später zum „Ersatzbataillonsrat" wählen.

Er entdeckt auf einmal, dass er eine gewisse Begabung für die Rede besitzt. Sein Job besteht übergangsweise darin, mit seinem Regiment französische und russische Kriegsgefangene zu bewachen. Er dient jetzt der USPD, der *Unabhängigen* SPD, die, unzulässig verkürzt gesprochen, zwischen der SPD und den Kommunisten steht und eine Abspaltung der SPD darstellt. Hitler schnuppert auf einmal höchst interessiert die verführerische Luft des Kommunismus. Erstaunt stellt er fest, dass „Macht" ein Spielball ist, der ständig hin- und hergeworfen wird. Und er erkennt, dass man sich Macht und Einfluss *nehmen* muss, man darf nicht warten, bis sie der eigenen Person überantwortet wird. Hitler nähert sich „kommunistisch-sozialistischen" Positionen an und paktiert mit den „Linken". Viele wollen Bayern in ein „sozialistisches" Gebilde verwandelt sehen. Als Kurt Eisner (1867 – 1919), der führende USPD-Mann und Ministerpräsident Bayerns, jedoch ermordet wird und die halbkommunistische *Räterepublik,* wie sie genannt wird, weil sie aus Arbeiter- und Soldaten*räten* besteht, mit ihm zu Grabe getragen und gewaltsam unterdrückt wird, dreht Hitler sein Fähnchen schnell nach dem Wind.

Er denunziert fix andere „Vertrauensmänner" der Soldaten als Kommunisten, konkret vor einem Standgericht, um sich bei der folgenden bayerischen Regierung, die eine nationalistische Färbung besitzt, lieb Kind zu machen. Hitler nennt seine früheren Kumpels die „ärgsten und radikalsten Hetzer … für die Räterepublik." [3]

Seine Kameraden werden von Standgerichten zum Tode verurteilt oder zu deftigen Gefängnisstrafen. Viele „Räte" werden auch einfach ermordet.

Hitler, der Verräter, kommt mit Müh und Not davon, er hat seinen eigenen Hals gerettet. Aber er muss sich jetzt anti-kommunistisch geben, obwohl er vorher zu eben diesen sozialistisch-kommunistischen „Räten" gehörte. Widerwillig sucht er den Gedanken beiseitezuschieben, dass er von niemandem mehr gelernt hat als von den Kommunisten.

Weiter hat er von der (vormaligen, halbkommunistischen) Propagandaabteilung der bayerischen Staatsregierung mehr als einen Wink bekommen, wie man mit der Rede allein Menschen „umerziehen" kann; mit Propa-

ganda allein kann man das Volk beinahe einer Gehirnwäsche unterziehen, zumindest kann man es umpolen.
Im Jahre 1919 wird er von Karl Mayr, dem Leiter der „Aufklärungsabteilung" einer Reichswehrtruppe, rekrutiert; er soll für die neue bayerische Regierung spionieren. Karl Mayr (1883 – 1945) ist ein Offizier und ein Agent, der Hitler nun auch die „Rechten" ausspähen lässt. Sprich, Hitler wird zur Beobachtung und Überwachung der DAP (= Deutsche Arbeiterpartei), die sich später NSDAP nennen wird (= Nationalsozialistische Deutsche Arbeiterpartei) eingesetzt.
Mit Erstaunen nimmt Hitler wahr, dass sich die Techniken der „Rechten" von den Methoden der „Linken" kaum unterscheiden, die Kommunisten befleißigen sich der gleichen Vorgehensweise wie die Nazis. Hitler selbst nimmt ferner an „antibolschewistischen Aufklärungskursen" für die „Propaganda bei der Truppe"[4] teil.
Das Wort *Bolschewik* ist längst zu einem Schimpfwort mutiert. Eigentlich bezeichnet der russische Begriff *Bolschewiki* wörtlich *Mehrheitler,* weil sich die Bolschewiken einst von den *Menschewiki,* den *Minderheitlern,* abspalteten – im Rahmen der *Sozialdemokratischen Arbeiterpartei* Russlands. Die Bolschewiki wurden von Lenin angeführt. Sie repräsentierten einen radikalen Kommunismus, hießen Mord und Totschlag gut und arbeiteten einst auf den Sturz des Zaren hin.
Diese Erzkommunisten, diese Bolschewiki, gilt es also unter allen Umständen in Deutschland zu verhindern; Hitler mischt an vorderster Front mit.
Zuerst wird er selbst geschult und umgepolt. Seine neuen Lehrer sind fanatische Antisemiten, sowie nationalistische und deutschtümelnde „Erzieher" und Propagandisten, die ihm die sozialistisch-kommunistischen Flausen endgültig austreiben und danach auf ein neues, nationales, ja nationalistisches Verständnis einschwören. Schon nach kurzer Zeit werden seine neuen Lehrer auf Hitlers Redetalent aufmerksam. Er scheint der geeignete Mann für ein „Aufklärungskommando" zu sein, um die (kommunistisch) „verseuchten" Soldaten umzuerziehen.
Im Grunde genommen geht es um die Bespitzelung politisch missliebiger Gruppierungen. Und es geht um die „richtige" nationale Gesinnung, die in die Köpfe eingehämmert werden soll. Hitler kommt auch mit einigen im Geheimen operierenden, rechtsradikalen Offizieren in Kontakt, wie etwa den Vertretern der *Eisernen Faust.*

Immer wieder besucht er Versammlungen der Deutschen Arbeiterpartei (DAP), deren Thesen und Weltsicht mit dem Glaubensbekenntnis seiner neuen Herren weitgehend übereinstimmen – ganz im Gegensatz zum Kommunismus. Nach einiger Zeit lädt man den Spitzel Hitler sogar ein, in die DAP einzutreten. Hitlers Antisemitismus, längst vorgeprägt durch Psychiater und einige zweifelhafte Denker, ist hochwillkommen, man bewegt sich auf der gleichen Wellenlänge. Hitler spricht auf entsprechenden DAP-Veranstaltungen. Er stellt fest, dass die Tiraden gegen die Juden beim Publikum besonders gut ankommen. Hitler fordert lautstark, eines Tages die Juden zu beseitigen. Mayr unterstützt Hitler. Sein unmittelbarer Vorgesetzter ist selbst nationalistisch gepolt und hasst die Juden.

Nie vergessen hat Hitler jedoch seine sozialistisch-kommunistische Ausrichtung, wenn er sie auch mehr oder weniger erfolgreich beiseite drückt. Später studiert er sogar mit höchstem Interesse *Lenin* und seine Methoden, wie man die Macht an sich reißt – wie der britische Historiker Prof. Paul Overy inzwischen ohne Wenn und Aber bewies. [5] Fest steht jedenfalls, dass Hitler zunächst von den Kommunisten inspiriert wird, dass er Lenins Methoden der Machtergreifung kennt und dass er sie sich genau einprägt.

Und so verstehen wir mit einem Mal auch den Ausdruck *national-sozialistisch,* ein Wort, in dem doch eigentlich ein Gegensatz enthalten ist.

Aber mit dem Wort „national" gewinnt man die *Soldaten* und alle vaterländischen Gesellen, und mit dem Wort „sozialistisch" lockt man die *Arbeiter* an.

Die beiden großen Zielgruppen werden damit angesprochen. Oh wie raffiniert!

Bis heute wird Hitlers sozialistisch-kommunistische „Ausbildung" weitgehend ignoriert oder totgeschwiegen, weil sie nicht ins Bild passt. Die Wahrheit ist hingegen, dass Hitler ohne den Kommunismus, ja sogar ohne Lenin nicht denkbar ist. Damit sind wir plötzlich bei einer höchst überraschenden Analyse angelangt: Wir müssen uns auch mit dem *Kommunismus* und mit *Lenin* befassen, wenn wir Hitler verstehen wollen, denn niemand entwickelte ein so umfangreiches Know-how im letzten Jahrhundert, wenn es darum ging, sich einen ganzen Staat in die Tasche zu stecken. Wiederholen wir: Hitler ist *Teil* der sozialistisch-kommunistischen Bewegung, bevor er sie zornig, wütend und hasserfüllt bekämpft. Die Frage aller Fragen lautet also: Was lehrt Lenin seinen Schüler Hitler?

LENIN, DIE BIOGRAPHIE

Springen wir jetzt zur Abwechslung in der Zeit zurück und untersuchen zunächst diesen ominösen Lenin etwas genauer.
Sein Leben ist schnell erzählt:
Lenin (1870 – 1924) ist nur sein Tarnname, sein Inkognitoname, dessen sich *Wladimir Iljitsch Uljanow,* wie Lenin eigentlich heißt, ab einem bestimmten Zeitpunkt bedient, um seine Verfolger in die Irre zu führen, denn er wird ständig ausgespäht und bespitzelt. [6]
Wie sieht er aus? Die Fotografien, die Lenin darstellen, werden später retuschiert, geschönt und schlicht verfälscht. In Wahrheit verfügt Lenin um ein bäurisches Allerweltsgesicht, mit groben, breiten Backenknochen und einem mongolischen Schnitt der Augen. Hervorstechend ist die frühe Stirnglatze und später der runde, kahle Schädel, den Lenin oft durch eine Schirmmütze zu verstecken sucht. Sein Geißbärtchen soll wohl ein Gegengewicht zu der Glatze bilden.
Wie steht es um seine Emotion? Gewöhnlich ist Lenin knurrig und zornig, weiter verachtet und hasst er fast jeden: den Zaren, die Adligen, die „Bourgeoisie". Selbst die Sozialdemokratie ist ihm nicht radikal genug, sie hasst er vielleicht am innigsten.
Lenin besitzt einen älteren Bruder, den er abgöttisch verehrt; dieser Bruder hat sich als Student der revolutionären Organisation „Narodnaja Wolja" (= Volkswille) angeschlossen. Im Jahre 1887 verhaftet die *Ochrana* Lenins Bruder, denn die Organisation, der er angehört, plant nichts weniger als ein Attentat auf Alexander III., auf den Zaren selbst. Die Ochrana ist die furchtbare Geheimpolizei des Zaren. Der über alles geliebte Bruder Lenins wird gefasst und gehängt.
Von Stund` an ist Lenin von einem noch größeren Hass beseelt. In gewissem Sinne führt er das Leben seines Bruders fort, der es sich auf die Fahnen geschrieben hat, das ungerechte, unterdrückerische zaristische System zu stürzen. Lenin mutiert zum Revolutionär.
Dabei stammt er eigentlich aus einer relativ privilegierten Schicht: Der Vater ist Oberlehrer für Mathematik und Physik und ein Volksschulinspektor, womit er zum niederen Adel gehört. Aber Lenin schließt sich als Student den marxistischen Sozialdemokraten an. Seine ganze Energie widmet er in der Folge der kommunistischen Revolution in Russland. Dadurch gerät sein Leben zu einer einzigen Hölle. Ständig ist er auf der

Flucht, tatsächlich emigriert er mehrmals, denn kontinuierlich ist ihm die *Ochrana* auf den Fersen.

Schon im Jahre 1887, noch nass hinter den Ohren, wird er wegen der Beteiligung an Studentenunruhen verhaftet und der Universität verwiesen.

Das hält ihn jedoch nicht davon ab, sich weiter intensiv mit Marx zu befassen.

Lenin studiert zeit seines Lebens diesen Karl Marx, in dessen Gedankengängen er sich verirrt und die er im Grunde genommen eins-zu-eins übernimmt. Er übernimmt jedenfalls die Ideen von der (Welt-)Revolution, die eines Tages überall angeblich aufflackern wird, die Ideen von der klassenlosen Gesellschaft, und er übernimmt den Hass auf all die „Ausbeuter" und „Kapitalisten". Im Gegensatz zu Marx aber ist Lenin ein Aktionsmensch, er gedenkt, *aktiv* in das Geschehen einzugreifen und der Geschichte ein wenig auf die Sprünge zu helfen. Weiter glaubt Lenin an die Macht der *Partei,* die Macht eines inneren Zirkels, der rigoros ein Ziel verfolgt – eine Erkenntnis, die richtig ist und brisant, denn die Geschichte hat hundertmal zuvor bewiesen, dass eine „Elite", eine Kampftruppe oder eine verschworene Gemeinschaft tatsächlich den Lauf der Geschichte vollständig verändern kann. Marx ist ein Theoretiker, Lenin ein Praktiker. Und so arbeitet Lenin zeit seines Lebens unablässig daran, einer *Partei* Leben einzuhauchen und sie auf seine Ideen, Vorstellungen und Taktiken einzuschwören.

Lenin gelingt es, ein Universitäts-Examen als „Externer" abzulegen – sprich, er büffelt privat und meldete sich daraufhin zum Examen an, das er besteht. Das Jahr 1893 sieht ihn daraufhin als Rechtsanwalts-Gehilfen in St. Petersburg (Petrograd). Heimlich aber arbeitet er weiter in illegalen Zirkeln und macht gegen das Zarenregime mobil.

Er begibt sich ins Ausland (Deutschland, Frankreich, Schweiz) und schließt sich mit verschiedenen illegalen marxistischen Gruppierungen kurz. Danach kehrt er nach St. Petersburg zurück, wo er die Marxisten zu einem „Petersburger Kampfbund zur Befreiung der Arbeiterklasse" umfunktioniert. Doch da schlägt das Schicksal zu. Mitten in der Nacht vom 20. zum 21. Dezember wird er plötzlich verhaftet.

Lenin schmort nun vierzehn Monate lang in einer Einzelzelle im Gefängnis. Hier lernt er, wie alle Insassen, noch mehr schmutzige Tricks.

Lenin avanciert zu einem Meister der Täuschung. In der Folge wird er nach Sibirien verbannt. Aber die Zeit der Verbannung ist so schlimm

nicht. Immerhin darf er lesen, schreiben und spazieren gehen, ja sogar jagen und heiraten.
Im Jahre 1900 wird Lenin entlassen – woraufhin er sich sofort in neue revolutionäre Aktivitäten stürzt. Zwar steht er nun unter der Aufsicht der Geheimpolizei, dennoch arbeitet er hart an der Etablierung einer *Zeitung,* wohl wissend, dass nur ein Sprachrohr, das viele Menschen erreicht, seine Gedanken und Ideen weiterverbreiten können. Nur so kann er gehört werden und die Massen beeinflussen.
Illegal fährt Lenin nun erneut ins Ausland, wobei er verschiedene Tarnnamen benutzt (Wl, Iljin, Tulin, Meyer gar), wenn er für seine Zeitung oder seine Ziele wirbt.
Auf dem 2. Parteitag der *Sozialdemokratischen Arbeiterpartei Russlands* (SDAPR) in Brüssel ist Lenin in seinem Element. Ein Heer von Spitzeln der *Ochrana* späht jedoch die Delegierten aus, so dass man den Parteitag nach London verlegt. Da sich die Delegierten nicht auf ein gemeinsames Programm einigen konnten, splittert sich die russische Arbeiterpartei (SDAPR) auf – es gibt nun die *Bolschwiken* und die *Menschewiken* – wir haben bereits darauf aufmerksam gemacht. Nach dem Parteitag arbeitet Lenin weiter verbissen an seiner Zeitung, tatsächlich erblickt das Projekt unter verschiedenen Namen das Licht der Welt.
Zeit seines Lebens hält Lenin an diesem Sprachrohr fest, nichts erscheint ihm wichtiger.
Die Revolution, auf die Lenin so sehnsüchtig gewartet hatte, bricht in Russland bereits im Jahre 1905 aus. 140 000 Arbeiter marschieren friedlich mit Bittschriften zum Palast des Zaren in St. Petersburg, in dem Glauben, er werde ihnen bei ihren Nöten helfen. Aber der Zar befindet sich nicht in der Hauptstadt. Sein Stellvertreter lässt auf die Demonstranten schießen. Das Ergebnis: Tausende werden getötet oder verwundet. Tumulte brechen aus, und Streiks erblicken das Licht der Welt.
Lenin jubelt, alles bewegt sich in die richtige Richtung.
Nun geht es Schlag auf Schlag. Innerhalb der Revolutionäre streitet man jetzt nur noch über die richtige Taktik. *Dass* die Revolution vor der Tür steht, scheint allen klar zu sein. Ein weiterer Parteitag wird eilig anberaumt. Aber erneut ist man nicht einer Meinung: Soll man endlich den bewaffneten Aufstand wagen oder weiter nur auf Propaganda setzen? Wieder streiten sich die Bolschewiken mit den Menschewiken.
Aber die Revolution ist nicht mehr aufzuhalten, sie erfasst schließlich

ganz Russland. Buchdrucker und Eisenbahner streiken, Fabrikarbeiter und Postler. Arbeiter-Abgeordnete werden gewählt.
Lenin befindet sich gerade erneut im Ausland, aber er will, er muss nach Russland zurückkehren, offenbar gärt es überall. Die Rückkehr gelingt. Nun schreibt er fast täglich Artikel, die über das bolschewistische Organ *Nowja Shisn* (= Neues Leben) der Öffentlichkeit zugänglich gemacht werden. Die Luft brodelt.
Ein weiterer Parteitag sollte den Zwist innerhalb der Sozialdemokratischen Arbeiterpartei lösen. Aber die Fronten sind bereits verhärtet. Lenin selbst jedoch beginnt aufzuleben. Unter falschem Namen erscheint er auf verschiedenen Versammlungen. Doch die *Ochrana,* die zaristische Geheimpolizei, jagt ihn nach wie vor. 1906 muss er erneut flüchten. Lenin begibt sich eilig nach Finnland, doch wenig später reist er bereits illegal zurück nach St. Petersburg.
Lenin ist jetzt nur noch auf der Flucht, während er gleichzeitig das Feuer der Revolution weiter schürt.
Aber an allen Ecken und Enden fehlt Geld. Lenin setzt auf Expropriationen (= Enteignungen), die er nicht selbst organisiert, aber initiiert, zumindest heißt er sie gut. Überfälle auf Banken und Geldtransporte werden arrangiert, die revolutionäre Arbeit muss schließlich finanziert werden. Doch nun wird Lenin zusätzlich wegen Diebstahl und Räuberei gesucht.
Wie viele Kommunisten hat Lenin ein schizophrenes Verhältnis zu Geld. Gern vergessen wird der Umstand, dass Lenin nie oder selten wirklich arbeitet – er kann es sich leisten. Kurz gesagt schmarotzt er. Die Familie (Vater/Mutter) verfügt über eine stattliche Rente, weiter gibt es Einkünfte aus einem Landgut, das aus der Mitgift der Mutter stammt. Ein Pächter bewirtschaftet dieses Gut, auf dem viele Bauern hart arbeiten. Als eine Hungersnot unter ihnen ausbricht, forderte Lenin von dem Pächter trotzdem die volle Pachtsumme ein, die er gnadenlos aus ihnen herauspresst. Lenin ist also selbst ein lupenreiner „Ausbeuter“, wenn es um seine eigenen finanziellen Belange geht.
Nicht anders als Karl Marx jagt Lenin ständig dem Geld hinterher, um seinen Lebensunterhalt zu finanzieren. Je und je schreibt er Bettelbriefe, statt ehrlicher Arbeit nachzugehen. Ein (späterer) Anhänger, der den Bolschewiken zugetan ist, vererbt ihnen einen ungeheuerlichen Besitz, den sich Lenin (unrechtmäßig) unter den Nagel reißt.
Lenin stiehlt wie eine Elster, wann immer sich eine Gelegenheit bietet.[7]

Fieberhaft fahndet die Polizei deshalb nach ihm, das zaristische System sucht alle Drahtzieher einer möglichen Revolution auszuschalten. Wieder flieht Lenin Hals über Kopf. 1907 befindet er sich in Schweden, wo er fast ums Leben kommt, da er selbst dort von der Geheimpolizei gejagt wird, wie ein Stück Wild. Er verkleidet sich als finnischer Koch und entkommt in die Schweiz.

Entschlossen versucht Lenin nun, die Partei noch enger zusammenzuschweißen und sich weiter als ihr Führer zu positionieren. Wütend und leidenschaftlich schreibt er an gegen „Andersgläubige", die eine andere Politik als die seine anempfehlen.

Die Jagd auf ihn geht weiter. Erneut muss sich Lenin verstecken. Zwischendurch schreibt er sich die Finger wund und verfasst Artikel um Artikel, Abhandlung um Abhandlung, die später alle in verschiedenen kommunistischen Schulen wie heilige Schriften gelesen werden. Lenin ist nun unbestritten der Kopf der Bolschewiken. Er verfasst Broschüren und Schriften in reicher Zahl, schreibt Briefe an Parteigenossen in Russland und im Ausland und gibt theoretische und praktische Ratschläge.

Aber da dräut auf einmal der Erste Weltkrieg am Horizont. Eine Weile lang sieht Lenin seine Felle davonschwimmen. Offenbar sollen die Arbeiter in diesem verdammten Krieg von den kapitalistischen Ländern nur missbraucht und verheizt werden, mutmaßt er.

Da passiert es: Der Erste Weltkrieg bricht tatsächlich aus, er wühlt von 1914 bis 1918 den halben Globus auf.

Lenin ist ratlos. Alle Welt richtet die Aufmerksamkeit auf diesen elenden Krieg, den er hasst wie die Pest, weil damit seine geliebte Revolution auf einmal unwichtig wird. Aber auf der anderen Seite schwächt dieser Krieg auch das Zarentum, zumal die Deutschen eine gut geölte Kriegsmaschinerie besitzen und gegen Russland marschieren.

Als die Amerikaner in den Krieg eintreten, geraten die Deutschen in Bedrängnis. Verzweifelt suchen die Deutschen in ihrem Kampf gegen die Russen Erleichterung an der Ostfront. Und also beschließt das deutsche Militär, diesen Lenin, der sich inzwischen gerade wieder einmal in der Schweiz befindet, die Durchreise nach Russland zu gestatten.

Führen wir uns diese Ungeheuerlichkeit noch einmal im Zitat und im Detail zu Gemüte, die kurz vor der russischen Oktoberrevolution (1917) stattfindet:

„Hinter den Kulissen und ungesehen von allen kommt es auf einmal zu

dem seltsamsten Bündnis, das man sich vorstellen kann, einem Bündnis zwischen dem deutschen Kaiserreich und einem russischen Revolutionär namens Lenin. Kurz gesagt unterstützt das deutsche Kaiserreich diesen Lenin, der allerdings im Exil in der Schweiz festsitzt. In einer hoch geheimen Aktion erlaubt man Lenin, in einem plombierten Güterwagen durch Deutschland über Finnland in Russland einzureisen, nachdem man ihm die Hände gesalbt, sprich mit ordentlichen Bestechungsgeldern versehen hat. Sein „Job“: für weitere Unruhe hinter den Linien zu sorgen, der neuen russischen Regierung die Hölle heiß zu machen, Öl in das Feuer zu gießen und Aufstände zu entfachen. Deutschland hilft den Bolschewiki hierbei mit Munition und Waffen und insgesamt 26 Millionen Mark, nach heutigem Wert rund 80 Millionen Euro.
´Lenin Eintritt in Russland geglückt. Er arbeitet völlig nach Wunsch´, drahtet der Leiter des deutschen Nachrichtendiensts in Stockholm an den Generalstab im Jahre 1917 nach Berlin. Lenin wird nun in Russland aktiv, der Berufsrevolutionär sorgt geschickt für weitere Unruhen. Das heißt, der rhetorisch hochbegabte, scharfzüngige Marxist propagiert jetzt unermüdlich seine Parolen und rührt die Trommel für die ´kommunistische Weltrevolution´. Deutschland unterstütz Lenin nach Kräften. Weitere Züge aus der Schweiz mit Hunderten von Revolutionären werden heimlich nach Russland geschleust. Die zerstörerische Propaganda [der Bolschewiken] in Russland erreicht unvorstellbare Ausmaße.
Lenin und seine Helfershelfer fordern lautstark „Frieden“ sowie eine Um- und Neuverteilung des Landes. Die Basis und der Einfluss der Bolschewiki vergrößern sich, weitere deutsche Gelder helfen Lenin, Leute zu kaufen und Bestechungsgelder in die richtigen Taschen zu stecken.“[8]
Es gelingt Lenin, die Massen aufzuwiegeln. Außerdem richtet er eine Kampfansage an die Regierung und ruft die *Sozialistische Weltrevolution* aus. Er erklärt den bürgerlich-demokratischen Kräften in Russland den Krieg, aber auch den gemäßigten Sozialisten. Er schlägt vor, den Staatsapparat zu zerschlagen, die Polizei und das Heer. Lenin ruft zu Gewalt auf.
Die Ereignisse überschlagen sich. Die Bolschewiki, seine Partei, erfährt einen ungeheuren Zulauf. Schon bald gibt es über 80 000 Parteimitglieder.
Aber auf der anderen Seite steht Alexander Kerenski, der Ministerpräsident der Provisorischen Regierung, die der Zar eingesetzt hat. Kerenski

will Russland die Revolution ersparen. Die Bolschewiki dagegen schüren die Konfusion und setzen auf Massendemonstrationen. Sie stiften Unruhe. Ein Haftbefehl gegen Lenin wird ausgegeben. Aber selbst diese Gegenmaßnahme dient ihm, sie führt zur Empörung. Die Deutschen jubeln heimlich hinter den Kulissen. Ja, das ist ihr Mann!
Die Zarenpartei schlägt zurück. Gerüchte werden ausgestreut, Lenin sei ein deutscher Spion. Aber alles nützt nichts. Die Partei wächst im Gegenteil in Nullkommanichts auf über 240 000 Mitglieder. Lenin befindet sich in seinem Element. Er wühlt die Massen noch weiter auf und agitiert. Plötzlich wird ihm der Boden zu heiß. Wieder muss er fliehen – und wieder begibt er sich nach Finnland. Er rasiert sich den Bart ab und zieht sich eine Perücke über, um die verräterische Glatze zu verbergen. Als Arbeiter namens *Konstantin Petrowitsch Iwanow* fährt er als Heizer einer Lokomotive über die finnische Grenze.
Die Revolution in Russland ist trotzdem nicht mehr aufzuhalten. Der Umsturz wird nun planmäßig vorbereitet. Der Kopf ist Lenin. Die Kommandostellen der Flotte und der Truppen sind gemäß Lenins Befehl „ohne Rücksicht auf die Höhe der Verluste" zu besetzen. Gewehre und Handgranaten werden ausgegeben. Er ordnet an, Offiziersschulen anzugreifen und zu besetzen, sowie Telegrafen- und Telefonämter. Lenin weiß, Kommunikation ist alles. „Lieber allesamt zugrunde gehen als den Feind gewinnen lassen", so lautet die Parole, die Lenin ausgibt.
Alles wird minutiös vorbereitet.
Verkleidet taucht Lenin illegal in Russland erneut auf.
Und dann schlägt er zu.
Er gibt den Befehl zum Angriff. Sofort wird überall gekämpft. Schließlich siegen die Bolschewiken in der berühmten *Oktober-Revolution* im Jahre 1917.
Lenin wird sofort zum *Vorsitzenden des Rats der Volkskommissare* gewählt, sprich zum Regierungschef. Damit hält er die Zügel in der Hand. Von einem Tag auf den andern ist er einer der mächtigsten Männer der Welt.
Aber er weiß, dass das alles nur der Anfang ist. Und noch einmal steigert sich die Geschwindigkeit. Der alte Fuchs weiß sehr wohl, dass es leichter ist, die Macht zu erringen, als sie zu erhalten. Und also schwört er seine Parteigänger auf seine neuen Strategien ein. Aufrufe erscheinen. Ein ganzer Staat muss neu organisiert werden, eine Herkulesaufgabe. Der

Grundbesitz soll den alten, fetten, schmarotzenden Aristokraten entrissen und den Bauern zurückgegeben werden. „Friede den Hütten, Krieg den Palästen", lautet jetzt die Parole. Die Arbeiter sollen die Kontrolle über die Produktion erhalten.

„Es lebe die Revolution der Soldaten, der Arbeiter und Bauern!", tönt Lenin.

Lenin schließt mit Deutschland einen Separatfrieden ab, der den Deutschen eine Zeitlang die Illusion vermittelt, sie könnten den Ersten Weltkrieg noch gewinnen.

Russland selbst aber muss riesige Gebiete abtreten. Lenin zieht triumphierend in den Kreml in Moskau ein und dirigiert von hier aus die Staatsgeschäfte.

Da erkennt Lenin mit mittlerem Entsetzen, dass nicht die gesamte Bourgeoisie verteufelt werden kann, denn sie ist notwendig, um die Produktion der Waren aufrechtzuerhalten. Zähneknirschend weicht er von seinen ursprünglichen Forderungen ab, dass jeder den gleichen Lohn erhalten soll, den Lohn eines Durchschnittsarbeiters. Seine Politphilosophie erhält die ersten Risse.

Mit Agitation und Schlagworten allein kann man keinen Staat leiten, erkennt er. Weiter ist die Opposition noch immer nicht zerschlagen. Also macht sich Lenin daran, sie gnadenlos zu unterdrücken. Ein Kampf auf Leben und Tod entspinnt sich. Zeitungen, in denen die Arbeiter nun zum Streik „aufgehetzt" werden, verbietet er. Gefängnisstrafen werden verhängt, Erschießungen angeordnet. Knapp überlebt er selbst ein Attentat.

Aber noch immer hält Lenin unbeirrbar an seinem großen Ziel fest, der *Weltrevolution.* Dazu, so belehrt er seine Umgebung, müsse man alle Kniffe und Schliche der Politik einsetzen. Noch immer schwebt ihm eine „klassenlose Gesellschaft" vor.

Um dieses Ziel zu erreichen, gebärdet er sich nun schlimmer als jeder Diktator. Stalin gerät unter ihm zum Mann für das Grobe, der auch „unpopuläre" Entscheidungen durchsetzen muss – wofür er im Gegenzug höher und höher in der Hierarchie der Kommunisten aufsteigt.

Spätestens jetzt zeigt Lenin sein wahres Gesicht: Lenin verstaatlicht die Banken, weiter ließ er zusätzliches Geld drucken. Dadurch führt er eine furchtbare Hyperinflation herbei, die alle existierenden Münzen und Geldscheine entwertet. Lenin versteht nichts, aber auch gar nichts von Finanzen.

Er enteignet weiter kaltblütig die privaten Unternehmen, die ihre Firmen ohne Entschädigungen abtreten müssen, nichtwissend, dass man mit einem solchen Schritt ein Land in den Ruin treibt. Lenin versteht nie, dass *Unternehmer* die meisten Arbeitsplätze schaffen und eine der Hauptsäulen für den Wohlstand sind.

Weiter bekämpft er die *Religion* bis aufs Messer. Kirchengüter und geweihte Gegenstände werden einfach konfisziert, sprich beschlagnahmt und gestohlen.

Priester und Gläubige geraten zur Zielscheibe der Bolschewiki. Rund sieben Achtel aller Kirchen werden geschlossen und über 14 000 Geistliche, Nonnen und Laien erschossen. Katholische, jüdische und muslimische Minderheiten jagt man wie Tiere und inhaftiert sie. Auch die *Intellektuellen* werden drangsaliert. Wissenschaftliche Kongresse dürfen unter Lenin nur noch dann stattfinden, wenn die Geheimpolizei vorher informiert wurde und sie abgenickt hat. Führende Wissenschaftler, Künstler und Studenten werden verbannt, ins Gefängnis gesteckt oder erschossen, wenn sie aufmucken. Die Listen der Opfer werden von Lenin selbst zusammengestellt, eine Mordwelle schlägt über dem Land zusammen. Die nackte Angst beginnt zu herrschen.

Selbst die *Arbeiter,* mit deren Hilfe er doch die Macht an sich gerissen hat, werden nicht besser behandelt. Als einige Arbeiter unter seiner Herrschaft streiken, sendet Lenin Panzerwagen und erneut die Geheimpolizei. Streikführer werden festgenommen und erschossen.

Auch die *Bauern* betrügt Lenin, denn Getreide etwa wird per Befehl und Zwang eingezogen, um die hungernden Mäuler in Russland zu stopfen – kein Wunder bei dieser verfehlten Wirtschaftspolitik. Es kommt zu einer Spaltung zwischen ihm und der Bauernschaft.

Lenin denkt also nicht im Traum daran, seine Versprechen einzulösen und eine „Diktatur des Proletariats" zu wagen, als er einmal an der Macht ist. Die *Tscheka* erstickt alle Gegenstimmen im Keim, weit brutaler, als es je zuvor die zaristische Geheimpolizei getan hat, die *Ochrana*.

Als die oppositionellen Kräfte zurückschlagen, begegnet er dem „Weißen Terror" mit dem „Roten Terror". Der „Weiße Terror" wird von „Bürgerlichen", Monarchisten, Aristokraten und Offizieren in Szene gesetzt, während der „Rote Terror" die Gegenmaßnahmen der kommunistischen Bolschewiki bezeichnet.

Es kommt zum Bürgerkrieg, der bis 1920/21/22 andauert. Auf beiden Sei-

ten wird gemordet und getötet. Grauenhafte Gewalttaten fordern schlussendlich Millionen von Toten ein.
Die USA, Großbritannien und andere Staaten unterstützen die Weißen Truppen.
Lenin befiehlt: *„Organisiert umgehend Massenterror, erschießt und deportiert die Hundertschaften von Prostituierten, die die Soldaten in Trunkenbolde verwandeln, genauso wie frühere Offiziere."* (Autor Weber) Lenin, der neue Staatschef, ordnet sogar die Einrichtung eines Konzentrationslagers an. Die Idee, den Terror abzuschaffen, bezeichnet er als eklatanten Fehler, ja als Selbsttäuschung, der man sich nicht hingeben dürfe. Lager für Regimegegner werden errichtet. Aufstände, wie ein Matrosenaufstand, der gegen die Bolschewiki gerichtet ist, werden brutal niedergeschlagen – obwohl es sich um russische „Arbeiter" handelt.
Aber Lenin ist nicht gewillt, die Macht wieder abzugeben, jetzt, wo er die Zügel in der Hand hält. Die zaristische Geheimpolizei verschwindet in der Versenkung, während seine neue Geheimpolizei jetzt alle Zügel in der Hand hält.
Lenin befiehlt, alle Gegenkräfte hinwegzufegen. Streiks und Demonstrationen sind nicht mehr erlaubt. Selbst die innerparteiliche Diskussion wird ausgeschaltet, Fraktionen innerhalb der Kommunistischen Partei werden verboten. Die Demokratie verliert, die Diktatur gewinnt. Ein kommunistischer Apparatschik entsteht, eine Bürokratie, die Lenin persönlich zwar hasst, aber ohne die er nicht auskommt. Die Rechte und Freiheiten der Massen werden immer weiter eingeschränkt. Idealistische Zielvorstellungen werden nun den „politischen Notwendigkeiten" geopfert. Im letzten Augenblick, nach mehreren Schlaganfällen, versucht er noch, Stalin als Nachfolger zu verhindern, aber es ist bereits zu spät. Schließlich stirbt Lenin an einem Bluterguss im Gehirn.
Ein unvorstellbarer Personenkult entsteht rund um Lenin. Lenin wird nun wie ein Held verehrt, ja, fast wie ein Gott, jedenfalls wird er ins Übermenschliche erhöht.

LENINS SCHÜLER: HITLER

Adolf Hitler saugt das alles in sich auf. Wieder und wieder setzt er sich mit dem Kommunismus auseinander und damit auch mit Lenin. Schließ-

lich weiß er, dass sich ein einzelner Mann, beziehungslos, aber willensstark, an die Spitze einer Großmacht putschen und zu einem der einflussreichsten Männer auf der Erde aufsteigen kann. Warum sollte es nicht auch in Deutschland möglich sein, die Macht an sich zu reißen?
Hitler erkennt, was in der politischen Arena funktioniert und was nicht. Viel kann er von Kommunisten lernen, selbst wenn sie seine Feinde sind. Auf den Punkt gebracht, so erkennt er, steckt man sich einen Staat mit Hilfe von sieben Techniken in die Tasche:

TECHNIK 1: DIE (KRIMINELLE) PARTEI

Um überhaupt wahrgenommen zu werden und um in dem Poker um die Macht mitmischen zu können, ist zunächst eine *Partei* notwendig. Das hat Lenin hinlänglich bewiesen. Die *Partei* ist verantwortlich dafür, dass eine Bewegung entsteht. Die *Partei* ist der innerste Kern, der Ausgangspunkt, der Kopf und das Herz. Die *Partei* gibt die Stoßrichtung an.
Im Falle Lenins sind das die Bolschewiki– mit vielen zweifelhaften Figuren, die es mit dem Gesetz nicht so genau nehmen, euphemistisch ausgedrückt, sprich, hier tummeln sich Mörder, Demagogen und Räuber.
Außerdem muss man zum unumstrittenen Führer innerhalb einer Partei aufsteigen, lernt Hitler. Man muss verschiedene Flügel der Partei auf einen gemeinsamen Nenner bringen oder Abweichler aus der Partei an den Rand drängen, manchmal ausstoßen und mitunter ermorden lassen. Wichtig ist ein harter Kern, völlig eingeschworen auf eine Führerfigur, die die Botschaften bis in die hintersten Winkel hinausträgt.
Im Falle Hitlers ist dies die DAP, die spätere NSDAP, mit ihren vielen kriminellen Elementen. Greifen wir ein wenig vor: Ab 1921 ist Adolf Hitler der unumschränkt herrschende Parteivorsitzende dieser Partei. Sie wächst in rasender Geschwindigkeit. 1921 verfügt sie über 6 000, 1923 bereits über 55 000 Mitglieder. 1932 überschreitet die Mitgliederzahl die Millionengrenze, 1934 gibt es 4 000 000, 1943 sind es 7 700 000 Mitglieder.[9]
Hitler ist nach anfänglichen Querelen der unumschränkte Herrscher seiner Partei. Er verfügt über die absolute Macht und Befehlsgewalt. Alle anderen Parteiämter sind ihm untergeordnet. Fast hundert Partei-Unterorganisationen oder zugeordnete Organisationen gibt es schließlich (Bund

Deutscher Mädel, Hitler-Jugend, NS-Deutscher Dozentenverbund, NS-Deutscher Studentenbund, NS-Fliegerkorps, die SS und SA und so fort). Die Partei ist ein Herrschaftsinstrument ohnegleichen.
Hitler weiß jedenfalls früh, dass er – wie Lenin – nur mit einer *Partei* die Macht erringen kann.

TECHNIK 2: DIE AUFRÜHRERISCHE REDE

Das Volk kann und muss mittels der Rede aufgeputscht werden. Es ist notwendig, die Massen auf ein Ziel einzuschwören. Der Rhetoriker muss Emotionen wie Zorn und Wut säen – und wider die bestehende, herrschende Clique mobil machen. Ein Hassgegner muss aufgebaut werden. Im Falle Lenins sind das das zaristische Regime, die „Ausbeuter" und die „Kapitalisten". In Hitlers Fall sind es die „Juden", die „jüdischen Weltverschwörer und die jüdischen Kapitalisten".

Abbildung 6: Lenin spricht auf einer Versammlung vor dem Beginn der Russischen Revolution im Oktober 1917.
Lenin hält zahlreiche Vorträge und etabliert sich als exzellenter Rhetoriker. Er arbeitet mit den Emotionen Zorn, Wut und Hass, kitzelt den Neid wach und das Mitleid. Besonders wichtig sind ihm Schlagworte, die er immer und immer wieder einhämmert und wiederholt.

Selbst den Hass und den Neid auf das ganz große Geld stiehlt Hitler von Lenin und den Kommunisten, denn er weiß, dass dies funktioniert. Umgekehrt lobt man die eigenen Leute über den grünen Klee. Im Falle Hitlers sind die „Arier“ und das deutsche Volk die „Herrenrasse“, Lenin singt das Loblied auf die Arbeiter und Bauern. Beide Demagogen schmeicheln hemmungslos den eigenen Zielgruppen. Der Hassgegner dagegen wird mit dem wüstesten Vokabular belegt und verhetzt.

Hitler empfiehlt konkret, diese Methoden innerhalb einer Rede einzusetzen, die er ebenfalls bei den Kommunisten beobachtet hat:

- Propaganda muss „immer mehr auf das Gefühl gerichtet sein und nur sehr bedingt auf den so genannten Verstand…
- Jede Propaganda hat volkstümlich zu sein und ihr geistiges Niveau einzustellen nach der Aufnahmefähigkeit des Beschränktesten unter denen, an die sie sich zu richten gedenkt. Damit wird ihre rein geistige Höhe umso tiefer zu stellen sein, je größer die zu erfassende Masse der Menschen sein soll …
- Es darf nur ein Positiv oder ein Negativ, Liebe oder Hass, Recht oder Unrecht, Wahrheit oder Lüge (geben) …
- Jede Abwechslung darf nie den Inhalt der Propaganda verändern, sondern muss stets zum Schluss das Gleiche besagen. So muss das Schlagwort wohl von verschiedenen Seiten aus beleuchtet werden, allein das Ende jeder Betrachtung hat immer von neuem beim Schlagwort selbst zu liegen.“ [10]

Diese „Tipps“ legt Hitler später in seinem Buch „Mein Kampf“ nieder. Es wird also mit den gleichen Methoden gearbeitet.

Die Schlagworte bei den Kommunisten und bei Lenin lesen sich so:

- *Arbeiter, Arbeiterklasse, Arbeiterstaat*
- *Ausbeuter, Ausbeuterei*
- *Bauern und Arbeiterstaat, Bourgeois*
- *Faschismus, Faschisten, Feudalismus*
- *Genosse, Genossenschaft, Gesellschaft*
- *Historischer Materialismus*
- *Ideologie*
- *Imperialismus*
- *Kapital, Kapitalismus, Klassen, Klassenideologie, Klassenkampf*

Kleinbürger, Kleinbürgertum, Kollektiv, Kollektiveigentum, Kolonialismus, Konterrevolution
- *Materialismus*
- *Produktionsmittel, Proletariat*
- *Reaktionär, Revisionismus, Revolution*
- *Sieg der Partei, Sozialfaschismus, Sozialismus*

Die Schlagworte bei den Nazis klingen so:
- *Akademisches Proletariat, Arbeitsfront, Auslese, Ausmerzung, lebensunwertes Leben*
- *Blitzsieg, Blut und Boden*
- *Deutschland, Deutschtum, Drittes Reich*
- *Endlösung, Endsieg*
- *Führer*
- *Gefolgschaft, Gehorsam, Großdeutschland*
- *Heil Hitler!, Heim ins Reich, Herrenrasse, Hitlerjugend*
- *Judenfrage, Jungmädchen, Junkerschulen*
- *Lebensborn, Lebensraum*
- *Rassenschande, Ruhmesblatt unserer Geschichte*
- *Selektion, Sonderaktion*
- *Treue*
- *Undeutsche Schriftsteller/Künstler, Untermensch, unwertes Leben*
- *Vaterland, Volk ohne Raum, Volksdeutsch, gesundes Volksempfinden* [11]

Das bleibt festzuhalten:
Die Schlagworte werden ständig wiederholt, eingehämmert und die Köpfe verpflanzt.
Mit Schlagworten allein kann man neue Realitäten definieren und sich des Verstandes einer Person bemächtigen.
Aus heutiger Sicht kann man einige Analysen hinzufügen. Golo Mann beispielsweise macht später darauf aufmerksam, dass im Falle Hitlers in den überfüllten Sälen mit betäubender Marschmusik die Stimmung unendlich angeheizt wird. Fahnen und Transparente spielen eine Rolle, die „Schreie des Jubels und des Hasses verursachen ein Einheitsgefühl.“ [12]
Hitler spielt darüber hinaus verschiedene *Rollen,* manchmal den zukünftigen Eroberer, manchmal den Mann von Maß und gesundem Menschenverstand. Er kann wie ein Chamäleon je nach Gesprächspartner

und Zuhörer sein Gesicht ändern – ein vollendeter Staatsschauspieler. Wieder begegnen wir dem Theatermann Hitler!
Das Gleiche lässt sich von den anderen nationalsozialistischen Rhetorikern sagen. Golo Mann kommentiert: „Sie sind unter sich verschieden genug. Einer gibt sich als überwiegend konservativ, als Orden behängter Offizier, als dicker Scheinaristokrat. Ein anderer spielt den kräftigen Arbeitsmann, (...) den betrogenen deutschen Arbeiter. Ein Dritter spezialisiert sich im Aufpeitschen des uralten, in allen europäischen Völkern latenten schlechten Instinktes, des Judenhasses. Wieder ein anderer [zeigt] die vulgäre und boshafte, die hohe, freie und freche Intelligenz der Partei." [13]
Das heißt, je nach dem *Zielpublikum,* wie dies heute heißt, ändern sich das Erscheinungsbild und die Ansprache der Nationalsozialisten. Nicht nur Hitler selbst bedient sich dieser Methode, sondern auch seine Propagandisten.

TECHNIK 3: DIE VERHETZENDE SCHRIFT

Lenin, so haben wir gehört, lässt einen wahren Sturzbach von Traktaten auf seine Partei und auf die Massen niederregnen. Im Exil kann er sich nicht der Rede bedienen. Also verfasst er eine Hetzschrift nach der anderen. Es gibt heute Gesamtausgaben der Schriften Lenins, die 55 Bände umfassen, in denen freilich auch Reden enthalten sind. [14]
Auf Lenins Begeisterung für die *Zeitung* haben wir bereits aufmerksam gemacht.
Auch die schriftliche Kommunikation wird also eingesetzt, um Schlagworte immer wieder einzuhämmern.
Hitler auf der anderen Seite schreibt das Buch „Mein Kampf", überlässt es aber anderen nationalsozialistischen Griffeln, die Nazi-Vorstellungen und Ideen wieder und wieder breitzuwalzen, in tausend Variationen.
Zu nennen sind wenigstens zwei Zeitungen: DER VÖLKISCHE BEOBACHTER und DER ANGRIFF.
Der *Völkische Beobachter* ist das publizistische Parteiorgan der Nazis. Der Stil ist plakathaft, angriffslustig und verhetzend. Das Blatt erscheint schon 1920. Hitler zeichnet als Herausgeber und verfasst

anfänglich selbst viele Artikel. Finanziert wird die Zeitung unter anderem durch einen Geheimfonds der Reichswehr, mit dem rechtsradikale Gruppierungen unterstützt werden. Die Auflage steigt von 7000 Exemplaren (1920) auf 30 000 (1923) und schließlich sogar auf 100 000 Exemplare (1930).

Damit verfügen die Nazis über ein wichtiges Sprachrohr.

Goebbels, der spätere Propagandaminister, ist in diesem Zusammenhang ebenfalls zu nennen, denn auch er gibt eine *Zeitung* heraus, wenn auch erst 1927. DER ANGRIFF überflutet Deutschland ab diesem Zeitpunkt pausenlos mit seinen Artikeln. Unflätige Beschimpfungen der Juden sind dabei an der Tagesordnung. Er nennt sie unter anderem „brüllende, tobende Untermenschen“ oder „giftspuckende Tiere“.[15]

Goebbels arbeitet mit verleumderischen Artikeln und kooperiert mit Karikaturisten, die seine Schmähungen ins Bild umsetzten. Der gefährlichste Propagandist der Nazis verfasst ebenso boshafte wie verletzende Traktate, die jedoch immer gleichzeitig einfach und verständlich sind – gemäß der alten Forderung Hitlers. Er feilt zudem ununterbrochen an dem Führer-Mythos. Hitler wird ins Übermenschliche hochgeschrieben, nicht anders als es kommunistische Griffel mit Lenin vormals tun. Die schriftliche Kommunikation prasselt jedenfalls wie ein Trommelfeuer auf beiden Seiten unaufhörlich auf das Volk nieder.

DER ANGRIFF wird von der Berliner NSDAP herausgegeben. 1927 erscheint sie einmal wöchentlich, später publiziert man sie zweimal pro Woche, schließlich jeden Tag. Im Jahre 1932, kurz vor der entscheidenden Wahl, erscheint sie sogar zweimal täglich.

Das beweist, welche Bedeutung der Zeitung zugemessen wird. Die Auflage des ANGRIFFS steigt von 2 000 auf über 146 000 (1927) Exemplare, einige Historiker sprechen von noch höheren Auflagen, ja von bis zu 800 000 Druckexemplaren zu bestimmten Zeitpunkten.[16]

1930 erscheinen zusätzlich die NATIONASOZIALISTISCHEN MONATSHEFTE, deren Schriftleiter Alfred Rosenberg ist, 1932 kommt noch DER STÜRMER hinzu, von Julius Streicher, eine Wochenzeitung.

Jedenfalls wird auch die schriftliche Kommunikation gezielt eingesetzt, wobei sich die Federkiele ähnlicher Inhalte und Techniken befleißigen wie die Rhetoriker.

TECHNIK 4: OPTISCHE SYMBOLE

Beide, Lenin und Hitler, sowie ihre Gefolgsleute, die Kommunisten und die Nazis,
arbeiten ferner höchst erfolgreich mit Symbolen. Symbole besitzen einen enormen Wiedererkennungswert, sie sind propagandistisch wertvoll.
Symbole sind schon seit den Hieroglyphen der alten Ägypter eine geniale Methode, in kürzester Zeit ganze Botschaften zu vermitteln, die man ansonsten mit vielen umständlichen, langen Sätzen ausdrücken müsste.
Die Kommunisten lieben bei ihren Symbolen die Farbe Rot, Hitler kupfert sie nachweislich von den Kommunisten ab.
Das beliebteste Symbol der Kommunisten sind der rote Stern, die geballte Faust, sowie später Hammer und Sichel. Fahnen, Wimpel werden damit ausgestattet, aber sie sind auch auf Gebäuden zu finden und auf der Kleidung.

Abbildung 7: Hammer- und Sichel-Symbol. Es wird erst nach der russischen Oktoberrevolution eingesetzt. Der Hammer repräsentiert den Arbeiter, die Sichel den Bauern – die beiden großen Zielgruppen des Kommunismus. Das Zeichen gerät später zum Symbol ganz Sowjetrusslands. Noch heute ist es mitunter in Gebrauch.

Neben Hammer und Sichel ist im Kommunismus wie gesagt die *geballte Faust* beliebtes Symbol, die die Emotion *Zorn* widerspiegelt und indirekt zur Gewalt aufruft.
Die Nazis wiederum benutzen das Hakenkreuz unter anderem, um ihre ganze Weltanschauung in ein einziges Bild zu pressen.

Abbildung 8: Helm aus dem Zweiten Weltkrieg mit Adler und Hakenkreuz darunter sowie rote Armbinde mit schwarzem Hakenkreuz in weißem Kreis.
Bei dem Hakenkreuz handelt es sich um ein uraltes Symbol, das schon im alten Indien existierte. Es ist ein Kreuz mit gleichlangen, abgewinkelten Armen.

Hitler stiehlt wie gesagt den konkurrierenden Sozialisten und Kommunisten die Parteifarbe *Rot* (für Flugzettel, Fahnen, Armbinden, Abzeichen und so fort). Der verkrachte Kunstmaler entwirft selbst das Parteiemblem: auf rotem Grund ein weißes Feld mit dem schwarzen Hakenkreuz. „Geschickt verbindet er die rote Farbe der Arbeiterbewegung mit den alten Farben des Bismarckreiches. [17]
Geschichte wird benutzt und in den Dienst der Propaganda gestellt. Alles ist ausgeklügelt bis ins Kleinste.
Das Hakenkreuz selbst geht auf ein uraltes Symbol zurück: die *Swastika. Svastika* bedeutet im Sanskrit wörtlich „Glücksbringer", es ist viele tausend Jahre alt. Man begegnet dem Symbol in Asien und Europa, in

Afrika und Amerika. In Indien sollten damit „Heil“ und „Segen“ heraufbeschworen werden, in anderen Kulturen besitzt es unterschiedliche Bedeutungen. Die Swastika dient als religiöses und politisches Symbol, als esoterisches und okkultes Zeichen und kommt als antisemitische Botschaft im 19. Jahrhundert in Deutschland auf. Hitler glaubt, es handele sich zudem um ein heiliges Zeichen der alten Germanen. Die indische Swastika betrachtet er als ein Symbol für die „hochstehenden, arischen Einwanderer“ – im Gegensatz zu den „niederen“ Rassen. Er ist diesem Zeichen bereits bei Lanz von Liebenfels begegnet. Hitler sucht mit diesem Symbol sogar Christen einzuseifen, denn immerhin handelt es sich auch um ein Kreuz. Kurz gesagt ist das Hakenkreuz nach Hitlers Verständnis arisch, germanisch, antisemitisch und christlich zugleich.

Schon 1920 wird das Symbol eingesetzt, besonders gern auf Fahnen.

Es ist leicht wiederzuerkennen, kann rasch reproduziert werden und eignet sich hervorragend zu Propagandazwecken.

Rosenberg (1892 – 1946), der nationalsozialistische Chefideologe, ein Rassenfanatiker und einer der übelsten Schmierfinken des Dritten Reiches, definiert das Hakenkreuz in seiner überschwänglichen, schwülstigen Sprache so:

„Wird dieses Zeichen entrollt, so ist es Zeichen für alt-neuen Mythos: Die einen denken an Volksehre, an Lebensraum, an nationale Freiheit und soziale Gerechtigkeit, an Rassenreinheit und lebenserneuernde Fruchtbarkeit. Immer mehr wird es umwittert von Erinnerungen an jene Zeit, da es als Heilzeichen den nordischen Wanderern und Kriegern voran zog nach Italien, Griechenland [...] Das Symbol der organischen germanischen Wahrheit ist heute bereits unumstritten das schwarze Hakenkreuz.“ [18]

Das Symbol wird also ständig besungen und gerät zum Identifikationszeichen der Nazis.

Es erscheint auf Fahnenmasten, auf der Spitze von Weihnachtsbäumen, auf Postkarten und auf Hitlerporträts. Auf wertvollen Schmuckgegenständen wird es eingraviert und auf Kleider aufgenäht. Es erscheint auf Briefbeschwerern, Pokalen, Bestecken und Tapeten.

Als der Film von den Nazis als Propagandamedium entdeckt wird, filmen es die nationalsozialistischen Promoter auf eine Weise, dass es überlebensgroß, überdimensional und schier überirdisch erscheint. „Leni“ Riefenstahl ist hier Vorreiter. Helene Riefenstahl (1902 – 2003) ist eine hochbegabte deutsche Regisseurin, Schauspielerin und Drehbuchautorin, die unter Goebbels und Hitler zu Ruhm gelangt und gekonnt die Nazi-Propaganda in das Medium Film umsetzt. Wir werden auf sie noch genauer zu sprechen kommen.

TECHNIK 5: DIE KREATION VON CHAOS

Will man sich einen ganzen Staat in die Tasche stecken, muss man lediglich systematisch für Chaos sorgen. Das beweist schon Lenin, später Mussolini. Unruhe, Aufstände und Proteste sind ein hervorragendes Mittel, um einen Staat zu unterminieren. Selbst die Sabotage, ein „kleiner Mord“ hie und da, öffentliche Prügeleien und bedrohliche Massendemonstrationen, bei denen „versehentlich“ Sacheigentum beschädigt wird und Flammen hoch aufzüngeln, kurz alles, was Angst und Schrecken verbreitet, verunsichern eine bestehende Regierung und das Volk. Besonders gut eigenen sich für diese Aufgabe paramilitärische Schlägertruppen, die für Terror sorgen.

Wenn eine Regierung der Unordnung nicht mehr Herr werden kann, steht sie Kopf und trifft falsche Entscheidungen; sie wird in der Folge leicht zu stürzen sein.

Die Technik besteht darin, zahlreiche unterschiedliche lokale „Chaospunkte“ zu schaffen, so dass die Aufmerksamkeit der (noch) herrschenden Regierung zersplittert wird. Sie wird eine Weile versuchen, die Rädelsführer ausfindig zu machen, aber wenn dem Chaos nicht Einhalt geboten werden kann und wenn zusätzlich der Volks-(Zorn) mittels Propaganda geschürt wird, sind viele Bürger nach einer Weile überzeugt, dass eben diese Regierung abdanken sollte.

Lenin ist ein Meister darin, gezielt für Chaos zu sorgen. Aber auch andere kommunistischen Führer (Fidel Castro und so fort) bedienen sich später dieser Methode. Es handelt sich um schwarzes politisches Know-how, das in den darauffolgenden Jahrzehnten gleichermaßen vom KGB und von der CIA benutzt wird, tatsächlich in zahlreichen Ländern der Erde. Speziell Geheimdienste wissen darum, es wird im gesamten 20. Jahrhundert gebraucht, auf praktisch allen Erdteilen. Selbst heute, im 21. Jahrhundert, wird es nach wie vor eingesetzt.

Wenn ein Staat unterminiert ist, wenn die Ordnung nicht mehr aufrechterhalten werden kann und wenn das Chaos überhandnimmt, erhebt sich der

Ruf nach einem „starken Mann“, nach einer Führerfigur. Die Führerfigur/der Strippenzieher verkündet lauthals, dass er selbst für Ruhe sorgen und allen Arbeit und Brot geben wird – wenn …, ja wenn man ihn nur mit der Regierung betraut, während in Wahrheit das Chaos auf ihn selbst und auf die eigene Truppe zurückzuführen ist.

Vorgespiegelt wird oft, dass es sich angeblich um „spontane Unruhen“ handelt.

In Wahrheit sind alle diese „spontanen Unruhen“ geschickt gesteuert, sie werden inszeniert und provoziert. Die Medien unterstützen in ihrer Dummheit dieses Chaos, denn sie sind fast ausnahmslos negativ gepolt und lieben Blut, Aufstände und schreckliche Bilder. Sie sind Chaos*händler* und verdienen daran, wenn sie eine gefährliche Umwelt zeichnen. Das Chaos wird durch die Medien noch einmal potenziert.

Hitler lernt auch in dieser Beziehung von den Kommunisten, die Nazis werden zu Meistern, wenn es darum geht, für Chaos zu sorgen.

Hitler bedient sich anfänglich der SA. Die Sturmabteilung ist scheinbar eine Ordnungstruppe, eine Art Saalschutz, sie dienen als Plakatkleber und Parolenschmierer, in Wahrheit versammeln sich hier abgehalfterte, ausgediente Soldaten, Rüpel, Schläger, Diebe und andere kriminelle Elemente. Gewaltsam behindern sie gegnerische Veranstaltungen oder schützen Hitlers Redeauftritte. Wenn Gebäude oder andere physikalische Objekte sowie Menschen zu Schaden kommen, so kümmert das die SA wenig; ein Toter zählt nichts. Früh spezialisiert sich die Sturmabteilung auf den Straßenkampf und den Überfall. Im Visier hat die SA vorzugsweise Kommunisten und Juden. Gern provoziert sie entsprechende Zusammenstöße.

TECHNIK 6: DIE MACHTÜBERNAHME

Sowohl Lenin als auch Hitler bemühen sich anfangs, mit demokratischen Methoden an die Macht zu gelangen, das heißt, sie nutzen Wahlen schamlos aus. Die „dumme Demokratie“ hält ihnen noch den Steigbügel.

Aber ab einem bestimmten Zeitpunkt wird die demokratische Maske fallengelassen. Die Kommunisten und die Nazis wissen, dass dazu vor allem zwei Punkte von Bedeutung sind, wenn es darum geht, die Macht an sich zu reißen:

(1) Die Propaganda sowie
(2) die Befehlsgewalt über die Geheimdienste, das Militär und die Polizei.
Die restlichen Machtpositionen (innerhalb der Kirche, der Politik, der Wirtschaft, der Arbeitervertretungen und so fort) können relativ leicht besetzt werden, sobald man nur Herr über (1) und (2) ist.

Lenin plant minutiös den Umsturz, bis ins kleinste Detail. Er lässt alle Kommandostellen der Armee und der Flotte von seinen Bolschewiki besetzen, aber auch die Telegrafen- und Telefonämter. Der Boden unter seinen Füßen färbt sich dabei blutig rot.

Hitler gelangt aufgrund guter Wahlergebnisse an die Macht. Aber kaum hält er die Zügel in der Hand, werden alle wichtigen Posten gewaltsam von den Nazis besetzt. Mord und Totschlag sind auch in seinem Fall an der Tagesordnung. Systematisch werden die Konkurrenten ausgeschaltet, die Kommunisten ebenso wie die Demokraten. Konkret geht Hitler so vor: Er schaltet zuerst den Reichstag aus, durch das „Ermächtigungsgesetz", dann die Polizei, durch neue Befehlskanäle, und schließlich die Länderregierungen mittels seiner Parteifürsten. Sogar Röhm, der SA-Chef, ein alter Weggefährte, wird abserviert, weil er ihm inzwischen zu mächtig geworden ist: Hitler lässt ihn ermorden. Die Reichswehr setzt der „Führer" schachmatt, indem er selbst das Amt des Reichspräsidenten (und damit die Befehlsgewalt über das Militär) übernimmt. Nun befindet sich die geballte Macht in seinen Händen.

Nach 1933 entsteht der „Führerstaat": Die Jugend wird umerzogen, und Studenten finden sich im NS-Deutschen Studentenbund wieder. Die Gewerkschaften unterstellen sich Hitler freiwillig. Frauen werden in der NS-Frauenschaft organisiert. Die Presse wird vollständig gleichgeschaltet. Künstler, Schriftsteller und Gelehrte, die aufmucken, werden aus dem Land geekelt oder sie verschwinden in Konzentrationslagern. Wissenschaftler werden entlassen, wenn sie nicht mit den Nazis konform gehen. Bauern werden in einer NS- Organisation zusammengefasst, ja sogar NS-Kraftfahrer. Städte beraubt man ihrer Selbstverwaltung. Auch die Kirchen, die Banken und die Wirtschaftsführer zwingt man unter das Nazi-Diktat.

Im Falle Hitlers werden ebenfalls regelrechte Mordfeste gefeiert, nicht anders als im Falle Lenins.

TECHNIK 7: DER MACHTERHALT

Lenin wie Hitler bedienen sich der gleichen Methoden, um ihre Macht zu zementieren. Sie operieren mittels Einschüchterung, Verbannung, Gefängnis und Mord.
Wichtige Unternehmen, die auch nur ein Zipfelchen Macht besitzen, werden „verstaatlicht".
Gleichzeitig werden sowohl Lenin als auch Hitler verklärt, sie werden schier ins „Überirdische" transportiert. Lenin wird zum unvorstellbar intelligenten Gehirn hochstilisiert, Hitler zum „Führer", der mit menschlichen Maßstäben nicht mehr zu messen ist.

Abbildung 9: Briefmarke, mit Adolf Hitler als Motiv. Man beobachte das Licht, das offenbar „von oben" auf den Führer niederscheint, sowie die himmelwärts gerichtete Kopfhaltung Hitlers, als würde er gerade einer Erscheinung ansichtig werden. Die Parallele zu Heiligendarstellungen ist offensichtlich.

Einmal an der Macht sind der Manipulation keine Grenzen mehr gesetzt. Bildhauer meißeln Statuen, Maler pinseln Gemälde, Worteakrobaten singen Hosianna und Fotografen lichten Lenin und Hitler optisch raffiniert ab. In beiden Fällen werden Fotografien retuschiert, so dass sie einen unnennbaren Eindruck hinterlassen. Hitler verfügt früh über seinen eigenen „Hoffotografen", einen Mann namens Heinrich Hoffmann (1885 – 1957). Hoffmann ist ein Vollprofi und ebenfalls eine Art Künstler, er hat das gesamte Handwerk von der Pike auf gelernt. Er avanciert zum persönlichen Fotografen und Freund Hitlers und gibt über ihn zahlreiche Bildbände heraus. Hoffmann baut die NS-Propaganda weiter aus und hebt sie auf ein zuvor nie gesehenes Niveau. Zusammen mit dem Radio und dem Film, gemeinsam mit dem „Regisseur“ Josef Goebbels, kann das deutsche Volk der Nazi-Propaganda praktisch nicht mehr entkommen.

DIE PARALLELEN

Und so erkennen wir, dass es im Falle der Diktatur, gleichgültig ob sie von links oder rechts kommt, sieben Techniken gibt, wie man „Macht“ erringt und „Macht“ aufrechterhält. Hitler ließ sich dabei zweifelsfrei auch von den Kommunisten inspirieren, später wählte er zudem Benito Mussolini zu seinem Vorbild, Italiens Staatschef.

Vielleicht gerieten die Kommunisten nur deshalb zu den Todfeinden der Nationalsozialisten, *weil* sie Hitler einige Ideen eingaben und eine echte Konkurrenz darstellten. Sie waren gefährlich; offenbar hatten auch sie die Tricks und Techniken durchschaut, wie man einen Staatsstreich inszeniert. Beide, Lenin und Hitler, waren revolutionäre Diktatoren, die in ihrem Land jeden Bereich des Lebens veränderten. Sie setzten sich über alle traditionellen Werte hinweg und verfolgten unbeirrbar ihr Ziel, mit mörderischen Methoden. Beide bedienten sich des Personenkults, beide kontrollierten zuletzt jeden Aspekt in ihrem Lande. Beide waren sie Großverbrecher. Auf Lenins Konto gehen rund zehn Millionen Tote, Hitler ist für sechzig Millionen Tote verantwortlich.

Hitler studierte nachweislich mehrere schriftliche Abhandlungen Lenins während seiner Haft in Landsberg [19], aber vor allem lernte er den Kommunismus aus unmittelbarer Anschauung kennen – schließlich wurde er als Spion auf die Bolschewisten angesetzt. Hitler lernte also von Lenin sowohl direkt als auch indirekt. Er lernte, den Terror gezielt einzusetzen, und er stahl von ihnen propagandistische Methoden.

Lenin liebte den Kampf, den Krieg und die Geheimdienste – wie praktisch alle destruktiven Persönlichkeiten, die sich im politischen Raum tummeln, nicht anders als Hitler. Lenin war der Prototyp des Demagogen, der mit Listen und Kniffen, mit Gewalt und Heimtücke operierte; er versprach den Menschen den Himmel auf Erden, die er in eine Hölle verwandelte, als er an der Macht war – nicht anders als Hitler. Er sprach geschickt den Neid an, um seine verbrecherischen Ziele zu erreichen.

Und Hitler lernte und lernte …

NOCH EINMAL: LENIN

Und so muss unser Fazit über Lenin vernichtend ausfallen. Die gesamte kommunistische Propaganda, die von Lenin das Bild des humanen Revolutionärs und perfekten Ehegatten schuf, ist erlogen. Systematisch unterschlug man, dass Lenin dem Adel angehörte, dass er den Terror unterstützte und dass er das Blut von Millionen Menschen an den Händen kleben hatte. Weiter trat er die Freiheit und die Demokratie mit Füßen.

Die Geschichtsschreibung wurde manipuliert und seine Biographie gefälscht. Es handelte sich bei Lenin sehr einfach um einen Staatsverbrecher, der um ein Haar den gesamten Planeten Erde mit sich in den Abgrund gerissen hätte. Das selbständige, ethische Denken wurde durch ihn mindestens um ein Jahrhundert zurückgeworfen, denn Lenin zeichnete für einen ungeheuren intellektuellen Rückschritt verantwortlich, auch und gerade was die politische Philosophie anging.

Lenins Antwort auf alle Probleme war die Unterdrückung durch seinen furchtbaren Geheimdienst und das Militär. Zu Hilfe kam ihm seine ewige Propaganda, die gebetsmühlenartig wiedergekäut wurde, mit immer den gleichen Schlagworten.

In einem Satz: Lenin war ein Knastbruder, ein gewalttätiger Demagoge, ein fanatisierter Aufrührer, ein Kriegshetzer, der Gründer eines bluttrinkenden Geheimdienstes, ein Propagandist und Lügner, ein blutdürstiger Terrorist, ein Dieb und Räuber, ein korrupter Schmarotzer, ein Hasser von Religionen, ein Lügenbold, der Arbeiter und Bauern betrog und vor allem ein gewissenloser Massenmörder.

Genau so kann man, ja muss man auch über Hitler urteilen.

Lenin streute mit seinen Parolen und seiner Propaganda den Menschen Sand in die Augen, bis sie blind wurden und in ihrer himmelschreienden Not glaubten, er würde ihnen helfen. Lenin war nichts als einer der gewalttätigsten Großverbrecher des 20. Jahrhunderts.

Hitler war sein eifrigster Schüler, der demütig von ihm lernte – genau diesen Umstand aber später geschickt verbarg, indem er die Kommunisten rücksichtslos bekämpfte.

DER KOMMUNISMUS, UNGESCHMINKT

Verweilen wir noch einen Augenblick bei dem Kommunismus. Bei Licht betrachtet ist Lenin der weltweiten Verbreitung des Kommunismus schuldig zu sprechen. Der grausame Stalin, den er selbst großgezogen hatte, mordete später noch weitaus hemmungsloser als er selbst. Aber Lenin ebnete mit seinen Traktaten, Schriften, Briefen und Reden auch Massenmördern wie Mao-Tse-Tung den Weg. Die gesamte Bagage der gewalttätigen Kommunistenführer, von Chruschtschow bis Breschnew, von Andropow bis Tschernenko, ist nicht denkbar ohne Lenin. Auch Fidel Castro, der in Kuba ein Terrorregime errichtete, von wo aus er halb Südamerika mit dem kommunistischen Bazillus zu infizieren versuchte, oder der Schlächter Ceausescu, der Bluttrinker Rumäniens, waren Lenins Schüler.

Der Kommunismus fegte überall demokratische Bestrebungen hinweg, errichtete einen elenden Apparatschik, der die Menschen unterdrückte, manipulierte die Menschen in eine verrückte Polit-Philosophie hinein, die nie funktioniert hat und nie funktionieren wird, mordete in größten Größenordnungen, errichtete allerorten Diktaturen und raubte das Geld und die Güter der Menschen. Er vernichtete an jedem Ort spirituelle Ansätze und versuchte, den Menschen zu einem Stück Materie zu degradieren. Der Kommunismus tötete mit seinen „politischen Säuberungen“, seinen Hungersnöten, die auf ihn zurückzuführen sind, seinen Kriegen und seinen unvorstellbar brutalen Geheimdiensten mehr Menschen als der Faschismus.

In China, wie neuerliche Untersuchungen ergaben, kostete der Kommunismus zwischen 60 und 80 Millionen Menschen das Leben, in der Sowjetunion wurden 50 Millionen getötet, Afrika hatte bislang rund 1,7 Millionen Menschenleben zu beklagen, Afghanistan 1, 5 Millionen, Nordkorea 2 Millionen, Kambodscha 2 Millionen, Osteuropa 1 Million, Vietnam 1 Million und Lateinamerika 150 000. [20] Und über Putins Russland braucht man ebenfalls kaum ein Wort zu verlieren, denn jeder weiß, dass Wladimir Putin, ein ehemaliger Agent des mörderischen KGB, mehrere Kriege initiierte, die Diktaturen Syriens, Irans und Venezuelas unterstützte, wo Millionen von Menschen hingemordet wurden, und wo nach wie vor der Terror an der Tagesordnung ist.

Noch heute tötet der Kommunismus, denn er existiert noch immer in einigen Ländern. In China allein unterdrückt er 1,4 Milliarden Menschen. In den chinesischen Konzentrationslagern werden nach wie vor Millionen von Menschen gefangen gehalten.

Weiter tritt der Kommunismus die Menschenrechte mit Füßen, er ist gegen Freiheit und Gerechtigkeit und tritt für den Krieg ein. Es gehört nicht viel Intelligenz dazu, den Kommunismus zu verdammen. Die Zahlen sprechen ihre eigene Sprache.[21]

Damit aber sind wir unversehens wieder in der Gegenwart angelangt, wie schon in einem früheren Kapitel. Aber das ist beabsichtigt; denn wozu taugt „Geschichte" eigentlich, wenn wir aus der Historie keine Erkenntnisse abgreifen können, die uns auch in der Gegenwart von Nutzen sind?

Jedenfalls haben wir mit Lenin und dem Kommunismus einen weiteren „Einflüsterer" Hitlers identifiziert und demaskiert. Mitunter wird dieser Einfluss „vergessen" oder kleingeredet, weil diese unangenehme Wahrheit nicht in das gegenwärtige politische Klima passt und weil sie einigen Vertretern der Macht nicht genehm ist.

Die Parallelen zwischen Lenin und Hitler sind jedoch zu augenfällig, als dass man sie ignorieren könnte.

Kommen wir nun zu einem weiteren Faktor, der Hitler formte und der ebenfalls oft beiseitegeschoben wird. Auch er passt einigen Meinungsführern heute nicht ins Konzept, was uns jedoch nicht davon abhalten soll, auch in dieser Beziehung den Vorhang beiseitezuziehen.

4. HITLERS GEHEIMBÜNDELEI

Bevor wir ein weiteres „Geheimnis“ Hitlers aufdecken, müssen wir zunächst wieder kurz auf seine Vita zu sprechen kommen. Nachdem Adolf Hitler also von den Kommunisten „inspiriert“ und „erleuchtet“ worden ist, wird er selbst unvorstellbar aktiv.

Er schlägt sich auf die andere Seite – die Gegner der Kommunisten.

1919 tritt er der DAP bei, der *Deutschen Arbeiterpartei,* die später, 1920, umbenannt wird in NSDAP, *Nationalsozialistische Arbeiterpartei,* die man allgemein nur als *Nazis* bezeichnet – wir haben bereits davon gehört.

Hier redet er, er hält einen Vortrag nach dem anderen.

Ein weiterer wichtiger Meilenstein ist sein Kontakt mit Dietrich Eckart (1868 – 1923), der Hitler ebenfalls mit antisemitischen Ideen befruchtet. Eckart ist eine interessante Persönlichkeit, denn er ist gleichzeitig Mitglied eines Geheimbundes.

Adolf Hitler selbst ist regelrecht besessen von jeder Art von Geheimniskrämerei.

Er will unbedingt in Erfahrung bringen, wie es hinter den Kulissen aussieht und wer in Wahrheit die Strippen zieht.

In Deutschland wimmelt es in dieser Zeit von Geheimbünden, denn die Macht wird gerade neu verteilt. Die Frage aller Fragen lautet: WER wird die Fäden letztlich in der Hand halten: die Demokraten? die Kommunisten? die nationalen Gruppierungen?

Hitler fühlt sich mehr und mehr zur radikalen „rechten“ Seite hingezogen. Auch innerhalb der Reichswehr gibt es verschiedene radikale, nationalistisch gepolte Offiziere, die darauf brennen, das Ruder herumzureißen und Deutschland wieder als „Großmacht“ zu etablieren.

DIE EISERNE FAUST

Hitler ist bereits mit Ernst Röhm (1887 – 1934) in Kontakt gekommen, einem zwielichtigen Offizier der Reichswehr. Röhm ist Mitglied des „Freikorps Epp“ – ein militärischer Verband aus ***Frei***willigen, benannt nach Oberst Franz Ritter von ***Epp.*** Er ist für sein „rücksichtsloses Vorgehen und Erschießungen von Gefangenen und Zivilisten“ [1] bekannt. Ein ***Korps*** ist ein Großverband des Heeres. Aus diesem rechtslastigen „Freikorps Epp" rekrutieren sich später zahlreiche hochrangige Nazis. Zusammen mit anderen nationalistischen Köpfen gründet Röhm nach dem Ersten Weltkrieg die Offiziersvereinigung EISERNE FAUST. Es handelt sich um einen Geheimbund, der umstürzlerische Ziele verfolgt oder zumindest nicht davor zurückschreckt, seiner Weltanschauung gewaltsam zum Durchbruch zu verhelfen. Die DAP gewinnt Röhm als Mitglied, denn die Ziele sind die gleichen wie die Ziele der EISERNEN FAUST. Röhm versteckt (heimlich, ungesehen) Waffen, die eigentlich, gemäß dem Versailler Vertrag, vernichtet werden müssten. Er legt verschiedene geheime Waffenlager an und ist offenbar zu allen Schandtaten bereit. Einer seiner Spitznamen lautet: „Maschinengewehrkönig von Bayern".[2] Röhm ist außerdem exzellent vernetzt. Er führt Adolf Hitler in einflussreiche Kreise ein. Hitler beginnt, die gefährlich dünne, aber aufregende Luft der Macht zu schnuppern.

Bedeutsam ist weiter Hitlers Kontakt zu einer weiteren Geheimgesellschaft, die Historiker zu selten ins Scheinwerferlicht rücken: die Thule-Gesellschaft.

DIE THULE –GESELLSCHAFT

Bei der Thule-Gesellschaft handelt es sich um einen Geheimbund, der nach der sagenhaften Insel *Thule* benannt ist. Sie existiert angeblich hoch im Norden.

Thule bedeutet wörtlich so viel wie „Boden" oder „Erde" (indogermanisch *telu = Boden*), die Insel liegt vorgeblich in der Nähe Norwegens, aber in Wahrheit wird damit nur auf ein politisches Programm gedeutet: Die Thule-Gesellschaft verunglimpft die Juden, während sie die „Arier" (die, wie einige „Denker" annehmen, im Norden beheimatet sind), in den Himmel hebt.

Der Gründer der Thule-Gesellschaft ist ein gewisser Rudolf Freiherr von Sebottendorf (1875 – 1945), der in Wahrheit Adam Glauer heißt und ein antisemitischer Hetzer vor dem Herrn ist sowie ein Okkultist. Er trommelt zahlreiche Gesinnungsgenossen in seiner Thule-Gesellschaft zusammen. Eine ganze Phalanx des späteren Führungspersonals der NSDAP rekrutiert sich später aus dieser Thule-Gesellschaft.

Glauer, alias Sebottendorf, ist ein Paradiesvogel ganz eigener Art. Aller Wahrscheinlichkeit nach wird er schon im Jahre 1901 in eine Freimaurerloge aufgenommen.[3] An der Wiege seiner „okkulten Ausbildung“ stehen islamische Mystiker, Sufi-Ordensbrüder, die Gründerin der Theosophie Helena Blavatskys, der antisemitische Lanz von Liebenfels sowie möglicherweise sogar die Rosenkreuzer. Er gilt als Gründer einer neuen, mystischen Loge in Istanbul (Türkei), wo er – nach eigenen Aussagen – von einem ausgewanderten Baron Heinrich von Sebottendorf adoptiert wird. Ab einem bestimmten Zeitpunkt nennt er sich jedenfalls Rudolf Freiherr von Sebottendorf. Es handelt sich hierbei jedoch um lupenreinen Betrug, um Hochstapelei. Sebottendorf/ Glauer kehrt schließlich nach Deutschland zurück und heiratet die Tochter eines reichen Berliner Kaufmannes. Daraufhin macht er sich daran, das Geld seiner Frau mit beiden Händen zum Fenster hinauszuwerfen.

Sebottendorf/Glauer, der Judenhasser und Schmarotzer, agiert jedoch nicht gänzlich erfolglos. Er besitzt das Talent, Menschen namenlos zu beeindrucken. Der selbsternannte Freiherr tritt zunächst dem *Germanenorden* bei, bevor er seine *Thule-Gesellschaft* gründet.

Bei dem Germanenorden handelt es sich ebenfalls um eine Geheimgesellschaft, die, wie er selbst, die Juden abgrundtief hasst. Nur Bürger, die blondes Haar, blaue bis hellbraune Augen und eine helle Haut besitzen, dürfen dem Germanenorden beitreten, sofern sie nicht körperlich behindert sind. Eine „arisch-germanische, religiöse Wiedergeburt“ wird propagiert. Juden sollen deportiert werden, aber auch Anarchisten und Zigeuner. Selbst das Attentat und der Mord gelten als politisch korrekt, wenn es darum geht, die Ziele des Germanenordens durchzusetzen.

In diesem Umfeld fühlt sich Sebottendorf sofort heimisch. Er gründet erst eine Filiale in Bayern, dann nabelte er sich ab. Viele Mitglieder des Germanenordens laufen sofort zu ihm über und sammeln sich in seiner neuen Thule-Gesellschaft, in der unter anderem das Hakenkreuz bereits als Symbol verwendet wird, auf das wir bereits aufmerksam gemacht haben.

Offiziell wird die Thule-Gesellschaft 1918 gegründet, sie bezeichnet sich selbst als „Orden für die deutsche Art“. Man verbreitet hier das Märchen von der jüdischen Weltverschwörung. Eine Diktatur soll errichtet und alle Juden aus Deutschland vertrieben werden. Genau an dieser Schnittstelle tritt Hitler auf den Plan.

HITLERS GEHEIMNISSE

Folgen wir zunächst den Ausführungen der Verschwörungstheoretiker Marrs, Pauwels, Bergier und Ravenscroft.[4] Nach deren Behauptungen geschieht dies: Ein Mitglied der Thule-Gesellschaft namens Dietrich Eckart führt Hitler in den 1920er Jahren an den Okkultismus heran.
Um wen handelt es sich bei diesem ominösen Eckart? Dietrich Eckart ist ein Publizist und Verleger und vernarrt in alle möglichen esoterischen Gedankengebäude. Es ist wahr, dass er eine Art Ideengeber für Hitler darstellt. Eckart ist später Mitbegründer der NSDAP, er nimmt Hitler sogar gegen innerparteiliche Kritiker in Schutz, denen er anfänglich ausgesetzt ist, und dient ihm als Mentor. Der 21 Jahre ältere Eckart setzt Hitler den Floh ins Ohr, dass er, Hitler, der kommende „Retter" sei und schreibt ihm „charismatische Fähigkeiten" zu. Er bezeichnet ihn 1921 erstmals als „Führer".[5] Eckart ist ebenfalls der Meinung, dass sich auf der einen Seite die (bösen) Juden befinden, die im Gegensatz zu den (guten) Deutschen/Germanen stünden. Er verstärkt Hitlers Antisemitismus. Eckart verfasst später das Sturmlied der SA und avanciert zu einer Art „Parteidichter" der NSDAP. Aber er vertritt auch esoterische Ideen und Positionen, über die man sich nur die Haare raufen kann, denn sie sind alle höchst mysteriös und undurchsichtig.
Thule, nach dem Verständnis Eckarts und einiger Okkultisten, ist eben kein nordisches Eiland, sondern in Wahrheit eine Art deutsches Atlantis, eine mystische, prähistorische Insel, die Heimat einer lang untergegangenen, hoch stehenden Zivilisation Außerirdischer. Diese sind angeblich ihres Wissens verlustig gegangen, als sie sich mit einigen Exemplaren des Menschengeschlechts paarten. Sebottendorf und mit ihm Eckart glauben offenbar, dass es (außerirdisch inspirierte) „Thule-Geheimwissenschaften" gibt, die nur noch einige Eingeweihte beherrschen. Man kann dieses machtvolle, esoterische Wissen wiedererlangen durch den Kontakt zu Geistern – den offenbar Eckart und Sebottendorf herstellen können …
Aber es gibt auch Gerüchte, dass im innersten Zirkel der Thule-Gesellschaft Satanisten existieren, die schwarze Magie betreiben, vermutet jedenfalls Autor Trevor Ravenscroft. Nach seiner Meinung geht es darum, die Macht des abgrundtiefen Bösen heraufzubeschwören. Die Thule-Gesellschaft ist nach Ravenscroft eine „Gesellschaft der Meuchelmörder". Eckart, der Lehrer, beeinflusst angeblich seinen Schüler, eben Hitler, in

Richtung des Bösen. Ravenscroft zufolge weckt er zudem sein Interesse an antijüdischer Propaganda, an Geschichte, Okkultismus, Hypnose, Astrologie, mystischer Erleuchtung und der Droge Peyotl, sowie an Trancezuständen, Channeling (= Empfang und Weitergabe der Botschaften überirdischer Wesen), metaphysischer Kontrolle, inneren Stimmen und mittelalterlicher, schwarzer Magie.

Die Tatsache, dass Hitler während seiner aufpeitschenden Reden wie von einem fremden Geist beseelt zu sein scheint, der gewissermaßen durch ihn spricht, wird von Okkultisten bis heute als „Beweis" für den Einfluss Eckarts und bestimmter Geister ins Feld geführt. Hitler sei bedeutet worden, er würde ein einflussreicher Politiker werden, er habe Befehle „von oberhalb" erhalten, Befehle von Geistern oder höheren Wesen.

Als Eckart 1923 auf dem Sterbebett liegt, soll er gesagt haben: „Folgt Hitler. Er will tanzen, aber ich bin es, der die Melodie bestimmt hat. Ich habe seine Einweihung vorgenommen und ihn in die ‚Geheime Lehre' eingeweiht. Ich öffnete seine Zentren für die Vision und gab ihm die Mittel, mit den [geheimen] Mächten in Kommunikation zu treten. Betrauert mich nicht: Ich werde die Geschichte stärker beeinflusst haben als jeder andere Deutsche."[6]

LÜGE UND WAHRHEIT

Sehr hübsch! Was aber ist hier wahr, was erfunden? Nun, rund zwanzig Prozent sind wahr, achtzig Prozent nicht nachprüfbar und nur zusammengesponnenes Seemannsgarn. Wir wissen, dass Okkultisten die begabtesten Lügner sind, wenn es darum geht, Kontakte mit den jenseitigen Welten herzustellen, zahlreiche Biographien beweisen das. Selbst satanische Kulte und die zeremoniellen, kultischen Opferungen von Juden werden von einigen Autoren dem Thule-Orden (und also indirekt Hitler) unterstellt, weiter die Verbindung zu einem geheimen „Vril-Orden".

Vril? *Vril* bedeutet so viel wie *Lebenskraft* oder *Vitalenergie*. Angeblich besitzt die Vril-Gesellschaft Macht über eine übernatürliche Energie (= Vril) und bestimmt den Aufstieg der Nazis.

Nun, die simple Tatsache ist, dass das Wort „Vril" gestohlen wurde – aus einem Roman. Der englische Schriftsteller Edward Bulwer-Lytton

(1803 – 1873) erfand dieses Wort in seinem Buch *The Coming Race (= Die Rasse der Zukunft)*. Er leitete es möglicherweise ab von dem lateinischen Ausdruck *virilis = männlich, voller Kraft.* Vril-Kräfte beinhalteten seiner Fiktion nach Fähigkeiten wie die Telepathie, die Telekinese, die Macht über Materie und Heilkräfte, sowie das Talent, Tote zu erwecken. Der springende Punkt jedoch ist: Nichts davon kann man mit der Thule-Geheimgesellschaft in Verbindung bringen oder gar mit Hitler.

Der Grund? Eine entsprechende Geheimgesellschaft existierte nie.

Es handelt sich um reine Erfindungen, die nachträglich aus dem Zylinder gezaubert werden, um das Phänomen Hitler zu erklären.

Hinzu kommt dieser Umstand: Hitler ist nie Mitglied der Thule-Gesellschaft, eine fiktive Mitgliederliste mit seinem Namen wird später nur zusammengefälscht.[7] Dietrich Eckart ist immerhin dort ab und an Gast und Gastredner. Es *gibt* also Verbindungen zu dieser Geheimgesellschaft, aber sie laufen über Eckart.

Weiter steht fest, dass die Thule-Gesellschaft den politischen Mord gutheißt und nachweislich auch ausführt. Zeremonielle Tötungsorgien sind wiederum nichts als Spukgeschichten.

Wahr hingegen ist Eckarts Interesse am Übernatürlichen und Okkulten. Richtig ist ferner, dass er Hitler den Floh ins Ohr setzt, zu Höherem geboren zu sein und dass er ihn erstmals als „Führer" bezeichnet. Die Szene auf dem Sterbebett aber ist erneut nur Übertreibung und stammt aus dem Griffel eines romantisch-okkulten Worteakrobaten, der damit Aufmerksamkeit auf sich ziehen und ein paar Cents verdienen will.

Richtig ist umgekehrt so viel, dass Hitler seinem Mentor Dietrich Eckart in seinem Buch *Mein Kampf* ein Denkmal setzt, er widmet ihm das Buch.

Wahr ist weiter, dass Dietrich Eckart tatsächlich Ideengeber und Einflüsterer Hitlers ist, aber der Umfang dieser Einflüsterungen lässt sich nicht mehr nachprüfen. Vielleicht ist er dafür verantwortlich, dass Hitler an seine „Mission" auf einmal ernsthaft zu glauben beginnt. Denn eine Technik innerhalb vieler „geheimer Zirkel" besteht darin, einem Adepten und Jünger eine (künstliche) Bedeutung zuzuweisen, um die Person fester an einen Geheimorden oder an einen Lehrer zu binden.

Eckart ist außerdem tatsächlich eine Zeitlang eine Art „Parteidichter" der NSDAP. Aber der Rest ist Hokuspokus, die Vril-Geschichte allemal.

Eckart selbst ist ein fanatischer antijüdischer Hetzer und eine Zeitlang so etwas wie der „Chefideologe“ der NSDAP. Ja, er besitzt Verbindungen zur Thule-Gesellschaft, ebenso wie Rudolf Heß, des Führers Stellvertreter, der mysteriösem Hokuspokus ebenfalls zugeneigt ist und zumindest einmal als Gast einen Vortrag bei dieser Gesellschaft besucht.[8]
All das entspricht also der Wahrheit. Noch einmal: Zwanzig Prozent stimmen, der Rest, speziell die Geisterbeschwörungen Sebottendorfs, sind kaum mit Hitler in Verbindung zu bringen.
Dennoch ist der Kontakt mit Eckart wichtig, erst jetzt nimmt der Größenwahn Hitlers Gestalt an. Vielleicht beginnt er, ab diesem Zeitpunkt an seine „Rolle in der Geschichte“ zu glauben.
Hitler erlässt später ein Verbot aller Geheimgesellschaften, auch die Thule-Gesellschaft wird aufgelöst, aber vielleicht will der „Führer“ nur wieder Spuren verwischen, denn darin ist er Meister. Sein inniges Verhältnis zu Dietrich Eckart kann jedoch nicht beiseite gewischt werden. Der Einfluss eines (schändlichen) Geheimbundes, der Juden abgrundtief hasst und verleumdet und mit dem Eckart in Verbindung steht, muss also zugegeben werden, weiter der verderbliche Einfluss Eckarts auf Hitler.
Soweit das erste Ergebnis zu dem Thema „Hitlers Geheimbündelei.“
Aber es gibt noch mehr harte Fakten.

NOCH EINMAL: DER VÖLKISCHE BEOBACHTER

Wir haben bereits auf die Bedeutung der *Zeitung* aufmerksam gemacht. In dieser Beziehung gilt es, einen wichtigen Nachtrag zu leisten.
Relativ unbekannt ist die Tatsache, dass sich DER VÖLKISCHE BEOBACHTER zunächst im Besitz der Thule-Gesellschaft befindet. Sebottendorf erwirbt das Blatt von der Witwe des vorherigen Besitzers, genauer gesagt die Herausgeberlizenz, konkret im Jahre 1918.
Käthe Bierbaumer, die finanziell gut gepolsterte Freundin Sebottendorfs, sowie Sebottendorfs Schwester, Dora Kunze, kaufen das Blatt. 1920 erwirbt die NSDAP die überschuldete Zeitung für 120 000 Mark. Besitzer sind jetzt Adolf Hitler, Dora Kunze und Käthe Bierbaumer. Vermittler des Deals sind … Dietrich Eckart und Franz Ritter von Epp. Hier schließt sich der Kreis zwischen Reichswehr und Thule-Gesellschaft.

1921 übernimmt Eckart sogar die Redaktionsleitung des Blattes. 1923 wird die Zeitung vorübergehend verboten, aber schon 1925 erscheint sie erneut. Finanziert wird sie jetzt durch Abonnenten sowie durch reiche Gönner wie Helene Bechstein (1876 – 1951). Helene Bechstein ist die Ehefrau des bekannten Klavier- und Flügel-Fabrikanten Edwin Bechstein; sie verehrt Hitler und wünscht sich „Wölfchen“ als Sohn. (Adolf bedeutet ursprünglich-wörtlich: Edel-Wolf.) Helene Bechstein wiederum ist mit Winifred Wagner verbunden, der Schwiegertochter Richard Wagners, des Komponisten, den umgekehrt Hitler verehrt. Eckart macht Hitler auch mit Helene Bechstein bekannt, die später Hitler, der gute Umgangsformen missen lässt, mit dem Stil der High Society vertraut macht, mit guten Tischmanieren, der „richtigen“ Kleidung und anderen Gepflogenheiten der besseren Gesellschaft. Über diese Verbindung wiederum wird Hitler später weitergereicht, wie etwa an General Kurt von Schleicher, der 1933 der letzte Reichskanzler ist, bevor Hitler die Macht ergreift. Die Bechsteins unterstützen Hitler zudem fast ununterbrochen finanziell.

Eckart ist also für weitaus mehr verantwortlich als nur für ein paar gute Ratschläge und einige Einflüsterungen.

Eckart spielt Hitlers Türöffner, was die feine Gesellschaft angeht, wo sich überraschende Konnexionen auftun. Sie katapultieren den „Führer“ in völlig neue Höhen.

Der Einfluss Eckarts auf Hitler darf also auf der anderen Seite auch nicht heruntergespielt werden, ebenso wenig wie der Einfluss der Thule-Gesellschaft/ Sebottendorfs.

Sie sind bedeutsamer als heute im Allgemeinen in Historikerkreisen zugegeben wird.

DIE BIOGRAPHIE – DIE FORTSETZUNG

Aufgrund all dieser guten Kontakte gelingt es Adolf Hitler in der Folge, ausschließlich nur von seinen Reden und Vorträgen zu leben.

Aber Hitler ist nun auch mit dem Antisemitismus quasi verheiratet sowie mit mindestens zwei Geheimgesellschaften.

In der Folge lernt Hitler, in allen möglichen Verkleidungen aufzutreten: Manchmal trägt er einen langen Regenmantel und einen „Gangsterhut“ sowie, gut sichtbar, einen Revolver und eine Hundepeitsche – was ihm ein entsprechendes Image verschafft und je und je zum Stadtgespräch werden lässt.

Dann wiederum gibt er den jovialen Arbeiterfreund. Ein anderes Bild ist ein „vernünftiger" Mann, der sich auch in der guten Gesellschaft bewegen kann und über beste Manieren verfügt.

Wieder begegnen wir dem Schauspieler Adolf Hitler, dem Theatermann, der auf Abruf verschiedene Rollen spielen kann.

Eckart ist erneut mit von der Partie, als der Vorschlag im Raum steht, eine (linkslastige) Programmreform der NSDAP durchzuführen, ja, sogar mit einer anderen Partei zu fusionieren.

Hitler, vielleicht reflektierend auf Lenin, der stets auf seiner absoluten Führungsposition bestanden hat, tritt wütend aus der Partei aus. Eckart vermittelt und sorgt für seinen Wiedereintritt. Hitler fordert nun jedoch quasi diktatorische Vollmachten und die absolute Entscheidungsgewalt über die Partei. Er setzt sich durch.

Der Stern Hitlers beginnt strahlend am Himmel aufzugehen.

Er gelangt in immer einflussreichere Kreise, ja, kommt sogar in Kontakt mit der ehemals höchsten Kommandostelle des Militärs, ein Thema, das ebenfalls reichlich stiefmütterlich in der Literatur abgehandelt wird, worüber man aber unbedingt berichten muss, wenn man das „Rätsel Hitler" lösen will.

5. HITLERS OBSESSION MIT DEM MILITÄR

Auch über den Ersten Weltkrieg wird viel verschwiegen.
So ist es für viele Leser bis heute unbegreiflich, warum der Erste Weltkrieg (1914 – 1918) nach dem Jahr 1917 noch fortgesetzt wurde, mit aller Vehemenz, obwohl sich die Truppen auf beiden Seiten doch längst in einem furchtbaren Stellungskrieg verrannt hatten, der Millionen Tote einforderte.
Gern vergessen werden die wahren Kriegstreiber auf deutscher Seite.
Es war nicht nur der etwas beschränkte Kaiser Wilhelm II., der verliebt war in das Militär, der den „schneidigen", schnarrenden, preußischen Befehlston nur allzu gern kopierte und der von all dem Ordensgeklingel und den „schmissigen" Uniformen beeindruckt war wie ein kleines Kind.
Im Hintergrund dieses Krieges gab es auf deutscher Seite überdies zwei elende Militärs, die der Ansicht waren, dass man nur mit Waffengewalt allen Problemen zu Leibe rücken könne. Es handelte sich um Hindenburg und Ludendorff – zwei unvorstellbar rücksichtslose Militaristen, rabenschwarze Seelen, die von ihrer Bedeutung so eingenommen waren, dass sie glaubten, weit über dem Kaiser zu stehen, ja, die sogar zeitweise eine regelrechte Militärdiktatur errichteten und die Monarchie beiseiteschoben. [1]

HINDENBURG OHNE MASKE

Generalfeldmarschall Paul von Hindenburg (1847 – 1934) war im Ersten Weltkrieg von 1916 bis 1918 der Chef der Obersten Heeresleitung (OHL) und verfügte über quasi diktatorische Vollmachten. Da er aus einem bekannten preußischen Adelsgeschlecht und also aus einem guten Stall stammte, fiel er die Karriereleiter förmlich hinauf.
1870/71 kämpfte er im deutsch-französischen Krieg. Er suchte geschickt die Nähe zum preußischen Königtum und späteren Kaiserhaus und nahm im Laufschritt alle Karrierestationen innerhalb des Militärs (Leutnant, Hauptmann, Major, Oberst, Generalmajor, Generalleutnant, General, General der Infanterie). Schließlich langte er ganz oben an. Im Ersten Weltkrieg kürte man ihn zum Oberbefehlshaber der 8. Armee. Bei der

legendären Schlacht bei Tannenberg (in Ostpreußen, da russische gegen deutsche Truppen antraten) siegten die Deutschen unter Hindenburg. Hindenburg wurde zum Generaloberst befördert und schier verklärt. Er geriet zum *Oberbefehlshaber Ost* und zum *Generalfeldmarschall.* 1916 war er der Chef des gesamten Feldheeres. Es handelte sich um eine atemberaubende Karriere, die dabei noch nicht einmal zu Ende war.

„Vergessen" wird bei dieser Karriere jedoch gern, dass der entscheidende Sprung nach vorn der Sieg bei Tannenberg war, den Hindenburg Erich Ludendorff zu verdanken hatte, seinem Stabschef, denn Hindenburg selbst traf kaum strategische Entscheidungen. Er selbst gönnte sich ein Nickerchen während der Schlacht. Aber der Sieg wurde ihm zugeschrieben und in der Folge geschickt propagandistisch ausgeschlachtet.

Sein Aufstieg basierte also auf einer unverschämten, ungeheuerlichen Lüge.

1916 übernahm er wie gesagt die gesamte Oberste Heeresleitung, zusammen mit Ludendorff. Von hier aus beeinflussten die beiden Militärs die deutsche Politik in einem Ausmaß, dass Wilhelm II., der Kaiser, und die Politiker, die ihm zur Seite standen, an den Rand geschoben wurden.

Der unbeschränkte U-Boot-Krieg der Deutschen, eine Fehlentscheidung, die auf das Gespann Hindenburg/ Ludendorff zurückzuführen ist, und die Ablehnung eines früheren (noch günstigen) Friedens, der Deutschland vor furchtbaren Folgeschäden bewahrt hätte, waren nur zwei weitere gravierende Fehler der beiden Militaristen. Noch einmal und in aller Deutlichkeit: Die Fortsetzung des barbarischen Krieges forderte letztlich Millionen von Toten ein und stieß Deutschland endgültig in den Abgrund. Es gehörte schon sehr viel Dummheit, Großmannssucht und Größenwahn dazu, in einen Krieg gegen Serbien, Russland, Frankreich, Großbritannien und die USA gleichzeitig einzutreten und zu glauben, man könne ihn gewinnen.

Es war Hindenburg, der nach der vernichtenden Niederlage 1918, die er selbst zu verantworten hatte, Wilhelm II., dem deutschen Kaiser, riet, das Land zu verlassen.

Dadurch war Deutschland führerlos. Schnell verbreitete Hindenburg, im Verbund mit Ludendorff, zudem die Dolchstoßlegende, wonach das deutsche Heer im Feld angeblich unbesiegt geblieben sei; demokratische Revolutionäre hätten es „von hinten" erdolcht.

Man überließ Hindenburg, der zunächst in den Ruhestand trat, kostenlos

eine Villa zum lebenslangen Nießbrauch. Als 1925 die Wahl zum Reichspräsidenten anstand, begann Hindenburgs zweite Karriere. Schließlich wurde er auf diesen wichtigen Posten gehievt, weil seine erlogenen, falschen PR-Aktionen nie demaskiert und seine Fehlentscheidungen im Ersten Weltkrieg nie genau beleuchtet worden waren.
Der Mann, der nur mit propagandistischen Mätzchen „seinen" Sieg über die Russen ausgeschlachtet hatte, der nur aufgestiegen war aufgrund seiner Herkunft und Nähe zum Kaiserhaus, der Mann, der mitverantwortlich war für die mörderische Fortsetzung des Ersten Weltkrieges, der Miterfinder der Dolchstoßlegende, befand sich unversehens an einer der einflussreichsten Stellen in diesem neuen Deutschland.
Aber WER war dieser Ludendorff?

LUDENDORFF OHNE MASKE

Erich Ludendorff (1865 – 1937) war ein Intrigant der Sonderklasse, der jedoch ein wenig mehr Gehirn in seinem Schädel hatte als Hindenburg. In rhetorischer, taktischer und strategischer Hinsicht, ja sogar in propagandistischen Belangen, war er dem Generalfeldmarschall weit überlegen. Er scherte sich nicht im Geringsten um Recht und Gesetz, Millionen von Toten kümmerten ihn ebenso wenig, aber er war ausgefuchst in puncto Public Relations. Seinen „Ruf" begründete er, als Lüttich, die wichtige Stadt in Belgien, unter seinem Kommando von den Deutschen zu Beginn des Ersten Weltkrieges eingenommen wurde – ein Sieg, den er sofort propagandistisch ausschlachtete. Landesweit gab es auf einmal Plakate, die ihn als den „Helden von Lüttich" bezeichneten. Später intrigierte er den Chef des Generalstabes von seinem Posten und stellte sich an die Spitze des gesamten deutschen Heeres – zunächst zusammen mit Hindenburg. Rasch besetzte er wichtige Führungspositionen neu, mit Personen nach seinem Geschmack.
Schließlich ging nichts mehr an Ludendorff vorbei, seine Bedeutung stieg und stieg. Ein Historiker urteilte: „Die Macht Ludendorffs, des wahren Chefs der …OHL [= Oberste Heeresleitung], stieg seit Ende 1916 immer mehr, während der fügsame Hindenburg alles deckte und als Fassade für Ludendorffs diktatorische Manipulationen diente."[2]
Fest steht, Ludendorff schob sogar Bethmann-Hollweg beiseite, den

Kanzler des Kaisers, einen vernünftigen Mann, der einem (vorzeitigen) Frieden das Wort redete und Deutschland damit vor unendlichem Schaden bewahren wollte. Ludendorff pokerte ihn aus und steigerte im Gegenteil die Waffen- und Munitionsproduktion in unglaubliches Ausmaß. Er reorganisierte die halbe deutsche Volkswirtschaft, um den Krieg am Kochen zu halten. Gleichzeitig führte er die Zwangsarbeit für Kriegsgefangene ein und kommandierte deutsche Frauen zur Industriearbeit ab, alles für diesen sinnlosen Krieg, selbst als er längst nicht mehr zu gewinnen war.
Niemand anders als Ludendorff zeichnete dafür verantwortlich, dass der infame Lenin in einem Zug aus der Schweiz über Deutschland nach Russland reisen durfte. Damit verhalf er indirekt dem (weltweiten) Kommunismus zum Durchbruch.
Als gerissener Propagandist interessierte er sich auch für den Film, den er für seinen Krieg und überhaupt als Herrschaftsinstrument einsetzen wollte. Zusammen mit der Deutschen Bank und Geldern des Reiches wurde eine Filmfirma aus der Taufe gehoben, die in die spätere berühmte *UFA* einmündete, die *Universum-Film-Aktiengesellschaft.*
Seine letzte Offensive verzögerte jedenfalls den Frieden, wobei es Ludendorff nicht interessierte, dass in Deutschland bereits der Hunger grassierte, an vielen Waren Mangel herrschte und Krankheiten die Bevölkerung plagten, konkret die *Spanische Gripppe,* die wahrscheinlich in Frankreich zuerst um sich gegriffen hatte, aber offiziell das erste Mal in Spanien gemeldet wurde. Das führt uns zu einer wichtigen Schlussfolgerung.

EPIDEMIEN UND PANDEMIEN

Erlauben wir uns einen kurzen Ausflug in die Gefilde der Epidemien und Pandemien. Die *Spanische Grippe* erfasste viele Länder, in der Folge (1918) auch Deutschland. Es ist nicht auszuschließen, dass Pandemien generell auf konkrete Unterdrückungen zurückzuführen sind. In diesem Fall war die *Schlüsselperson* Erich Ludendorff, denn er war es, der einfach nicht aufhören konnte, Krieg zu spielen, mit Maschinengewehren, Gasangriffen und Grabenkämpfen, wodurch er für den Tod von Millionen von Franzosen schuldig zu sprechen ist. Wiederholen wir: In Frankreich brach die *Spanische Grippe* aller Wahrscheinlichkeit nach zuerst aus. Man weiß heute so viel mit Sicherheit: In Kriegen

greifen Krankheiten und Seuchen leichter, schneller und häufiger um sich, man denke nur an den furchtbaren Dreißigjährigen Krieg, in dem die Menschen von Seuchen entsetzlich geplagt wurden. Von Frankreich aus sprang die *Spanische Grippe* 1918 jedenfalls über nach Spanien und Deutschland unter anderem.
Die berühmt-berüchtigte *Spanische Grippe* hatte also unter Umständen direkt oder indirekt etwas mit Ludendorff zu tun.
Furchtbare Zeitumstände begünstigen die Ausbreitung von Pandemien, was sofort einleuchtet, denn allein eine schlechte Ernährung senkt den Widerstand des Immunsystems. Aber auch das allgemeine Elend verstärkt den Todeswunsch – man denke nur an all die Verluste und Verletzungen.
In diesem Sinne ist es hoch brisant, anzumerken, dass selbst COVID-19 in einem Land entstand, in dem pausenlos Unterdrückungen (durch die kommunistische Partei Chinas) an der Tagesordnung waren (und immer noch sind). Fest steht, Xi Jinping (geb. 1953), der sich selbst als „Oberster Führer" Chinas bezeichnet, fuhr die Reformpolitik in China *zurück,* die einige Jahre zuvor zu den schönsten Hoffnungen Anlass gegeben hatte. Das heißt, Xi beschnitt erneut Freiheiten und führte überall die digitale Überwachung ein. Zudem unterdrückte er aktiv die uigurische Minderheit, (= eine turksprachige Volksgruppe), und baute die Konzentrationslager in China weiter aus, die offiziell „Umerziehungslager" genannt werden. In ihnen werden bis heute Millionen von Chinesen gefangen gehalten und unterdrückt, besonders Mohammedaner, aber auch politische Gegner des Regimes. Es verwundert uns also nicht, warum *Covid-19* ausgerechnet in China ihren Anfang nahm.
Selbst bei der furchtbarsten Epidemie der Menschheitsgeschichte, der Pest, dem „Schwarzen Tod", kann man am Grunde – am Anfang, beim Ausbruch – Unterdrückungen im politischen Raum entdecken, konkret im asiatischen Raum, aus dem die Pest nach Europa überschwappte. Man denke nur an die Kriegstreiber Dschingis Khan und Timur Lenk.
Es ist nicht auszuschließen, dass eine Welt ohne Diktatoren und Militaristen das Auftauchen von Pandemien verhindern (oder zumindest eindämmen) kann.
Kehren wir nun zu unserem eigentlichen Thema zurück.

DIE FORTSETZUNG: LUDENDORFF

Nach dem Krieg lehnte Ludendorff jede Verantwortung für den verlorenen Krieg ab und schob die Niederlage den sozialdemokratischen Politikern und Demokraten in die Schuhe. Er schuf, wie bereits erwähnt, die Dolchstoßlegende, die später Hitler so begierig aufgriff.
Ludendorff war ein Schurke vor dem Herrn, und ungeschminkt gesprochen nichts anderes als ein Massenmörder. Als er seine Felle davonschwimmen sah, floh er unter dem Inkognitonamen Ernst Lindström nach Finnland, mit einem gefälschten Diplomatenpass.

Abbildung 10: Erich Ludendorff und Adolf Hitler. Man beachte die sogenannte Pickelhaube (Helm mit Spitze) auf dem Kopf Ludendorffs sowie seine zahlreichen Orden und Auszeichnungen auf der Brust, kurz die militärische Show, während Hitler sich hier betont „bürgerlich" und zivil gibt, mit Schlips, Hut und Mantel und sorgfältig gescheiteltem Haar.

Klug wartete er ab, bis sich die Aufregung in Deutschland halbwegs gelegt hatte. Dann kehrte er zurück und suchte rasch wieder aufs Pferd zu kommen, das heißt, Einfluss zu gewinnen. Er engagierte sich nach 1918 sofort in judenfeindlichen Kreisen und nahm an einem ersten Putsch gegen das neue demokratische Deutschland teil, der jedoch fehlschlug.
Schließlich lernte Ludendorff Hitler kennen. Zwei rabenschwarze Seelen trafen sich hier, die bezüglich fünf Themen völlig übereinstimmten: Sie waren sich einig (1) in ihrem Judenhass, (2) in ihrer Ablehnung der Demokratie, (3) in Bezug auf die Vorzüge der Diktatur und (4) über die nationalistische Ausrichtung sowie (5) hinsichtlich der Vergötterung der nackten Gewalt, der Waffengewalt, des Soldatentums.
Die beiden unterdrückerischsten Gestalten, die Deutschlands im 20. Jahrhundert je sah, hatten sich gesucht und gefunden.

DER HITLERPUTSCH

Adolf Hitler selbst hat unter der Decke bereits die entsprechenden Weichen für einen Putsch gestellt. Er weiß, dass es Teile der Reichswehr begrüßen, wenn die Nazis die Macht an sich reißen würden, aber auch Teile des Volkes lieben die Demokratie nicht wirklich. Er kann nicht warten. Zudem glaubt er an die Macht der nackten, zupackenden Gewalt. Inzwischen hat er sich den Mund fusselig geredet, ohne dass etwas passiert ist. Teile Bayerns hat er aufgerüttelt. Vielleicht ist jetzt der richtige Zeitpunkt gekommen. Benito Mussolini in Italien hat dort mit seinem berühmten „Marsch auf Rom" einfach die Macht an sich gerissen – und Lenin und die Kommunisten in Russland. Warum soll das nicht auch in Deutschland möglich sein? München ist ein Epizentrum des Nationalismus, hier schlagen die Wogen himmelhoch.
Außerdem ist Ludendorff mit von der Partie, der mächtigste Mann des Kaiserreiches. Er hat sich mit Hitler bereits kurzgeschlossen.
Beide sprechen sich für einen Putsch aus. Die Zeit scheint reif zu sein: Die Inflation galoppiert, die Not grassiert, das Chaos greift immer weiter um sich. Das sind ideale Voraussetzungen für einen Putsch. Jetzt heißt es handeln.
Am 30. Oktober 1923 ruft Hitler zum Putsch auf. Zunächst vergebens. Am 8. November 1923 wird im *Bürgerbräukeller* – eine Großschankstät-

te mitten in München, die fast 2000 Menschen Platz bietet – eine Rede Kahrs von Hitler und seinen SA-Leuten in wüster und wütender Weise unterbrochen.

Gustav Ritter von Kahr (1862 – 1934) ist der ehemalige bayerische Ministerpräsident, der jetzt, in Zeiten des Chaos`, mit quasi diktatorischen Vollmachten in Bayern ausgestattet ist.

Es kommt im Bürgerbräukeller zum Aufruhr. Hitler hebt den Revolver und gibt einen Schuss ab, hinan zur Decke. Alle zucken zusammen. Augenblicklich kehrt Stille ein. Alle wenden sich ihm zu. „Die nationale Revolution ist ausgebrochen“, schreit Hitler. Der Lärm setzt wieder ein. Kahr und einige seiner Getreuen werden schnell in einen Nebenraum bugsiert. Dort werden sie von Hitler und Ludendorff „überredet“, an dem Putsch teilzunehmen – aber mit vorgehaltener Pistole.

Die Putschisten wollen die Macht erst in Bayern und dann in Berlin übernehmen.

Einige Mitglieder der amtierenden bayerischen Regierung, die ebenfalls anwesend sind, werden von den Nazis sicherheitshalber als Geiseln gefangen genommen.

Als die Botschaft nach außen dringt, setzt sich der stellvertretende Ministerpräsident der bayerischen Regierung, Franz Matt, jedoch geschwind in eine andere Stadt ab. Von hier aus gibt er der bayerischen Polizei den Befehl, auf die Putschisten zu schießen.

Wenig später erklärt Kahr im Rundfunk, dass er nur mit vorgehaltener Pistole dem Putsch zugestimmt habe und er nicht mit von der Partie sei; er sei erpresst worden. Zudem erklärt der Reichspräsident in Berlin den militärischen Ausnahmezustand.

Massive Gegenkräfte treten auf den Plan.

In München behaupten jedoch zunächst frech einige Nazi-Redner, dass die Putschisten den Sieg errungen hätten und Hitler/Ludendorff jetzt die Macht in den Händen hielten. Weitere Stadträte werden von den Nationalsozialisten gefangen gesetzt.

Aber inzwischen gehen Verbände der Reichswehr und der Bayerischen Landespolizei gegen die Putschisten vor, teilweise mit Panzerwagen.

Hitler und Ludendorff verlassen den Bürgerbräukeller. Sie marschieren durch mehrere Straßen Münchens. Ihr Gefolge schmettert siegesgewiss einige Lieder. Da bellen Schüsse auf und Maschinengewehre knattern. Die bayerische Polizei hält die Putschisten auf. Auf beiden Seiten wird geschossen. Vier Polizisten werden getötet, aber auch Putschisten. Kugeln fliegen auf Adolf Hitler zu. Im letzten Moment wirft sich ein Leibwächter vor Hitler. Der Leibwächter stirbt, von elf Kugeln getroffen. Zuschauer schreien auf, das Chaos ist perfekt. Die Putschisten werfen sich zu Boden. Dennoch finden dreizehn Nazis den Tod. Zahlreiche Schwerverwunderte wälzen sich zudem plötzlich schreiend und stöhnend auf der Straße. Wie durch ein Wunder bleibt Ludendorff unverletzt. Sofort wird er festgenommen.

Hitler entkommt mit Müh und Not, er braust innerhalb eines Sanitätswagens davon und duckt sich nieder. Er versteckt sich in einem Landhaus. Aber schon am 11. November wird er aufgespürt und ebenfalls in Haft genommen.

Die NSDAP wird sofort in ganz Deutschland verboten. Hitler wird des Hochverrats angeklagt. Er wehrt sich rhetorisch geschickt vor Gericht. Dennoch wird er verurteilt. Er wird zu fünf Jahren Festungshaft verdonnert, jedoch wird ihm die vorzeitige Entlassung nach sechs Monaten in Aussicht gestellt. Ludendorff dagegen wird freigesprochen, „aufgrund seiner Verdienste im Ersten Weltkrieg".

Hitler sitzt ein, in der Festung Landsberg, die in Oberbayern gelegen ist. Hier diktiert er Teile seines Buches *Mein Kampf.* Ende 1924 befindet sich Hitler bereits wieder auf freiem Fuß, „wegen guter Führung" wird er vorzeitig entlassen.

Seine Popularität steigt enorm. Er präsentiert sich nun allen als treuer Patriot, der sogar sein Leben für das Wohl des deutschen Volkes riskiert hat. Er münzt den gescheiterten Putsch in seinen Reden zu seinem Vorteil um. Der Hitlerputsch (auch Hitler-Ludendorff-Putsch oder Bürgerbräu-Putsch genannt), leistet den Nazis gute Dienste bei ihrer Propaganda in den Jahren 1924 bis 1933.

Hitler weiß, der Kampf geht weiter; er hat nur eine Schlacht verloren, nicht den ganzen Krieg.

HITLERS FIXIERUNG AUF DAS MILITÄR

Heute ist es kein Geheimnis mehr, dass Adolf Hitler förmlich auf das Heer, auf Uniformen, die er selbst gerne trug, auf den Kampf und den Krieg geradezu fixiert war, er war von all dem wie hypnotisiert.

Seine Bibliothek, wir haben es bereits erwähnt, bestand zu drei Vierteln aus militärischer Literatur und den entsprechenden Geschichtsbüchern. Seine Erfahrungen während des Ersten Weltkrieges, sowie seine Orden, auf die er unendlich stolz war, mögen zu seiner Begeisterung für das Militär beigetragen haben.

Hitler las also wie besessen, er studierte mit Vorliebe (Militär-)Historiker, welche die „gute alte Zeit" heraufbeschworen und verklärten, vor allem die Siege der Deutschen und der Preußen. Hitler ging ihnen auf den Leim.

In diesem Sinne kann man selbst all die „Historiker" und „Biographen", ganz zu schweigen von den schriftstellernden Militaristen, nicht ganz freisprechen von der Schuld, Hitler inspiriert und falsche Ideen eingegeben zu haben. Dies illustriert nebenbei bemerkt die Verantwortung der Riege der Herren Historiker, die es in der Hand haben, Diktatoren und Kriegstreiber zu besingen oder zu entlarven.

Deutschland-Preußen war jedenfalls geradezu besessen von seinen Siegen sowie von all der militaristischen Ästhetik und heißen Luft, die sich bis heute um das Soldatentum rankt. Das begann bei der aufputschenden Marschmusik, zog sich hin über schneidige Uniformen, glitzernde Orden, beeindruckende Statuen und hoch emotionale Gemälde und reichte bis zu den Tintenklecksern, die das Soldatentum und den Krieg in den Himmel hoben – statt die Wahrheit zu schreiben und auf die elenden, schmutzigen Details eines Krieges hinzuweisen mit all den Toten, Verwundeten, Vertriebenen und Verkrüppelten, den namenlosen Schmerz und die unendlichen Verluste.

In diesem Sinne gibt es drei Großlügen in der deutschen Geschichte, auf die Hitler wie elektrisiert reagierte, die er begierig aufgriff und die er selbst wieder und wieder aufkochte.

GROSSLÜGE NR. 1

Die erste Lüge haben wir bereits entzaubert. Sie rankte sich um Ludendorff und Hindenburg, sowie um die Dolchstoßlegende.

Es ist ein Phänomen in sich selbst, dass diese Lüge so lange aufrechterhalten blieb und es Historiker erst nach 1945 wagten, sie halbwegs aus dem Weg zu räumen.

GROSSLÜGE NR. 2

Die zweite Lüge rankte sich um die Figur des Herrn Bismarck (1815 – 1898). Hitler selbst zitierte den alten Reichskanzler selten, aber es existierten seltsame Übereinstimmungen zwischen den beiden Gestalten.
Erinnern wir uns: Bismarck hatte erst die Dänen besiegt und Schleswig und Holstein für Deutschland/ Preußen „gerettet", danach hatte er die Österreicher und schließlich 1870/71 sogar Frankreich geschlagen.
„Deutschland" war auf diese Weise geschaffen worden. Alles jubelte, alles schrie Hurra, die Begeisterung überschlug sich.
Schlicht „vergessen" hatte man bei all diesen Siegen den ganz anderen Bismarck.

BISMARCK, UNGESCHMINKT

Auf die zweifelhaften persönlichen Charakterzüge Bismarcks brauchen wir kaum aufmerksam zu machen. Heute weiß man, dass Bismarck von einem abgrundtiefen, namenlosen Hass beseelt war. Er hasste inniglich seine Mutter, die Sozialdemokraten, die Katholiken, die Priester, die Demokratie, das Parlament, die Juden und die Franzosen. [3]
Als das Parlament den König selbst herausforderte, schlug indes Bismarcks große Stunde. Der König, der einen Eisenfresser brauchte, schickte ihn ins Rennen.
Bismarck ging in der Folge mit unglaublichem politischem Instinkt vor. Er erkannte, dass die Deutschen eine Achillesferse besaßen. Sie träumten von der nationalen Einheit und von einem einzigen, starken Volk, und sie träumten seit Jahrhunderten den Großmachtstraum!
Diesem Traum hing man sogar im Kreis der Liberalen und der Demokraten an. Mit untrüglichem Gespür setzte Bismarck genau auf diese unerfüllten Hoffnungen. Er brach seine Kriege vom Zaun – und gewann.
Die wichtigeren Ziele (Freiheit, mehr Chancengleichheit, Gerechtigkeit) wurden angesichts der alten Träume und der Herausforderungen des Krieges beiseite gewischt.
Aufgrund dieser gewonnenen Kriege machte Bismarck das Unmögliche möglich, er machte eine alte, verzopfte Monarchie wieder salonfähig.
Die Kriege selbst führte der Kanzler mit absoluter Skrupellosigkeit.

Es gab keine Hasstirade, für die sich dieser Bismarck zu schade gewesen wäre, keine bösartige, aufhetzerische Rede, die er nicht vom Stapel gelassen hätte. Er nutzte geschickt latente Strömungen und verborgene Sehnsüchte, alte, halb vergessene Germanenträume von Macht, Ehre und Ansehen. Er erinnerte gern an die Taten Friedrichs des Großen und trieb das Volk damit systematisch in die verschiedenen Kriege.

Die Rechtsbrüche, die außenpolitisch seinen Weg säumten, sind zahlreich:

- Die Dänen schob er einfach beiseite und bezwang sie durch nackte Gewalt.
- Die Österreicher – vor dem Krieg mit den Dänen noch als das „Brudervolk" bezeichnet – wurden zunächst eingeseift, nach allen Regeln der Kunst. Dann kündigte Bismarck die Gemeinschaft plötzlich auf und überzog das „Brudervolk" mit Krieg. Selbst Wilhelm I. zögerte anfänglich, Österreich anzugreifen. Bismarck musste „jeden Morgen den Uhrmacher spielen, der die abgelaufene Uhr wieder aufzieht", prahlte er später in seinen Memoiren, wenn er von seinem Verhältnis zum Kaiser sprach.

Als Preußen schließlich gegen Österreich losschlug, das mit Ungarn seine Mühe und Not hatte, bildete Bismarck insgeheim mit ungarischen Revolutionären eine Allianz und versorgte sie mit Geld, um dort einen neuen Aufstand anzuzetteln, obwohl er doch angeblich grundsätzlich gegen Revolutionäre, die wider die Monarchie mobil machten, eingestellt war.

- Deutsche Fürstentümer löschte Bismarck mit einem Federstrich aus. Er nutzte dazu jede List und jede Intrige, die man sich vorstellen kann.
- Am übelsten freilich spielte Bismarck Frankreich mit. Er ließ den Franzosen, mit Napoleon III. an der Spitze, keine andere Möglichkeit, als auf seine Forderungen und Beleidigungen mit einer Kriegserklärung zu antworten. Danach sorgte er dafür, dass dieser Krieg verklärt wurde.

DER DEUTSCH-FRANZÖSISCHE KRIEG 1870/71

Einige Historiker, die den Griffel geschickt führen können, berichten auf atemberaubend spannende Weise vom deutsch-französischen Krieg und schwärmen davon, wie unter der Führung Bismarcks (beziehungsweise seines Heerführers Moltke) das französische Heer schließlich eingeschlossen wird und am 2. September 1870 kapituliert. Speziell militärisch interessierte Historiker erfreuen sich daran, genau nachzuzeichnen, wie der damalige Kaiser der Franzosen, Napoleon III. von Bismarck und seinen Getreuen gefangen gesetzt wird.

Dennoch will Frankreich „keinen Zollbreit Landes abtreten". Frankreich beschließt deshalb die Fortführung des Krieges „bis aufs Messer". Seine neuen Führer organisieren flugs eine Massenerhebung. Ein nationaler Verteidigungskrieg nimmt Gestalt an und stellt das deutsche Heer zunächst vor eine schier unlösbare Aufgabe.

Die zweite heiße Phase des Krieges beginnt. Und wieder verweisen die gleichen begeisterten, deutschen Historiker auf das „Genie" Bismarck. Der Reichskanzler fordert einen schnellen Beschuss der belagerten französischen Hauptstadt, um rasch das Ende des Krieges herbeizuführen. Frankreich wehrt sich mit allen Mitteln. Aber seine Anstrengungen fruchten nichts. Alle Versuche, Paris zu befreien, scheitern. Als am 27. Dezember der Beschuss beginnt, herrscht in der Stadt bereits Hungersnot.

Am 28. Januar 1871 muss sich Paris ergeben. Der Waffenstillstand folgt auf dem Fuß. Am 10. Mai 1871 wird Frieden geschlossen; Deutschland hat gesiegt!

Die Konsequenzen sind beträchtlich: Es folgt die Gründung des *Deutschen Reiches,* das es in dieser Form vorher nicht gegeben hat. Gemeinsam hat man gesiegt. Und so ist die Stimmung himmelhochjauchzend.

Auf diese Weise erblickt „Deutschland" das Licht der Welt, das kurz nach dem deutsch-französischen Krieg mittels Staatsvertrags geschaffen wird. Der „geniale" Bismarck verhandelt. Mit Baden und Hessen ist man schnell einig. Bayern und Württemberg sind etwas schwieriger zu gewinnen, sie erhalten spezielle Rechte im Militär-, Steuer-, Verkehrs- und Postwesen. Den querköpfigen Bayern muss man sogar noch ein geheimes Zugeständnis machen, das erst 1917 bekannt wird: Bei künftigen Friedensschlüssen müssen bayerische Vertreter hinzugezogen werden.

Zusätzlich wird der ehemalige preußische König zum Kaiser eben dieses neuen *Deutschen Reiches* erhoben. Die Kaiserproklamation findet am 18. Januar 1871 in Versailles statt. Allenthalben schwärmt man davon, dass damit endlich „Deutschland" geschaffen worden sei.

Die Begeisterung schlägt haushohe Wellen.

DIE LEGENDE

Geflissentlich „vergaß“ man die zahlreichen Toten und Verkrüppelten. Wie viele Menschen starben aufgrund der Aktionen Bismarcks, wie viele Verwundete gab es? Wir sind auf Schätzungen angewiesen. Zusammen mit seinen anderen Kriegen hat Bismarck etwa 250 000 Tote auf dem Gewissen und circa 500 000 Verwundete.
Man „vergaß“ weiter in diesem neuen Deutschland, dass alle, die aufmuckten, wie Priester oder Sozialdemokraten, zensiert, gedemütigt und ins Gefängnis gesteckt wurden. Die Sozialdemokraten bezeichnete Bismarck als „raub- und mordsüchtige“ Gesellen, ja sogar als „Ratten im Lande“, die vertilgt werden sollten.
Andere Demokraten nannte er „Reichsfeinde“ und „Zerstörer“.
Mit anderen Worten: Bismarck hebelte jede Opposition aus. Das zarte Pflänzlein der Freiheit wurde von ihm überall niedergetreten. Die innenpolitische Unterdrückung war ungeheuerlich!
Übrig blieben die großtuerischen Prahlereien dieses Kanzlers. Am stärksten setzte die Legendenbildung ein, als Bismarck von seinem Posten gejagt wurde. Bismarck zog sich nicht etwa gemütlich ins Privatleben zurück, sondern schlug nun mit einer Bosheit und Gehässigkeit auf seine Nachfolger ein, die in der Geschichte ohnegleichen ist.
Er verbündete sich jetzt geschickt mit der Presse, die für eine gute Schmährede immer zu haben ist, und schimpfte und wetterte gegen alles und jeden, selbst ehemalige vertraute Mitarbeiter. Tatsächlich baute er ein förmliches Propagandanetz auf. Er beschäftigte eine Reihe PR-Mitarbeiter (Moritz Busch, Heinrich von Poschinger, Horst Kohl) und fütterte die Öffentlichkeit ununterbrochen mit politischen Stellungnahmen, historischen Rückblicken und vor allem mit einer Art Hofberichterstattung.
Diese unermüdliche propagandistische Tätigkeit verfolgte den Zweck, im Gespräch zu bleiben, die eigene Politik hoch zu loben, abweichende Meinungen beiseite zu wischen und Gegner zu verunglimpfen.
Der Kaiser (Wilhelm II.) erwog zeitweilig ernsthaft, ihn wegen Hochverrats ins Gefängnis zu stecken! Aber der große, grobe, böse, alte Mann war nicht zum Schweigen zu bringen. Er wusste alles und er wusste grundsätzlich alles besser.
Wilhelm II. bezeichnete ihn schließlich als einen „Rattenkönig der Intrige“.

NETTOERGEBNIS

Halten wir sehr nüchtern nur die Resultate fest: Bismarck hebelte jede innenpolitische Opposition aus, verfolgte Sozialdemokraten, Priester und konservative Demokraten und scherte sich keinen Deut um Werte wie Freiheit, Chancengleichheit, Toleranz oder Gerechtigkeit. Unter einem anderen Manne hätten die Deutschen die Demokratie vielleicht systematisch erlernen können (wie in US-Amerika, Frankreich oder England). So aber erhielt man den Untertanengeist in Preußen-Deutschland stramm aufrecht.

Frankreich wurde auf fast ein Jahrhundert zum Erzfeind, England und Russland standen von Stund' an diesem Deutschland mit äußerstem Misstrauen gegenüber.

Sein ganzes angeblich so fein und intelligent gestricktes Geflecht von diplomatischen Beziehungen hielt nicht einmal ein einziges Jahrzehnt. Sein gesamtes Werk zerfiel schon kurz nach seinem Tod, was nicht verwunderlich ist, war dieses Netz doch auf Lügen, Intrigen, Bündnissen und „Rückversicherungsverträgen" aufgebaut, die nur eines bewiesen: die Unzuverlässigkeit dieses neuen Deutschlands und die Intriganz seines Reichskanzlers Bismarck. Bismarck scheiterte vollständig, innenpolitisch und außenpolitisch. Inzwischen beginnen deshalb auch viele Historiker umzudenken, wenn es darum geht, Bismarck objektiv zu bewerten.[4]

Immer wieder wurde später zudem die Frage gestellt, ob Bismarck ein Wegbereiter des Ersten Weltkrieges war und also indirekt auch Adolf Hitler den Weg ebnete.

Die Antwort muss eindeutig „ja" lauten. Seine markigen Worte und sein Gerede von der Großmacht Deutschlands verleiteten später einen nicht übermäßig intelligenten Wilhelm II. dazu, in einen verhängnisvollen Rüstungswettlauf mit England einzutreten. Wilhelm wollte die größere, die bessere Flotte. England, das seit Jahrhunderten die Meere beherrscht hatte, ließ das selbstverständlich nicht zu. Das Ergebnis: der Erste Weltkrieg. Das „neue Denken", das Bismarck geschürt hatte, trug seine ersten bösen Früchte. Und wenn er auch nicht direkt verantwortlich zu machen ist (Bismarck hatte England stets gefürchtet), so sind doch die Art seines Denkens, die Methode seiner politischen Argumentation, die grundsätzliche Einstellung und der neue Größenwahn bismarckscher Natur. Er trägt eine Mitschuld. Historia non facit saltus - Geschichte macht keinen Sprung.

Ebenso sind Parallelen zu Hitler vorhanden. Natürlich liegen Welten zwischen beiden, Hitler war eine schwärzere Seele, aber dieses martialische Getöse, das zum Teil erstaunlich ähnliche Vokabular, das Großkotzige, das Besserwisserische, der unendliche Hass gegen die Juden, der Hass gegen Frankreich, der Hass gegen Andersdenkende, die Herabstufung der Frau zu einem Menschen zweiter Klasse, die Verehrung des Militaristischen, die bösartigen Lügen, Verzerrungen, Intrigen, die doppelbödige Diplomatie, der eiskalte Machiavellismus, die Methode, die öffentliche Lüge im politischen Tagesgeschäft zur Richtlinie zu erheben, die Vertragsbrüche – allein das sind erstaunliche Parallelen, die man nicht beiseite- fegen kann.
Zu augenfällig sind die Gemeinsamkeiten. Hier wie dort gab es großtuerisches, prahlerisches Gerede. Die Vokabeln waren erstaunlich ähnlich („Eisen und Blut"). Die politische Argumentation verlief teilweise verdächtig parallel. Die gleichen Lügen, ähnliche Lügen, die Großmannssucht und die martialischen Töne gab es bei Bismarck und bei Hitler.
In einem gewissen Sinne, ungesehen von vielen, führte Bismarck gradlinig zum Ersten Weltkrieg, der in der Folge mit einer gewissen logischen, halblogischen Konsequenz in den Zweiten Weltkrieg einmündete, den barbarischsten aller Kriege. Deutschland wäre ohne einen Bismarck all dies vielleicht erspart geblieben, wenn die Kräfte der Freiheit hartnäckiger ihren Platz verteidigt hätten und wenn dem autoritären Regime und dem autoritären Denken frühzeitig das Wasser abgegraben worden wäre.
So aber blieb Deutschland lange, zu lange, diesem Untertanengeist verhaftet, der von Heinrich Mann so genau beschrieben wurde. Zu Hilfe kamen Bismarck die preußische Tradition und die Vergötterung Friedrichs des Großen. Bismarck fußte also seinerseits auf einer Legende, eben der preußischen Legende, aber das entschuldigt ihn nicht. Wenn das größtmögliche Glück für die Mehrzahl der Bürger der Maßstab ist, den wir im politischen Raum anlegen müssen, und Frieden, Freiheit, Chancengleichheit und juristische Gleichheit, Wohlstand und Toleranz wirklich etwas gelten, wenn man weiter den Krieg als das sieht, was er wirklich ist: die schlimmste Geißel der Menschheit, fällt es leicht, ein endgültiges Urteil über Bismarck zu fällen.
Er war einer dieser Ewiggestrigen, die das Rad der Geschichte zurückdrehen wollten, zurück zur Monarchie, zur autoritären Struktur. Es gelang ihm nur, indem er den Krieg verklärte und mit dem Krieg ablenkte. Kriege aber werden gemacht. Geschürt. In Szene gesetzt. Weiter werden Kriege mit

allen möglichen Mäntelchen versehen, sie werden mit Ästhetik kaschiert, mit Militärmusik, Paraden, Uniformen, Hurrageschrei und Glockenläuten verkauft.

Man muss das hässliche Gesicht verstecken, das der Krieg in Wahrheit besitzt. Bismarck schob, wie das gewöhnlich geschieht, patriotische Ziele vor, schürte religiöse, rassistische und nationale Vorurteile, schürte Hass, systematisch; nur so waren seine Kriege möglich.

Bismarck war der Trommler, der Intrigant hinter der Kulisse. Er versteckte sich hinter markigsten Formulierungen, um seinen Hass logisch erscheinen zu lassen, aber Hass ist nie logisch! Bismarck war einer der herausragendsten Vertreter dieser ewigen Kriegstreiber, womit er zu der elendsten Mischpoke gehört, die es auf dem politischen Parkett gibt.

HITLER UND BISMARCK

Interessant sind ferner die militärischen und außenpolitischen Parallelen zwischen Hitler und Bismarck:

- Bismarck führte Krieg gegen Österreich, Hitler holte Österreich „heim ins Reich“.
- Beide führten Krieg gegen Frankreich.
- Beide gliederten sich andere „deutsche“ Länder oder Gebiete einfach ein, völlig widerrechtlich.
- Beide fürchteten und bewunderten Großbritannien.
- Beide hassten die Polen.

1938 hielt Hitler eine Lobrede auf den eisernen Reichskanzler. Der Anlass war die Einweihung eines neuen Schlachtschiffes, das auf den Namen „Bismarck“ getauft wurde. Auch ansonsten nutzte Hitler den Bismarck-Mythos, der nebenbei bemerkt bis heute nicht vollständig aus unseren Geschichtsbüchern verschwunden ist, denn teilweise wird der „Eiserne Kanzler“ noch immer hochgelobt.

Und so führt eine gerade Linie von Hitler zurück auf genaue, spezifische Militaristen, die der „Führer“ endlos bewunderte, konkret auf

- Hindenburg und Ludendorff,
- auf Bismarck und von hier auf
- Friedrich den Großen, der ebenfalls in den Götterhimmel der Helden gehoben wurde.

○ Auch andere mittelalterliche „Haudegen“, wie etwa Friedrich Barbarossa, verehrte Hitler.

Mit dem Stichwort „Friedrich dem Großen“ befinden wir uns erneut auf einer heißen Spur, was die Vorbilder Hitlers angeht. Außerdem begegnen wir hier wieder einer Geschichtsfälschung. Denn wie muss man in Wahrheit Friedrich II., den „Großen“ beurteilen?

GROSSLÜGE NR. 3: FRIEDRICH, DER SOGENANNTE GROSSE

Der Beginn der Regierung Friedrichs II. (1712 – 1786), der später der „Große“ genannt wurde, gab zunächst zu allerlei Hoffnungen Anlass. Aber als der Habsburger Kaiser Karl VI. starb, gelangte seine Tochter Maria Theresia auf den österreichischen Thron – was Friedrich sofort dazu verleitete, zu stehlen wie eine Elster. Kurz gesagt nutzte Friedrich II. eiskalt und in machiavellistischer Manier die Veränderungen und Unsicherheiten in Österreich und besetzte im Jahre 1740 ohne Vorwarnung Schlesien, das sich eigentlich im Besitz der Habsburger befand. Österreich zögerte nicht und ließ sofort seine Truppen marschieren. Als die Soldaten der beiden deutschen Länder aufeinandertrafen, zeigte sich, dass die preußische Armee jeder anderen Armee in Europa weit überlegen war.

Alles hatte Friedrich auf diesen Krieg zukomponiert! Neunzig Prozent aller Einkünfte des Staates waren in die Armee geflossen. Striktester Gehorsam und die völlige Verachtung des Todes waren dem Militär eingedrillt worden, mittels drakonischer Strafen. Preußische Soldaten konnten stur und ohne mit der Wimper zu zucken auf eine feindliche Linie losmarschieren, ohne zunächst einen einzigen Schuss abzufeuern – bis ihnen die Erlaubnis zum Schießen erteilt wurde, was dann aber verheerend wirkte. Friedrich, der Räuber und Friedensbrecher, siegte gegen Österreich auf der ganzen Linie.

Österreich/Maria Theresia schloss 1742 Frieden mit Preußen/Friedrich und trat fast ganz Schlesien ab. Aber Maria Theresia war nun hinter den Kulissen unermüdlich tätig. Sie raste. Wie konnte es dieser Emporkömmling wagen, den Habsburgern, einer Weltmacht mithin, in die Parade zu fahren und sie zu bestehlen!

Wusste dieser Friedrich nicht, mit wem er sich da angelegt hatte? Sie sorgte nicht nur unmittelbar dafür, dass die österreichische Armee auf ein neues Niveau gehoben wurde, sondern entfaltete nun eine diplomatische Aktivität ohnegleichen. Ohne all diese diplomatischen und (darauf folgenden) militärischen Scharmützel im Detail nachzuvollziehen, sei nur so viel gesagt: Im Zweiten Schlesischen Krieg führte Friedrich einen Präventivschlag gegen Österreich, aus Furcht, das inzwischen mit England und Sachsen verbündete Österreich könnte ihm seine Beute wieder streitig machen.

Als es zu der Entscheidungsschlacht zwischen Österreichern/Sachsen und den Preußen kam, siegte Friedrich erneut (1745). Das Ergebnis: Österreich verzichtete schließlich wiederum auf Schlesien, umgekehrt erkannte Friedrich II. die Rechte Maria Theresias als habsburgische Erbin an und unterstützte die Wahl ihres Mannes Franz Stephan zum Kaiser des Reiches.

Jeder bewunderte nun diesen erfolgreichen Dieb, schalt ihn gleichzeitig aber auch einen Schurken. Nun gab es gewissermaßen zwei deutsche Staaten: die katholischen Habsburger im Süden und die protestantischen Hohenzollern im Norden. Aber Maria Theresia kochte vor Zorn, sie hatte längst noch nicht aufgegeben. Wieder war die wirkliche Auseinandersetzung nur verschoben worden.

Im Siebenjährigen Krieg schließlich (1756 – 1763), auch Dritter Schlesischer Krieg genannt, kämpfte Preußen gegen Österreich, Frankreich, Russland, Sachsen und eine Vielzahl anderer deutscher Fürstentümer. An Friedrichs Seite standen lediglich Großbritannien, das jedoch nicht mit eigenen Soldaten eingriff, sondern nur Geld zur Verfügung stellte, sowie Hannover.

Gleichzeitig hatte Maria Theresia Russland und eine Vielzahl deutscher Fürsten auf ihre Seite gezogen. Eine ganze Reichsarmee kämpfte also jetzt zusätzlich gegen Friedrich. Später gesellten sich sogar noch die Schweden hinzu, selbst Kroaten und Kosaken kämpften schließlich gegen Preußen. Das erklärte Ziel all dieser zahlreichen Gegner bestand darin, Preußen völlig zu zerstückeln und von der Landkarte zu radieren.

Da wie gesagt England nicht mit eigenen Soldaten in den Krieg eingriff, stand Friedrich der Große gewissermaßen allein auf weiter Flur – er kämpfte sozusagen gegen die gesamte Welt! Wir wollen es dem Leser ersparen, all die verschiedenen Taktiken, Strategien und Winkelzüge dieses barbarischen Dritten Schlesischen Krieges genau nachzuvollziehen, denn es bringt der Erkenntnis nicht viel. Drei Pferde wurden Friedrich unter dem Hintern weggeschossen, der König sprang auf ein viertes Pferd und kämpfte löwenmutig weiter. Ein anderes Mal verirrte sich eine Kugel in seine Brust – aber seine Tabaksdose fing die Kugel auf. Mehrfach blickte Friedrich der Große der vollständigen Niederlage ins Auge, aber immer wieder riss er das Ruder herum. Im letzten Augenblick gelang es Friedrich stets, seine Soldaten in die nächste Schlacht zu treiben – er war zweifellos der begabteste Feldherr dieses Zeitalters.

Trotz der feindlichen Übermacht verzeichnete er einige erstaunliche Siege, aber am Schluss schien der Untergang Preußens besiegelt zu sein. Selbst England schlug vor, Österreich zumindest einen Teil Schlesiens zurückzugeben und beschwor Friedrich einzulenken. Aber Friedrich blieb stur.

Im Jahre 1761 jedoch gab selbst er zu, dass ihn nur ein Wunder retten könne, denn er kämpfte inzwischen gegen ein rundes Dutzend Gegner. Da geschah tatsächlich ein Wunder. In Russland starb unerwartet die Zarin Elisabeth. Ihr Sohn Peter III. war ein glühender Bewunderer Friedrichs. Peter III. wechselte zur Überraschung aller die Fronten und schloss einen Bündnisvertrag mit dem Preußenkönig. Daraufhin beendeten die Schweden den Krieg.

Überdies stellte Frankreich seine Hilfszahlungen an Österreich ein. Die Österreicher wurden zu allem Überfluss plötzlich auch noch im Süden von den Türken angegriffen. Mehrere „Wunder" zur gleichen Zeit! Friedrich II. errang schlussendlich einige letzte Siege, wenn auch Preußen längst völlig ausgebrannt und zerstört am Boden lag. Sozusagen eine Minute vor zwölf gewann Friedrich gegen all diese Mächte einen unmöglich zu gewinnenden Krieg!

Genau hierfür wurde Friedrich II., der Große, so bewundert – von Bismarck, von Hindenburg/ Ludendorff – und auch von Hitler!

Verheimlicht wurde jedoch das wahre Gesicht dieses Krieges.

DAS WIRKLICHE ERGEBNIS DER SCHLESISCHEN KRIEGE

- Frankreich verlor seine Kolonien einschließlich Kanada und Indien und machte einen weiteren Schritt in Richtung Bankrott.
- Österreich verlor empfindlich an Einfluss, Geld und Reputation, Hunderttausende von Soldaten starben.

- Schweden verlor 25 000 Mann und gewann nichts als Schulden.
- Russland hatte im letzten Augenblick eine erneute Kehrtwendung gemacht. Zar Peter war ermordet worden, und Katharina die Große hatte den Zarenthron bestiegen. Sie war klug genug, in diesem Krieg Neutralität zu bewahren. Der Verlust Russlands belief sich dennoch auf Zehntausende von Toten und Hunderttausende von Rubeln.
- Preußen, scheinbar der Gewinner, war der wirkliche Verlierer. Der Handel lag am Boden und war praktisch ruiniert. Zahlreiche Bauernhöfe waren erst ausgeraubt und dann abgefackelt worden. Die Landwirtschaft fristete ein erbärmliches Dasein. Insgesamt waren 13 000 Häuser in Preußen zerstört worden, 100 Städte und Dörfer abgebrannt und unzählige Familien entwurzelt, über die es keine genauen Statistiken gibt. 180 000 preußische Soldaten waren im Krieg, im Lager, in der Gefangenschaft oder an Krankheiten gestorben, nach Friedrichs eigener Schätzung. Aber auch die Zivilbevölkerung hatte elend gelitten, die Menschen waren hinweggestorben wie die Fliegen. Die Bevölkerung Preußens, die zu Beginn des Dritten Schlesischen Krieges 4 500 000 Menschen betrug, zählte jetzt nur noch 4 000 000. Eine halbe Million Tote gab es also allein in Preußen![5]

Zusammen mit den Toten in den anderen Ländern ist die Zahl von rund einer Million Toten sicherlich nicht zu hoch, sondern wahrscheinlich zu niedrig gegriffen, was diesen Krieg angeht. Eine Million! Nicht inbegriffen in dieser Zahl sind Hunderttausende, vielleicht Millionen von Verkrüppelten, Entwurzelten und Flüchtlingen. Weiter hatte die Bevölkerung in verschiedenen deutschen Ländern während des Krieges ständig unter Zwangsrekrutierungen, Plünderungen und astronomisch hohen Kriegssteuern gelitten.

Armut, Schrecken und Tod waren zu ständigen Begleitern der Bevölkerung geworden, jetzt wurde der Pessimismus zur neuen Religion erhoben. Aber wie überstand der Drahtzieher Friedrich der Große selbst das Desaster? Nun, der Preußenkönig war geradezu über Nacht gealtert. Er litt jetzt ständig unter erbärmlichen Rückenschmerzen, Durchfall und Hämorrhoiden. Er hatte viele Zähne verloren und sein Haar war auf einer Seite weiß. Seine Haut war von Falten überzogen und die Lider geschwollen. Friedrich war im Laufe der verschiedenen Schlachten abgemagert bis auf die Knochen; der Herr über Leben und Tod sah selbst aus wie der Tod.

Friedrich versuchte, dieses Preußen wiederaufzubauen, erneut mit aller Gewalt, mit Polizeimethoden und mit barbarisch hohen Steuern. An allen Ecken und Enden wurde zudem penibel gespart. Erneut schickte Friedrich seine Werber los, um neue Einwanderer zu gewinnen – und Soldaten. Wieder besteuerte er alles und alle brutal, sogar Straßensänger hatten jetzt einen Obolus zu entrichten. Erst jetzt ließ er ein neues „unfehlbares" System der Besteuerung errichten.

Ein berühmter Franzose (Mirabeau der Jüngere), der Preußen mehrfach besuchte, warf Friedrich vor, er verwandle das gesamte Land in einen Polizeistaat und seine Bürokratie ersticke jede Unternehmungslust.

Der große Schriftsteller Gotthold Ephraim Lessing, einer der bedeutendsten Freiheitskämpfer der Geschichte, der anfänglich in Preußen geduldet wurde, monierte später: „Lassen Sie doch einmal einen in Berlin versuchen, über andere Dinge [...] frei zu schreiben ... lassen Sie einen in Berlin auftreten, der für die Rechte der Untertanen, der gegen Aussaugung und Despotismus seine Stimme erheben wollte ..., und Sie werden bald die Erfahrung haben, welches Land bis auf den heutigen Tag das sklavischste Land Europas ist."[6]

Und es ist wahr: Friedrich mischte sich selbst in die privatesten Bereiche ein. Erneut investierte er die zusammengerafften Steuergelder in das Heer, er hatte nichts gelernt.

Und wieder hatten seine „geliebten" Soldaten unter ihm zu leiden, denn der Drill wurde noch drakonischer als vor den Schlesischen Kriegen. Nicht selten beschimpfte und beleidigte er seine Generale persönlich, seine Soldaten ließ er oft Spießruten laufen, jeder zitterte vor ihm. Mit der Zeit wurde er zunehmend kurzatmig, er verlor seine Schneidezähne und konnte nicht mehr Flöte spielen. Daraufhin suchten ihn Gicht und Asthma heim.

Philosophisch ergab er sich schließlich völlig dem Zynismus und einer verknöcherten, verbiesterten, „desillusionierten" Altersweisheit, die schon seinen Tod andeutete. Er hatte alle seine Ideale verraten und, zugegeben, Preußen vielleicht zu einem neuen Machtfaktor in Europa gemacht – doch um diesen Preis dem Teufel selbst seine Seele verkauft, denn er fand nie mehr zur Harmonie und inneren Ausgeglichenheit zurück.

Friedrich II. starb rund zwanzig Jahre nach dem Dritten Schlesischen Krieg, von der Wassersucht entstellt und von einer Lungenentzündung gequält, körperlich völlig verwahrlost, wie uns Historiker versichern, und ungeliebt von allen seinen Untertanen.

Abbildung 11: Friedrich der Große, von sich selbst und von anderen hochstilisiert zum großen, genialen Feldherrn, in Wahrheit ein Räuber, Massenmörder und Friedensbrecher, der neunzig Prozent der Staatseinnahmen in das Heer steckte und das Volk mit überzogenen Steuern und Kriegen traktierte. Auch Friedrich der Große geriet zum Vorbild Hitlers.

BEURTEILUNG

Feinde Friedrichs II. waren zuletzt so zahlreich, dass nur ein kompletter Narr an so vielen Fronten und gegen so viele Mächte gleichzeitig kämpfen konnte. Seine hochgepriesene Intelligenz ließ ihn völlig im Stich, als es darum ging, die Zukunft und die Zahl seiner Feinde hoch- und vorauszuberechnen. Er sah nur die tagesaktuelle Gelegenheit und griff zu wie ein Strauchdieb.

Die Folgen seines Diebstahls, die Zukunft, berechnete er nicht und berechnete er falsch. Friedrich II. trat eine Lawine los, beinahe einen Krieg gesamteuropäischen Ausmaßes, für den er schuldig zu sprechen ist. Schlesien war ja nur der Zankapfel, in Wirklichkeit ging es um weit höhere Interessen: Frankreich kämpfte gegen England, zwischen diesen beiden Mächten ging es um die Weltherrschaft!

Es ging darum, wer in den aufstrebenden Kolonien, vor allem in Amerika, künftig das Sagen haben würde und wer auf den Meeren! Wie ein Dummkopf schlitterte dieser Friedrich, der sich so viel auf seine Intelligenz einbildete, in diese Auseinandersetzung hinein, nicht wissend, dass auf einer weit höheren Ebene die wirklich wichtigen strategischen Überlegungen angestellt wurden.

Letztlich diente Friedrich unwillentlich und unwissentlich den Engländern, die den Krieg auf dem Kontinent freudig begrüßten, weil er die Franzosen ablenken half, ihre größten Konkurrenten zur See und in Amerika, wodurch sie ihren eigenen sagenhaften Aufstieg begründen konnten. Friedrichs Beurteilung der geopolitischen Situation war jedenfalls unzureichend.

Ohne die Göttin Zufall hätte Friedrich der Große alles, alles verloren. Preußen wäre zerstückelt und die einzelnen Bröckchen unter den Siegern aufgeteilt worden, die längst gierig wie Hyänen um den angeschlagenen preußischen Löwen herumstanden und darauf lauerten, dass er sein Haupt zum Sterben niederlege.

Wie also muss unser letztendliches Urteil lauten? War Friedrich II. nun ein militärisches Genie und ein Potentat mit überdurchschnittlicher Weitsicht? Nein, nein und nochmals nein! Friedrich der sogenannte Große war ein Friedensbrecher und ein selbstgefälliger, besserwisserischer Egomane, der vielleicht hübsch auf der Flöte herumzwitschern konnte und einige geistreiche Briefe schrieb, aber was ist das alles im Verhältnis zu seinem Versagen!

Er war bei aller Feldherrnkunst, die ihm nicht abgesprochen werden kann, ein politischer Dummkopf, da er sich mit so vielen Mächten gleichzeitig anlegte. Es mangelte ihm an Bescheidenheit ebenso wie an Weitsicht. Er verheizte gewissenlos seine Untertanen, an deren Glück ihm keinen Deut gelegen war, nur sein eigener Ruhm war ihm wichtig.
Er liebte die Menschen nicht wirklich. Immer wieder beschimpfte er das Volk als einen „Haufen“ oder als „Pöbel“, ja sogar als „wilde Thiere“, wie er das schriftlich in der Schreibweise der damaligen Zeit ausdrückte. Oft, zu oft brachte er seine Verachtung gegenüber der Menschheit zum Ausdruck. Der große Voltaire persönlich beanstandete, dass Friedrich gerne andere Menschen demütigte, das Zeugnis ist schriftlich überliefert.[7]
Selbst der abgeklärte, weise Johann Wolfgang von Goethe, der immer sehr ausgewogen urteilte und Esprit über alles schätzte, war überrascht über die Unbeliebtheit Friedrichs, als er Berlin besuchte.

FRIEDRICH II. UND HITLER

Im Dritten Reich wurde Friedrich der Große nicht umsonst von Hitler und von Propagandaminister Josef Goebbels, dem Teufel in Menschengestalt, auf ein so hohes Podest gestellt und wie eine Lichtgestalt verehrt. Im Prinzip tastete Hitler die gesamte deutsche Geschichte auf kriegerische, militärische Vorbilder hin ab, die ihm bei seiner Propaganda dienlich sein konnten. Den „Führer“ beeindruckte unendlich das *Durchhaltevermögen* des Preußen – ein Grund, warum er selbst 1943/ 1944/ 1945 den Zweiten Weltkrieg nicht beendete, obwohl alles längst verloren war. Auch gegen Hitler-Deutschland kämpften am Schluss zahlreiche Länder: Russland, die USA, Großbritannien und *Dutzende* von anderen Staaten. Trotzdem führte Hitler weiter und weiter seinen unseligen Krieg. Der Grund? Er hatte von Friedrich dem Großen „gelernt“, nie aufzugeben, er steckte psychologisch gesehen völlig in der Vita des Preußen fest.
Da zudem Historiker das wahre Leben Friedrich II. nie wirklich aufgearbeitet hatten, da sie ihm – bestochen durch ihre nationalen Neigungen und Vorurteile – so viele Denkmäler errichtet hatten, ließ sich auch Hitler beeinflussen. Dabei handelte es sich bei der Biographie, wie sie allenthalben von Friedrich, dem sogenannten Großen, im Umlauf war, in Wahrheit um eine *Geschichtsfälschung,* denn seine Schandtaten und seine Unter-

drückungen wurden nie hinreichend ins Rampenlicht gestellt. Bis heute wurde Friedrich der sogenannte Große von einigen Historikern nicht durchschaut.

Und so erkennen wir, dass sich Diktatoren, wie Hitler, völlig willkürlich aus der Geschichte das herausklauben, was ihnen gerade gelegen kommt und was auf ihre eigene verquaste Ideologie zugeschnitten werden kann. Geschichte, vergessen wir das nie, ist ein Buchladen, aus dem sich jeder nach Belieben bedienen kann; man kann mit ihr alles und nichts „beweisen“.

Hitler griff sich aus der Geschichte willkürlich ein paar Haudegen und Kriegstreiber heraus, deren Biographien seine Weltsicht bestätigten und unterfütterten. Die deutsche Historie wurde von Hitler vergewaltigt und skrupellos tendenziös interpretiert. Hitler selektierte nach Gutdünken die Fakten, er suchte nach Vorbildern/ Gewaltmenschen/ Militaristen, die mit seinem Weltbild harmonierten und mit denen er resonierte. So fand er einige „große Führer“, die bei Licht betrachtet nur aufgrund von einseitigen Darstellungen bis heute nicht zur Gänze entlarvt wurden.

Also haben wir mit einem Mal auch diesen Aspekt der schwarzen Seele Hitlers verstanden.

In der Folge inszenierte er den „Hitler-Ludendorff-Putsch“; denn all diese militärischen Vorbilder „lehrten“ ihn, dass letzten Endes die rohe Gewalt siegt. Obwohl der Putsch scheiterte, gab Hitler trotzdem nie diese militaristische Denkart auf, sie hatte ihn zu sehr beeindruckt.

Was also geschah nach dem Putsch?

6. PROPAGANDA UND KAMPF: 1923 – 1933

Hitler fasst sich schnell nach seinem Gefängnisaufenthalt. Er dreht sogar die Lautstärke noch auf, wenn das überhaupt möglich ist. Sein Ziel hat er nie aufgegeben: die Macht in Deutschland an sich zu reißen.

Er promotet sein Buch *Mein Kampf* und versucht, mit diesem Machwerk weiter das Volk aufzuwiegeln.

In seinem Buch schwafelt er nach wie vor von *Rassenkampf* und dem *Recht des Stärkeren,* vom *deutschen Volkskörper* und den edlen, tüchtigen *Ariern.* Er hetzt wider die Juden nach bewährter Manier und visioniert sogar bereits den Völkermord. Die Schlagwörter prasseln nur so auf die Deutschen nieder. Es geht um den *Lebensraum im Osten,* die *Vernichtung der bolschewistischen Juden* und der *minderwertigen Slawen.* Hitler fordert bereits die Zwangssterilisation von Erbkranken, wütet gegen Behinderte, *Asoziale, Artfremde, Zigeuner* und Homosexuelle, er wettert gegen die Zeugen Jehovas und die Demokratie.

Hitler schwärmt von dem Führerprinzip, von Bismarck und Mussolini. Und immer wieder fabuliert er von der *jüdischen Weltverschwörung.*

Niemand innerhalb der politischen demokratischen Riege liest sein Buch. In dieser Zeit studiert er weiter mit geifernder Lust antisemitische Autoren (Naudh, Dühring, Fritsch, Wilser, Wahrmund) und ergötzt sich an den *Protokollen der Weisen von Zion,* einer verhetzenden Schrift gegen die Juden, die von dem ehemaligen Geheimdienst Russlands zusammengefälscht worden ist, wie man später herausfindet, der damit den Zaren unterstützen wollte. Doch der Zar ist längst von Lenin entmachtet worden. Das Schmierenstück, die *Protokolle der Weisen von Zion,* treibt dagegen noch immer sein Unwesen.

Hitler ist nach wie vor besessen von der Judenhetze und dem Ariermythos – die Psychiater und einige andere Schmierfinken, (Malthus, Nietzsche, Darwin, Chamberlain), haben ganze Arbeit geleistet.

Flüsterwitze machen später die Runde, wenn man in Deutschland auf den „Arier“ zu sprechen kommt: „Der ideale Deutsche ist blond wie Hitler, groß wie Goebbels, schlank wie Göring und keusch wie Röhm.“ Dabei weiß jeder, dass Hitler selbst fast wie ein Jude aussieht, Goebbels ein Dreikäsehoch ist, Göring fett ist wie eine Tonne und Röhm homosexuell und ein Ferkel.

Das alles stört Hitler und seine Führungsriege nicht im Geringsten. Sie wissen um die Macht der Schlagworte.
1925 gelobt Hitler, er werde nur noch *legal* Politik betreiben, er werde aber nach wie vor die Kommunisten bekämpfen. Der bayerische Ministerpräsident lässt sich einseifen: Das NSDAP-Verbot wird aufgehoben und der VÖLKISCHE BEOBACHTER wieder zugelassen.
Nie, nicht in der gesamten Geschichte der Menschheit, wurde von einem demokratischen Politiker ein größerer, dümmerer Fehler begangen.
Diese beiden Richtlinien/Gesetze hätten Hitler und die größte Katastrophe der Weltgeschichte verhindert:
Eine Person, die mittels Gewalt die Macht in einem Staat an sich zu reißen versucht hat, darf nie wieder im politischen Raum tätig werden. Morde sind mit lebenslanger Haft zu ahnden.
Und/oder:
Eine Person, die aufgrund ungesetzlicher politischer Umtriebe zu einer Gefängnisstrafe/Haftstrafe verurteilt wurde, darf nie wieder im politischen Raum tätig werden.
So aber gestattet ein Demokrat (Heinrich Held), dass die Demokratie ausgehebelt wird. Man erlaubt es Hitler, wieder politisch zu randalieren und sein Gift zu verspritzen.
Und wieder inszeniert Hitler eine Show nach der anderen. Seine Kontakte zu einem österreichischen Autoverkäufer verschaffen ihm einen schwarzen, attraktiven Mercedes, der optisch etwas hermacht. Außerdem tritt er nun mit einer eigenen Leibgarde und Chauffeur auf. Alle staunen. Seine Propagandatricks erreichen neue Höhepunkte. Seine Auftritte werden noch genauer geplant und auf Effekte hin zukomponiert, seine Kleidung unvorstellbar exakt ausgewählt und auf das Zielpublikum zugeschnitten. Er studiert jetzt im Detail rhetorische und mimische Techniken – wir haben bereits darauf aufmerksam gemacht. „Auf Parteiversammlungen trägt er eine hellbraune Uniform mit einer Hakenkreuzbinde, einen Gürtel, einen Lederriemen über der rechten Schulter und kniehohe Lederstiefel. Vor einem größeren Publikum trägt er einen schwarzen Anzug mit weißem Hemd und Krawatte“. [1] Aber er spielt auch nach wie vor den Gangster, wenn es das Zielpublikum einfordert, mit langem Regenmantel, Filzhut und Hundepeitsche.
Wieder begegnen wir Hitler, dem Theatermann. Er inszeniert seine Stücke, seine Auftritte nun mit noch größerer Sorgfalt. Hitler mutiert zum

perfekten Schauspieler. Jedes Detail wird bis ins Kleinste geprobt und getestet, denn wie jeder Redner lebt auch Hitler nur vom Applaus. Und Applaus ist nur gewährleistet, wenn die Requisiten stimmen, die Kleidung, das Bühnenbild und die gesamte Atmosphäre. Zudem muss er die „richtigen" Worte wählen, gefühlsdurchtränkte Worte, die aufpeitschen und Emotionen hochkochen. Die Mimik muss die Rede an den exakten Stellen unterstreichen. Vielleicht arbeitete nie ein Politiker so hart und hingebungsvoll daran wie Hitler, die perfekte Show abzuliefern.

Zudem entfaltet er eine ungeheure Aktivität. Ein Netz von NSDAP-Niederlassungen wird in ganz Deutschland gesponnen.

Jetzt führt er den Hitlergruß ein. Erneut bügelt er sozialistisch-kommunistische Bestrebungen innerhalb der NSDAP ab, die er inzwischen vollkommen beherrscht. Der Kult um seine eigene Person herum beginnt bereits in dieser Phase. Hitler genießt es. Er hat seine Lektion gelernt, auch von Lenin, auch von Bismarck, von dem in Deutschland zahlreiche Statuen errichtet wurden. Niemand, niemand darf über ihm stehen.

Sein Fotograf Heinrich Hoffmann zaubert eine beeindruckende Propagandapostkarte nach der anderen von ihm, alle Register werden gezogen. Wieder spannt Hitler die SA ein. Sie macht mit zackigen Aufmärschen und wüsten, wilden Straßenschlachten auf die Nazis aufmerksam.

Aber Hitler hat nicht damit gerechnet, dass sich inzwischen auf der anderen Seite einige hochkarätige Demokraten warmgelaufen haben. Einer der gescheitesten, anständigsten und gefährlichsten Gegner ist ebenfalls ein rhetorisches Genie.

Sein Name ist Gustav Stresemann.

STRESEMANN, EIN PORTRÄT

Gustav Stresemann ist alles andere als gutaussehend, er besitzt hervorquellende Augen, früh eine Glatze und ist ein wenig zu wohlbeleibt. Weiter gehört er der unteren Mittelschicht an. Er ist keine Leuchte in Mathematik und auch mit fremden Sprachen tut er sich schwer. Stresemann verfügt weder über ausgezeichnete Beziehungen, noch über Geld von Haus aus – sein Vater kutschiert täglich Bierfässer hin und her, um das nackte Überleben der Familie zu sichern. Des Weiteren kann Stresemann mit keinem Adelstitel punkten.

Aber er verfügt über ein einziges, ein unglaubliches Talent, das alle diese Nachteile wettmacht: Er kann *kommunizieren!* Er ist ein hervorragender Redner. Alle rhetorischen Finessen kennt er aus dem Effeff. Stresemann spricht in einer Quantität und in Qualität, dass ein Cicero neidisch werden könnte.
Er verfügt über eine „metallische, weittragende und leicht nasal klingende Stimme“ [2] und nutzt jede, aber auch jede Gelegenheit, um sich Gehör zu verschaffen. Selbst ein apathisches Publikum vermag er aus der Lethargie herauszureißen, er kann Emotionen injizieren.
Stresemann begeistert. Er scheut aber auch nicht davor zurück, anzugreifen, wenn es seiner Meinung nach der Sache dient. Jedenfalls kann er ein Publikum packen. Und er versteht etwas von Ökonomie.
Weiter kann er die Presse mobilisieren und Journalisten auf seine Seite ziehen. Kurz gesagt ist auch er ein Meister der Public Relations – und das zu einer Zeit, da dieser Ausdruck noch kaum über den Großen Teich geschwappt ist.
Darüber hinaus kann er Versammlungen ins Leben rufen. Stresemann besitzt also auch Organisationstalent. Dazu gehört ein unerhörter Fleiß, denn er muss mit zahlreichen Meinungsführern sprechen und schier überall präsent sein. Stresemann kontaktiert im Laufe seines Lebens Abertausende von Menschen. Er reist und reist.
Vor allem aber zeichnet Gustav Stresemann dies aus: Er ist ein Überzeugungstäter, er kämpft für Ideale, er ist besessen von seiner Botschaft. Aus diesen Überzeugungen speist sich sein Redetalent, denn man kann niemanden begeistern, man kann niemanden mitreißen, wenn man nicht selbst das Feuer in sich brennen fühlt.
Doch worin bestehen die Überzeugungen Stresemanns?
Gustav Stresemann ist mit Haut und Haaren ein Liberaler, er kämpft mit anderen Worten für die *Freiheit,* die sich bei Licht betrachtet aus *vielen Freiheiten* zusammensetzt: Er streitet für Zollfreiheiten und macht gegen Preisabsprachen und (Wirtschafts-) Kartelle mobil. Freiheit bedeutet außerdem für Stresemann, dass die Stimmen aller Menschen das gleiche Gewicht besitzen und keine Klasse gegenüber einer anderen Klasse bevorzugt wird. Schließlich tritt Stresemann dafür ein, dass Politik dem allgemeinen wirtschaftlichen Wohlstand dienen soll. Er kämpft weiter für Toleranz und für Selbstbestimmung in Sachen Religion. Und er tritt dem Antisemitismus und Judenhass entgegen.

Stresemann kämpft ferner für den Mittelstand, zu einem Zeitpunkt, da auch dieser Begriff kaum existiert. Der Handwerker, der kleine Betrieb, der erfolgreiche Selbständige – sie alle haben jedenfalls plötzlich einen Fürsprecher, eben in Stresemann. Stresemann ist dabei ein Versöhner und kein Spalter, er versucht stets, die verschiedenen Interessen auf einen Nenner zu bringen. Immer redet er dabei der Freiheit und Gerechtigkeit das Wort.

Stresemann tritt in die *Nationalliberale Partei* ein, später in deren Nachfolgepartei, die *DVP (Deutsche Volkspartei).* Mit 29 Jahren ist er auf einmal – schier über Nacht – der jüngste Abgeordnete, der je in den deutschen Reichstag gewählt wurde.[3] Kürzen wir die Stationen ab: Von einem Interessenvertreter des Mittelstandes steigt Stresemann auf zum Partei- und Fraktionsvorsitzenden (1917) der Nationalliberalen Partei. Nach der Gründung der DVP avanciert er zum Parteivorsitzenden dieser Partei (1918). Er steigt höher und höher, sein Redetalent überrascht alle. Schon das Jahr 1923 sieht ihn als Reichskanzler – er wird mit dem wichtigsten politischen Amt in Deutschland betraut.

Eine unvorstellbare Karriere für den Sohn eines kleinen Bierkutschers!

STRESEMANNS KAMPF

Drehen wir das Rad in chronologischer Hinsicht noch einmal kurz zurück. Die Widerstände in Deutschland sind atemberaubend: Es droht nichts weniger als die Diktatur. Die Nazis mit Hitler von rechts und die Kommunisten von links haben sich der Straße bemächtigt. Stresemann selbst wird geschmäht und kontinuierlich verunglimpft. Die ständigen Morde erschüttern zudem die junge Demokratie bis in ihre Grundfesten.

Stresemann muss handeln und zwar rasch. Er schmiedet die erste große Koalition der Weimarer Republik. Erstmalig söhnt er das Bürgertum und die Arbeiterklasse halbwegs aus. Der Staat, Deutschland, die Nation ist wichtiger als jede Ideologie. Das Kabinett besteht aus Ministern des Zentrums (= Vorläufer der heutigen CDU), der Sozialdemokraten, seiner Partei und allen, die guten Willens sind – aber trotzdem verfügt er nur über eine hauchdünne Mehrheit, das heißt, er muss ständig lavieren, abwägen, begütigen, beruhigen, Zeit schinden, Finanziers versichern, wie wichtig sie sind und je und je Krakeeler abbügeln.

Weiter muss er das gesamte Außenministerium ummodeln, das er eine Weile in Personalunion mit dem Kanzleramt hält: Hier sind noch immer die alten, adligen Karrierediplomaten am Ruder, die alles besser wissen und noch nicht in der neuen Zeit angekommen sind.
Grundsätzlich sind die Probleme Legion: Die Währung verliert ständig weiter an Wert, die Mark befindet sich in freiem Fall. Die Kosten des passiven Widerstandes im Ruhrgebiet, das von den Franzosen besetzt worden ist, belaufen sich auf vierzig Millionen Goldmark – pro Tag! [4] Die Handelsbilanz ist negativ, der Staat steht am Rande des Bankrotts. Es gibt nur magere Goldreserven. Das internationale Kapital meidet dieses chaotische Deutschland. Die Notenpresse steht demzufolge nicht mehr still und spuckt ständig neues, frisches Geld aus.
Die Inflation folgt auf dem Fuß. Sie vernichtet auch die Ersparnisse des Mittelstandes, der Stresemann doch so sehr am Herzen liegt. Alle verlieren: Rentner, Pensionäre, Freiberufler, Händler, Kaufleute... sie alle schauen nur ungläubig zu, was mit ihrem Geld passiert. Die Gewinner sind die reichen Spekulanten. In Schubkarren und Lastwagen transportiert man inzwischen das Papiergeld hin und her, das manchmal innerhalb von 24 Stunden schon wieder nur die Hälfte wert ist. [5]
Das alles freut Hitler, es freut ihn sogar ungemein.
Zwielichtige Gestalten scheffeln dabei Geld ohne Ende, während die Mittelständler und Arbeiter darben und hungern. Ganze Klassen und Schichten verarmen. Die Korruption hält Einzug. Die Sterblichkeitsrate steigt sprunghaft an. Krankheiten und Tod fordern ihren Zoll. Die Arbeitslosigkeit erreicht schwindelerregende Höhen. Mehr und mehr Geschäfte werden geplündert.
Hitler reibt sich die Hände. Er liebt das Chaos. Das ist genau die Atmosphäre, in der Leute wie er aufs Pferd kommen können.
Zahlreiche Probleme werden Stresemann nachgeworfen wie faule Äpfel. Er wird für alles verantwortlich gemacht. Auch von Hitler. Die Sieger des Ersten Weltkrieges sind dabei erbarmungslos. Reparationen in riesigen Größenordnungen müssen bezahlt werden. Hitler schimpft wie ein Rohrspatz über die Siegermächte.
Stresemann selbst sucht zu vermitteln. Dabei wird er immer wieder persönlich bedroht, noch immer gilt ein kleiner Mord nichts. Kommunisten und Faschisten beschimpfen ihn aufs Ärgste, Hitler ist nur einer seiner Feinde. Selbst in der eigenen Partei wird er geschmäht, vor allem von

dem rechten Flügel, der sich einfach nicht bändigen lässt. Hugenberg, der Nationalist und Nazi-Freund, baut den mächtigsten Pressekonzern Deutschlands auf und drischt ebenfalls auf ihn ein.

Gleichzeitig muss Stresemann einen riesigen bürokratischen Apparat reorganisieren: Er „herrscht" jetzt über dreißig Ministerialdirektoren und vierhundert höhere Verwaltungsbeamte – aber die meisten stehen der Demokratie noch immer skeptisch gegenüber; auch hier muss er die Spreu vom Weizen trennen.

Selbst die neuen „Freunde", wie die Sozialdemokraten, die sich jetzt mit ihm in der Regierung befinden, sind nicht leicht im Zaum zu halten – einige beobachten ihn argwöhnisch und wünschen ihm heimlich alles Schlechte.

Stresemann weiß, dass er als erstes einen außenpolitischen Erfolg braucht. Also entfaltet er eine ungeheure Reisetätigkeit.

Über allem schwebt das Schwert der Inflation, die davongaloppiert und droht, das gesamte Land in Flammen aufgehen zu lassen.

Und da ist zusätzlich noch immer das Ruhrgebiet, das die Franzosen nach wie vor besetzt halten. Doch die Franzosen stellen harte Bedingungen, was die Räumung angeht.

Hitler schmäht und lästert im Hintergrund und freut sich diebisch.

In Windeseile trifft sich Stresemann mit Ministern, Diplomaten und Partei- und Fraktionsführern. Er hält eine öffentliche Rede nach der anderen und gibt zahlreiche Interviews. Er weiß, das Wasser steht Deutschland bis zum Hals, er muss handeln, er muss einen Bürgerkrieg in Deutschland verhindern. Er muss die Deutschen überzeugen, den passiven Widerstand im Ruhrgebiet aufzugeben, ansonsten bricht die Hölle los.

Gleichzeitig muss das Feuer an einer anderen Front gelöscht werden. Das Währungsproblem droht inzwischen, Deutschland mit Haut und Haaren zu verschlingen. Eine Währungsreform ist unaufschiebbar.

Schließlich gelingt es Stresemann, eine neue Währung aus dem Boden zu stampfen, mit einem genialen Streich: Neues Geld, das direkt durch Deutschlands Landwirtschaft, die Industrie und den Handel abgesichert ist und also auf Sachwerten beruht, wird ausgegeben. Er weiß, nur Sachwerte können eine Währung stabilisieren.

Quasi über Nacht erblickt eine neue, stabile Währung das Licht der Welt. Der grausige Spuk, die Groteske mit dem Papiergeld, da eine Milliarde nichts bedeutet, ist vorbei.

Die „Rentenmark“ erblickt das Licht der Welt, die zudem an den Goldpreis gekoppelt ist und also gleich zweimal abgesichert ist.[6]
Hitler beobachtet das alles zähneknirschend. Sein gefährlichster Gegner ist gerade dabei, die Sache wieder ins Lot zu bringen.
Das alles passiert noch vor und während Hitlers Gefängnisaufenthalt, im Jahre 1924.
Oh, wie hasst er diesen Stresemann!

HITLERS KAMPF

Als Hitler wieder im Rahmen seiner *Zeitung* und seiner *kriminellen Partei* operieren kann, fühlt er sofort Oberwasser. Er kann jetzt die Demokraten erneut schmähen, nach alter Manier.
Es geht um nichts weniger als um die Macht in Deutschland. Und er positioniert sich immer besser. Zu seinem namenlosen Ärger gibt es mehr und mehr gute Nachrichten, für die dieser verdammte Stresemann verantwortlich ist. Immerhin können sich die Demokraten offenbar nie einigen. Vielleicht kann er genau an dieser Schnittstelle später ansetzen.
Hitler redet und redet.
Immer mehr wird Deutschland von US-amerikanischem Kapital abhängig. Das ist Wasser auf seine Mühlen. Hitler führt jetzt häufiger das Schlagwort von der „jüdischen Weltverschwörung“ im Munde. Er spricht auch von einer „neuen Versklavung des deutschen Volkes“.
Glücklicherweise, so denkt er, ist Deutschland von Stabilität noch weit entfernt. Vor allem die Arbeiter sind betroffen – eine seiner wichtigsten Zielgruppe. Aber auch die Beamten und die Mittelständler sind noch längst nicht aus der Gefahrenzone, im Gegenteil. Er schlägt genau in diese Kerbe. Das neue Geld entschädigt die Bevölkerung nicht für die alten Verluste. Viele Menschen erleben, was der Ausdruck „sozialer Abstieg“ bedeutet.
Hervorragend! Hitler hetzt und hetzt.
Seine Aufführungen, sein Theater, gestaltet sich immer professioneller. Und niemand kann ihm mehr den Mund verbieten. Viele Deutsche leben glücklicherweise noch immer am Rand des Existenzminimums. Auch das ist Wasser auf seine Mühlen! Das Problem der Arbeitslosigkeit ist längst noch nicht gelöst.

Inzwischen gibt es außerdem das Radio, die Schallplatte und den Film. Sein Trompeter, Goebbels, beginnt, alle diese neuen Medien zu nutzen und einzusetzen. Er, Hitler, verfügt damit über noch mehr Sprachrohre.
1925 gibt es für ihn endlich einen Lichtblick am Horizont. Hindenburg wird zum neuen Reichspräsidenten gewählt. Er zählt zu den „Rechten", indirekt zu seinem Revier also.
Erfreulich ist vor allem, dass sich die Demokraten nie einig werden und sich teilweise – offen oder heimlich – wechselseitig bekriegen. Ständig wechseln die Regierungen und Koalitionen. Nur drei von sieben Regierungen verfügen über eine stabile Mehrheit im Parlament, wenn er richtig gerechnet hat. Das ist interessant. Vielleicht wird man ihn eines Tages als Mehrheitsbeschaffer brauchen. Noch ist Rom nicht verloren.
Und Hitler redet und redet.
Neben dem Parlament wird die außerparlamentarische Opposition immer bedeutungsvoller: die Kommunisten und er mithin. Auch die Reichswehr ist nach wie vor ein Machtfaktor. Immerhin steht sie in ihrer Mehrheit „rechts". Zu hoffen bleibt nur, dass sich die Bevölkerung nicht mit der Demokratie anfreundet. Das wäre fatal!
Inzwischen hasst er Stresemann abgrundtief, denn er ist förmlich zu einer Symbolfigur der Demokratie aufgestiegen. Außerdem kann er auch noch außenpolitisch unverschämte Erfolge verbuchen. Er wird dieses verdammte Bierkutscher-Söhnchen im Auge behalten müssen.

STRESEMANNS ERFOLGE

Umgekehrt behält Stresemann den Krakeeler Hitler im Auge.
Auch er selbst hört nicht auf zu reden und zu reden. Er weiß, die Menge der konstruktiven Kommunikation muss die Menge der negativen Kommunikation schlagen. Er muss das Spiel gewinnen, indem er einfach weiter und weiter Reden hält. Da er nicht aufgibt, da er zäh wie Schuhleder ist, stellen sich schließlich einige spektakuläre Erfolge ein: Die Briten und die Amerikaner zeigen sich plötzlich bereit, neue Reparations-Verhandlungen aufzunehmen, was vielleicht der größte Fortschritt ist. Zahlungsaufschübe werden vereinbart. Sein wahres Ziel in dieser Beziehung: sehr viel vorteilhaftere Regelungen für Deutschland herauszuschinden.

Die Lage in Sachsen, Thüringen, Bayern und Hamburg, vormals Problemfelder, entspannt sich.
Er wird jetzt von allen demokratischen Seiten einmütig als der Mann gesehen, der den Karren aus dem Dreck ziehen kann. Selbst ehemalige politische Gegner kommen nicht umhin, ihm Respekt zu zollen. Die Schimpfkanonaden im Inland lassen nach.
In der eigenen Partei sieht man ebenfalls ein, dass man ohne ihn nicht auskommen kann. Die innerparteiliche Opposition duckt sich hinweg, einige Verräter verdrücken sich und verlassen die Partei.
Stresemann selbst atmet das erste Mal ein wenig auf. Aber er weiß, er muss weiter hartnäckig daran arbeiten, dass deutsches Territorium nicht verloren geht, er muss am Ball bleiben. Die Reparationszahlungen, obwohl inzwischen vernünftiger, sind immer noch ein Damoklesschwert, das über Deutschland schwebt. Das Außenministerium muss reorganisiert und mit jungen, frischen, loyalen Diplomaten bestückt werden, um die verkrustete Politik von gestern aufzubrechen. Vor allem muss die Frage des Ruhrgebietes endlich geklärt werden.
Und so redet er weiter, er argumentiert und überzeugt.
Überall tritt Stresemann nun als Friedensstifter und Versöhner auf.
Die Gegner im Innern weist er darauf hin, dass Deutschland auf *Zeit spielen* muss – nicht anders als in dem Märchen, da ein zum Tode Verurteilter dem König verspricht, des Königs Pferd das Fliegen beizubringen, innerhalb eines einzigen Jahres – wenn er ihn nur leben lässt. Der König willigt ein. Hierbei handelt es sich um einen höchst vorteilhaften Handel für den Verurteilten, denn 1. kann das Pferd vorzeitig sterben und 2. kann der König vielleicht das Zeitliche segnen. Man kann also selbst mit den unmöglichsten Versprechen nur gewinnen… indem man auf Zeit spielt.
Auch Stresemann verspricht, dem Pferd das Fliegen beizubringen.
Seine Argumente stechen, sie sind nicht von der Hand zu weisen.
Ein Umdenken beginnt in diesem Deutschland. Man beginnt seine Klugheit zu schätzen. Ein Stückchen Vernunft hält Einzug. Er muss die notwendige, richtige Politik jeder Gruppierung so verkaufen, dass sie sie verstehen kann. Sein Vorteil: Er kann sich auf das jeweilige Gegenüber perfekt einstellen.
Im Äußeren bringt er die Amerikaner, die Engländer und schlussendlich sogar die Franzosen zu der Einsicht, dass nur ein wirtschaftlich starkes Deutschland die Reparationsforderungen überhaupt begleichen kann.

Warum also sollte man nicht das Ruhrgebiet endlich räumen? Man beginnt ihm zuzuhören. Deutschland muss in ökonomischer Hinsicht genesen, es muss auf die Beine kommen dürfen, denn seine Wirtschaft ist zu eng mit allen anderen Wirtschaften verknüpft, argumentiert er.
Frühere Feinde verwandeln sich in Freunde, denn Stresemann versöhnt und hört nie auf, die deutsche Friedensliebe zu betonen. Und so häufen sich auf einmal die Erfolge: Im Jahre 1925 wird der so genannte *Locarno-Pakt* geschlossen.
Locarno? Hierbei handelt es sich um ein stilles, beschauliches Städtchen in der neutralen Schweiz. Bestehende Grenzen werden dort garantiert und ein Pakt ratifiziert, der künftige Angriffskriege in Zukunft unwahrscheinlich macht. [7] Großbritannien, Frankreich, Deutschland, Italien und Polen sind mit von der Partie und kommen einander näher.
Die Stimmung schwenkt um.
Es handelt sich bei dem „Geist von Locarno", der nun wieder und wieder von Stresemann beschworen wird, um ein weithin sichtbares Signal, das eine neue Friedensära einleitet. Die Wunden des Ersten Weltkrieges beginnen sich langsam zu schließen. Die Fackel der Freiheit fängt an, plötzlich wieder zu brennen. Überall macht sich Hoffnung breit. Die Engländer schwenken auf die Linie Stresemanns ein. Die Amerikaner sind ebenfalls hoch zufrieden und gewähren weitere Kredite. Und selbst die Franzosen zeigen Einsicht – nicht zuletzt aus dem Grunde, weil der geschworene Feind Deutschlands, der französische Ministerpräsident Poincaré, endlich abgetreten ist. Er macht einem neuen Ministerpräsidenten Platz, der die deutsche Musik und Kultur liebt, dem französischen Spitzenpolitiker Aristide Briand, der ebenfalls ein Verfechter des Friedens ist. [8] Ja, nicht alles an den Deutschen ist verabscheuungswürdig! Der Hass der Franzosen wird abgepuffert. Briand und Stresemann pflegen sogar ein freundschaftliches Verhältnis, undenkbar zuvor! Die Franzosen erkennen, dass nicht jeder Deutsche ein Kriegsverbrecher ist. Die Deutschen erkennen, dass nicht jeder Franzose ihr Land ausbluten will.
Ein europäischer Friedensgedanke greift Platz. Eine neue Zeit bricht an, fast handelt es sich um ein kleines Wunder. Aber hinter jedem Wunder steht ein Wundertäter, der in diesem Fall *Stresemann* heißt.
Eine neue Epoche beginnt.
Das Rheinland wird geräumt, nach und nach. Und endlich, 1925, Triumph aller Triumphe, endet der Ruhrkampf. Schließlich wird Deutschland im

Jahre 1926 sogar in den *Völkerbund* aufgenommen, der sicherstellen soll, dass nie, nie wieder ein Krieg Europa verwüstet. Der Völkerbund, mit seinem Sitz in Genf, in der Schweiz, soll den Frieden sichern helfen.

Und eines Tages zieht die deutsche Delegation unter brausendem Beifall in den Saal des Völkerbundes in Genf ein.

Im Jahre 1926 sind Stresemann und Briand die beiden populärsten Politiker Europas. Beide erhalten den Friedensnobelpreis – die höchste Auszeichnung im politischen Raum, die es gibt. [9]

Stresemanns Popularität wächst ins Unermessliche. Deutschland schaut nun gebannt auf ihn, er ist der große Versöhner, ihm sind all diese Schachzüge gelungen.

Eine allgemeine Abrüstung ist die Folge, der Friede zieht ein. Der ursprünglich schmale Silberstreifen am Horizont erhellt nun den ganzen Himmel.

1928 wird gar der *Briand-Kellogg-Pakt* unterzeichnet. Zugegeben, er ist auf eine Initiative Briands und Kelloggs, des US-Außenministers, zurückzuführen, aber auch Stresemann hat seine Finger im Spiel.

Der Krieg wird offiziell geächtet. Viele Nationen unterzeichnen, die USA, Australien, Kanada, die Tschechoslowakei, Großbritannien, Indien, Irland, Italien, Neuseeland, die Südafrikanische Union, Polen, Belgien, Frankreich, Japan – und das Deutsche Reich. Noch einmal: Der Krieg als „Lösung internationaler Streitigkeiten“ wird offiziell geächtet – man muss es sich vorstellen!

Erstmalig kommt der Europa-Gedanken auf, der jeden Krieg von vorneherein unmöglich machen soll.

Verständigung wird nun großgeschrieben. Der falsche Heroismus des Krieges wird demaskiert, die verführerische, giftige Poesie des Heldentums.

Die Völker kommen einander näher, weil es einen Stresemann gibt, einen Briand und einen Kellogg.

Krieg darf nie mehr zum Werkzeug der Politik werden! Alle Streitigkeiten sind in Zukunft friedlich zu lösen. Angriffskriege sind völkerrechtswidrig, so heißt es nun.

Gegensätze werden überbrückt, „der Krieg wird liquidiert“, wie Stresemann das ausdrückt. [10]

Er kämpft im Jahre 1929 für eine allgemeine Abrüstung.

Sogar ein deutsch-russisches Neutralitätsabkommen erblickt das Licht der Welt.

Die Fesseln des Versailler Vertrags werden gelockert, der Weg nach Eu-

ropa beschritten, die Militärkontrolle in Deutschland zunehmend aufgehoben.
Internationale Konferenzen finden statt, man kommt sich näher und näher, auch wenn es hie und da einige Rückschläge gibt, aber die Richtung stimmt.
Hochstimmung macht sich breit. Jetzt erst ist der Erste Weltkrieg wirklich zu Ende, nicht schon im Jahre 1918.
Zu verdanken ist dies vor allem zwei Männern: Stresemann und Briand.
Jedermann kann Stresemann jetzt nur noch zujubeln, man kann ihn inzwischen nicht mehr vom Podest stoßen, zu viel hat er erreicht. Er ist die Integrations- und Symbolfigur für den Frieden und den beginnenden Wohlstand.
Selbst das Reparationsproblem wird gelöst. Die Summe wird kurz gesagt schlussendlich beträchtlich gesenkt. Die Zahlungsaufschübe und die ständigen Gespräche sind für diesen Erfolg verantwortlich. Stresemann hat damit die „Versklavung von zwei Generationen" abgewendet, die finanzielle Versklavung.
Im Jahre 1932 wird die Abschlusszahlung auf drei Milliarden Goldmark festgesetzt – der grausige Spuk ist vorbei. [11]

HITLERS ERFOLGE

Aber ach, wir sind der Zeit längst vorausgeeilt. Bei allem Jubel haben wir vergessen zu berichten, dass Gustav Stresemann inzwischen das Zeitliche gesegnet hat. Am 3. Oktober 1929 ist Stresemann bereits leise und still davongegangen, denn er hat seinen Job erledigt.
Die unendlichen Anfeindungen, die bösartigen Anfechtungen seitens der Linken und Rechten, die widerlichen Lügen und Beschimpfungen haben ihren Tribut gefordert.
Der große Friedensstifter ist tot.
Hitler jubelt.
Und so kommt es, wie es kommen musste: Die Weltwirtschaftskrise, die von den USA im Jahre 1930 nach Europa und Deutschland überschwappt, verursacht von verantwortungslosen US-Bankern, stürzt Deutschland in eine neue Krise. Wieder greift die Arbeitslosigkeit um sich, die Wirtschaft taumelt erneut. Aber nun ist kein Stresemann mehr zur Stelle, der den

Karren ein zweites Mal aus dem Dreck ziehen könnte.

Hitler, die schwärzeste Seele der gesamten deutschen Geschichte, schürt nun gezielt das Chaos, das erneut über Deutschland hereinbricht, denn nur innerhalb chaotischer Zustände kann er Wahlen gewinnen. Konfusion sorgt dafür, dass nach dem „starken Mann" gerufen wird. Nach ihm.

Hitler dreht den Lautsprecher so stark auf wie nie zuvor. Er gewinnt mehr und mehr Sitze im Parlament. Die Arbeitslosigkeit greift immer weiter um sich.

Hurra! Das ist genau der Stoff, der es „Rettern" wie ihm erlaubt, den Thron zu besteigen.

Auch die Kommunisten tragen zu der allgemeinen Verunsicherung bei. Die demokratischen Parteien liefern gleichzeitig ein erbärmliches Schauspiel, denn sie halten nicht etwa wie Pech und Schwefel zusammen, wie es in einer solchen Situation notwendig wäre, sondern intrigieren eifersüchtig gegeneinander.

Im Juli 1932 erhält die NSDAP, die sich als Retter in der Not präsentiert, 37,3 % aller Stimmen. Damit steigt sie zur stärksten Partei im Reichstag auf.

Die KPD kann 14,2 % aller Stimmen auf sich vereinigen, wodurch auf einmal die radikalen Parteien die Mehrheit besitzen!

Die Kommunisten und die Nazis bekämpfen sich in der Folge bis aufs Messer, im Reichstag und in Straßenschlachten. Hitlers Schlägertruppen beherrschen die Straße. Politische Gegner werden verprügelt und ermordet, in aller Öffentlichkeit. Das Chaos, gezielt herbeigeführt, ist jetzt vollkommen. Hitler, die destruktivste Persönlichkeit der gesamten Geschichte, riecht, dass er sich jetzt den Staat zur Beute machen konnte.

Seine propagandistischen Aktionen werden immer aufwendiger.

1932 arrangiert sein Teufelsbruder Goebbels, dass er per *Flugzeug* zu seinen Auftritten transportiert wird. Natürlich wird das wieder gefilmt, publikumswirksam in Szene gesetzt und propagandistisch ausgeschlachtet. Es erhöht Hitler. Er kann nicht nur Hunderte von deutschen Städten in kürzester Zeit besuchen, sondern seine Präsenz „über den Wolken" verschafft ihm eine Aura, wie sie normalerweise nur „Überirdischen" vorbehalten ist. „Der Führer über Deutschland", lautet die Werbezeile Goebbels. Fast gerät er zu einer Art „Heiland", der Wunden „heilen" kann.

Inzwischen absolviert er bis zu fünf Ansprachen pro Tag. Die Atmosphäre heizt sich immer weiter auf. Die SA, die Schlägertruppe unterstützt den

„Führer". Es gibt Tote und Verwundete, aber wen schert das.
Zweihundertdreißig Nazis ziehen schließlich in das Parlament ein. Hitler, Goebbels und die gesamte Naziriege hetzen weiter, was das Zeug hält. Ihre Reden prasseln jetzt wie faustgroße Hagelkörner auf das Volk nieder. Sie schüren das Chaos weiter. Eine Wahl nach der anderen muss hastig anberaumt werden. An den Nazis und an Hitler führt offenbar nichts mehr vorbei. Das Volk erkennt wieder nicht, dass es die Nazis sind (zusammen mit den Kommunisten), die dieses Chaos schüren – und dann versprechen ihm abzuhelfen. Kurz vor der Machtübernahme gibt es eine Million SA-Leute, man muss es sich vorstellen.
Die Macht ist zum Greifen nahe.

HITLERS GEHEIM GEHALTENE AUSBILDUNG

Nichts ist über die Nazizeit enthüllender, als wenn man der Wahrheit über die „Ausbildung" Hitlers nachspürt, konkret seiner Ausbildung als Rhetoriker, die mit zahlreichen schauspielerischen Elementen verknüpft war. Bislang wurde sie in vielen Geschichtsbüchern heruntergespielt oder nicht einmal erwähnt. Sie wurde verdrängt und als nebensächlich abgetan, obwohl nichts bedeutsamer war.
Nur die Ausbildung Hitlers zum Rhetoriker verrät, WIE es Hitler gelingen konnte, das gesamte deutsche Volk zu verführen.
In den „normalen" Schulbüchern werden wir allenfalls darüber aufgeklärt, dass die Weltwirtschaftskrise, herbeigeführt von gewissenlosen US-Bankern, auf Europa und Deutschland überschwappte, wodurch Hitler die Gelegenheit erhielt, mit seinen Hetzreden Stimmen zu fangen. Zugegeben, auch dies ist ein historisches Detail, das nicht unwichtig ist und nicht hinweggeredet werden sollte.
Aber weitaus bedeutungsvoller ist der Umstand, dass sich Hitler bestimmter *Techniken* befleißigte, die ihn dazu prädestinierten, die Deutschen in den Zeiten der Krise nach Strich und Faden zu belügen und aufzuhetzen, so dass sie ihm an der Wahlurne ihre Stimme gaben.
Die Techniken? Rhetorische, ausgekochte Tricks, sowie die raffiniertesten, eindrucksvollsten Schauspielmethoden!

HITLERS LERNPROZESS

Hitler war nicht unbeleckt als Vortragsredner, als er Paul Devrient, seinem Rhetorik- und Schauspiellehrer, in die Hände fiel. Tatsächlich hatte er bereits so manche Abhandlung über rhetorische Techniken verschlungen, wahrscheinlich mit einer namenlosen Gier. Hitler kannte zumindest ansatzweise die großen Rhetoriker der Vergangenheit, selbst den legendären Demosthenes, denn er erwähnte ihn gegenüber Devrient.

Demosthenes? Hierbei handelte es sich um den bedeutendsten griechischen Redner der Antike. Er lebte von 384 – 322 v. Christus und geriet zeitweise zum Gegenspieler Alexander des Großen. Das Besondere an Demosthenes ist der Umstand, dass er nur über eine zarte Stimme verfügte sowie über eine schwächliche Konstitution, weshalb man ihm den Spitzenamen *Bátalos* (= Weichling, Schwächling) verpasste. Weiter plagten ihn Sprachstörungen. Der springende Punkt ist jedoch: Demosthenes überwand durch rigoroses Training all seine Schwächen. Er steckte sich tatsächlich Kieselsteine in den Mund und hielt lange Reden, während er bei starkem Gegenwind einen Hügel hinaufstürmte. Das Ergebnis? Er stärkte seine Mundmuskeln, verbesserte die Atemtechnik, und seine Ausdauer nahm zu. Selbst mit den Kieselsteinen im Mund gelang es ihm eines Tages, die Meeresbrandung zu übertönen.

Hitler las vielleicht sogar die Werke des großen Römers Cicero, dem Gegenspieler Cäsars, der vor rund zweitausendeinhundert Jahren ein ganzes Buch über rhetorische Techniken verfasst hatte. Der Titel lautete: *De oratore – Über den Redner.* [12] Hierin finden sich wenigstens Hundert Methoden, wie man ein Publikum zur Begeisterung, Zustimmung und zum Applaus verführen kann.

Mit Sicherheit beobachtete Hitler überdies einige (christliche) Priester auf der Kanzel, denn er verwies in seinem Buch *Mein Kampf* mit einem gewissen Neid auf die verführerische „Atmosphäre“ in den Kirchen, wo Kerzen, Räucherpfannen und Weihrauch eine wichtige Rolle spielten, speziell wenn der Gottesdienst in den Abendstunden stattfand. [13] Niemand, so realisierte Hitler, hatte fast zweitausend Jahre lang mehr Zulauf erhalten als die Herren Priester!

Hinzu kam, dass Hitler von Haus aus ein gewisses rednerisches Talent besaß.

Schon in seiner Anfangsphase, während seiner Zeit in Bayern, heuerte ihn

die Propagandaabteilung der Reichswehr an, um Soldaten die „Grundlagen des staatsbürgerlichen Denkens“ einzutrichtern. Wenig später boxte sich Hitler zum Redner der NSDAP hoch. Kurz und gut, Hitler verfügte über Praxiserfahrung, was das Fach *Rhetorik* anging.
Ferner kannte und bewunderte Hitler die „Hetzapostel“ Lenins und die aufpeitschenden Reden des bolschewistischen Meisters selbst.
Durch das Studium der Geschichte hatte er immerhin so viel erkannt, dass die *Rede* der springende Punkt war, wenn man eine Masse in eine bestimmte Richtung drängen, sie voranpeitschen und manipulieren wollte. Die Kenntnis und Anwendung rhetorischer Techniken war ein Freifahrtschein, um im politischen Raum zu reüssieren. Die größte Macht auf Erden ging von Rednern aus! Damit befand sich Hitler unversehens auf der heißesten Spur, die er sich vorstellen konnte. Allein mit rhetorischen Finessen konnte er „Geschichte schreiben“. Hitler verkrampfte sich innerlich vor Begeisterung bei dem Gedanken, was er alles erreichen konnte – allein durch seine Reden.

PAUL DEVRIENT

Es verwundert also nicht, dass Hitler in dem Schicksalsjahr 1932 – kurz vor der Machtergreifung der Nazis, als alles auf Messers Schneide stand – einen renommierten Rhetoriklehrer anheuerte, der zugleich ein Bühnenprofi und Opernsänger war: Paul Devrient.
Devrient, der eigentlich Paul Stieber-Walter (1890 – 1973) hieß, war ein erfolgreicher Operntenor, der in den größten Häusern Deutschlands vielbeachtete Vorstellungen gegeben und einige Triumphe gefeiert hatte. Er kannte alle Bühnentricks aus dem Effeff, aber auch das Instrument „Stimme“ bis ins kleinste Detail.
Man vergesse in diesem Zusammenhang nicht, wie weit die Techniken, die mit der Schauspielerei, dem Gesang und der Bühne zu tun hatten, bereits gediehen waren. In Großbritannien hatte Shakespeare die Bühne revolutioniert, in Frankreich Molière, Voltaire und andere hochbegabte Griffel. Das waren die neuen Götter, die man anbetete, denn sie hatten dem Denken eine völlig neue Richtung gegeben. In Deutschland hatten Lessing, Schiller und Goethe (den Hitler ab und an zitierte) auf den Brettern, die die Welt bedeuten, Triumphe gefeiert. Hartgesottene Bühnenpro-

fis wie Devrient wussten, wie man auf der Bühne selbst starke Männer zu Tränen rühren konnte, wie man Zuschauer dazu verführte zu trampeln, zu schreien, zu schluchzen, zu toben, zu brüllen und zu jauchzen. Das Bühnen-Know-how war unvorstellbar ausgereift.
Hinzu kam das Wissen um die Musik, um den Gesang und um die Beherrschung der Mund-, Hals- und Brustmuskeln. Abgesehen von Italien war kein Land so musikalisch wie Deutschland, niemand hatte so viele Komponisten der Weltklasse hervorgebracht. Schon im Jahre 1627 hatte man die italienische Oper nach Deutschland importiert, die erste deutsche Oper wurde 1678 in Hamburg uraufgeführt. Daraufhin hatte man zwei Jahrhunderte lang ununterbrochen dazugelernt und die Gesangs-Methoden verfeinert und verbessert – und damit auch die Sprechmethoden.
Es gab bereits „Superstars" im Bereich des Gesangs. Devrient, berühmt als Mozartinterpret, wusste um alle diese Tricks und Bühnentechniken, während die Masse kaum ahnte, welch umfangreiches Know-how mit einem Bühnenauftritt einherging. Haltung und Gesten, Kleidung und Mimik, Lautstärke und Klangfarbe der Töne, ganz zu schweigen von der Wortwahl, boten eine ungeheure Palette von Möglichkeiten, beim Publikum einen unnennbaren Eindruck zu hinterlassen.
Es gab längst zahlreiche Schulen, was die Schauspielkunst und die rhetorische Disziplin angingen. Noch im 16. Jahrhundert war der Schauspieler ein verachteter Geselle gewesen und die Schauspielerin nichts mehr als eine bessere Hure. Inzwischen wurden erfolgreiche Schauspieler und Sänger angebetet, vor ihnen knieten manchmal selbst gekrönte Häupter.
Devrient war einer dieser Sterne am Himmel, er war ein echter Vollprofi, der eine satte Vergütung dafür erhielt, dass er Hitler trainierte.
Im Jahre 1932 reiste Devrient mit Hitler durch mehr als hundert deutsche Städte und korrigierte und kritisierte die Auftritte des „Führers". Er gab ihm Unterricht in Gastwirtschaften und auf Trockenböden, in Hotelzimmern und in Sälen, und wich nicht von seiner Seite.
Gleichzeitig führte Devrient akribisch Tagebuch. Nach dem Scheitern Hitlers, nach 1945, versteckte Devrient jedoch seinen Aufzeichnungen, weil er sich zu Tode schämte – er glaubte, Hitler zur Macht verholfen zu haben, eine Annahme, in der mehr als ein Körnchen Wahrheit steckte.
Devrients Sohn Hans Stieber stellte jedoch schließlich das Tagebuch seines Vaters – nach dessen Ableben – dem Hitler-Forscher Werner Maser zur Auswertung zur Verfügung. Dieser publizierte die wichtigsten Fakten

in dem Buch *Paul Devrient: Mein Schüler Adolf Hitler.* [14]
Und so wissen wir heute exakt, wie Hitler zurechtgestriegelt und zurechtgebügelt wurde, wie er trainiert, belobigt, gestreichelt und korrigiert wurde. Aber was lehrte Devrient seinen Schüler Hitler?

HITLERS RHETORIK-TRAINING

Im Jahre 1932 befindet sich ganz Deutschland in Aufruhr. Für die NSDAP und für Hitler geht es um alles oder nichts. Hitler heuert Devrient an, der ihn nach jedem Auftritt kritisiert und korrigiert. Das Training geschieht unter Ausschluss der Öffentlichkeit und unter höchster Geheimhaltung, selbst die engsten Vertrauten Hitlers wissen nicht darum. Niemand darf erfahren, dass selbst der unantastbare, hochgelobte, unfehlbare „Führer" noch wie ein Erstklässler lernt.
Hitlers Fehler erkennt Devrient auf den ersten Blick: Er ist immer angespannt, verspannt und verkrampft. Seine Adern schwellen an, sein Kehlkopf jagt während der Rede auf und ab. Er knödelt und quetscht die Töne aus sich heraus. Eine Atemtechnik ist nicht vorhanden, er atmet stoßweise, der Luftzug wird teilweise in einer Nasenhälfte abgewürgt. Manchmal verfärbt sich sein Gesicht blaurot vor Anstrengung und vor Zorn. Er scheint ständig unter Strom zu stehen, der unkontrolliert durch seinen Körper pulsiert. Die Aussprache ist zu feucht, er spuckt.
Auch die Körperhaltung ist schlecht sowie die Gestik und Mimik. Kaum kontrolliert Hitler seine Hände und Füße, er bewegt sich zu viel und springt auf der Bühne hin und her, manchmal „wie von Furien gejagt" (Devrient, S. 79). Er windet sich mitunter, fasst sich mit beiden Händen an den Kopf und schneidet nicht selten ungewollt Grimassen.
Hitler ist noch immer ein sträflicher Dilettant.
Devrient teilt Hitler schonungslos seine Beobachtungen mit. Hitler protestiert und weist auf seine Erfolge als Redner hin. Aber er fühlt, sein Lehrer hat recht.
Devrient bringt ihm zunächst bei, wie man sich als Schauspieler, Sänger oder Redner vor der Verkrampfung hütet. Sie hat teilweise mit der Redeangst zu tun, mit dem Lampenfieber, das rund vierzig Prozent aller Rhetoriker furchtbar plagt.
Devrient lehrt ihm die Kunst der „Aussperrung", wie man das in der The-

atersprache nennt. Das Publikum wird zunächst ignoriert, die Aufmerksamkeit unmittelbar auf einen positiven Gegenstand gelenkt, in unmittelbarer Nähe.

Weiter ist die Entkrampfung aller Muskeln wichtig. Und so legt sich Adolf Hitler vor einer wichtigen Rede – ungesehen vom Publikum – brav auf eine harte Unterlage, während er die Beine hoch an die Wand stellt, die Füße noch in Hauspantoffeln. Dann lockert er bewusst jeden einzelnen Muskel im Körper, teilweise autosuggestiv: „Die Halsmuskeln sind locker“, flüstert Hitler vor sich hin. Daraufhin geht er alle wichtigsten Muskeln in seinem Körper durch.

Himmelherrgott, niemand darf mich so sehen!, denkt er. Gerade wird von ihm das Bild des unfehlbaren Führers aufgebaut, des gottgleichen Übermenschen, während er hier wie ein verängstigtes Würmchen versucht, sich in einer lächerlichen Position zu beruhigen. Sein ganzes Image wäre schlagartig dahin.

Devrient lehrt ihn außerdem verschiedene Atemübungen, die Schauspieler bis heute nutzen, wie das tiefe Luftholen, das gründliche Ausatmen, zusammen mit einfachen Tonübungen, die darauf hinauslaufen, dass man Vokale und Konsonanten deutlich und klar ausspricht. Bis heute gibt es eigene Schauspielersätze, Bühnensätze, die absichtlich schwer auszusprechen sind, den Redner oder Schauspieler aber zwingen, sich um eine deutliche, überdeutliche Aussprache zu bemühen. Man muss kurz gesagt darauf achten, dass alle Vokale sowie alle Konsonanten deutlich zu hören sind. Hitler lernt, Vokale langgezogen und gedehnt auszusprechen, überdeutlich auszusprechen, aber auch Konsonanten. Er lernt Töne auf die richtige Art aus einem Körper herauszuschleudern.

Devrient betätigt sich als „Stimmbildner“, wie das in der Theatersprache genannt wird. Die deutliche, überdeutliche Aussprache bewirkt, dass eine Stimme, auch bei leisen Worten, auch ohne Mikrofon, bis in den hintersten Winkel eines Raumes dringen kann. Nur die deutliche Aussprache verursacht, dass man von dem Publikum überhaupt verstanden wird.

Devrient lässt Hitler weiter eine Rolle aus einer komischen Oper Albert Lortzings („Der Wildschütz“) vorsprechen und rezitieren, um ihn zu beobachten und zu schulen, ferner einige Laienspiele. Hitler lernt eifrig, nichts interessiert ihn mehr.

Devrient lehrt Hitler weiter, das Sprechtempo nach Belieben zu verändern und mit hohen und tiefen Tönen umzugehen. Jede langweilige, monotone

Rede wirkt dadurch auf einmal unterhaltsam. Hitler erfährt, wie Profis auf der Bühne genau diesen Umstand nutzen, um die Aufmerksamkeit des Publikums zu bannen. Er ist fasziniert.

Devrient zu Hitler: „Am Anfang müssen Sie so tief wie möglich reden. Nur ab und an [dürfen Sie] den Ton steigern. ... Gepresste Hochtöne bringen nichts, nur Krampf, wie wir beim Theater sagen." (Devrient, S. 108)

Hitler erkennt, dass man mit Worten spielen kann wie ein junger Hund mit einem Ball.

Gleichzeitig nimmt Devrient seine übertriebenen Bewegungen und Gesten aufs Korn. Hitler posiert vor dem Spiegel und beobachtet sich selbst wie ein Luchs. Wie wirken seine Bewegungen, seine Gestik, seine Mimik? Devrient treibt ihm die Unsitte aus, mit den Händen herumzufuchteln und mit den Schultern zu zucken. Er muss das wilde Gestikulieren vermeiden. Knappe, sparsame Bewegungen sind das A und O. Sie müssen synchron zu den Worten ausgeführt werden und die Inhalte einer Aussage unterstreichen.

Wieder und wieder übt Devrient mit Hitler. Er lässt ihn sogar ganze Redetexte ohne Worte vorführen, wobei er nur auf die Bewegungen achtet, die Gestik und die Mimik. Hitler lernt völlig neu zu gehen, zu stehen, ja sogar zu lachen, weiter wie man sich effektvoll hinsetzt und aufsteht. Und Devrient lehrt Hitler: „Aus einer einmal gemachten Gebärde [müssen Sie] ... eher in Ruhe zurückkehren, bis Sie ... den dazu gesprochenen Satz beendet haben ... Das wirkt suggestiv. (Devrient, S. 158)

Hitler erfährt, dass man sich auf einer Rednerbühne dem Publikum voll zuwenden und nicht im Profil reden sollte. Am Anfang einer Rede muss er einen Schritt vortreten, am Ende einen Schritt zurück.

Und so lernt Hitler, im „Bühnendeutsch" zu sprechen und sich gemäß Theaterregeln zu bewegen. Er übertreibt Bewegungen, Mimik und Gestik nicht mehr, seine Gebärden stehen nun im Einklang mit den klangvoll gesprochenen Passagen seiner Rede. Er verzichtet darauf, herumzufuchteln und gewöhnt es sich an, mit Gesten sparsamer umzugehen.

Das Publikum weiß nicht, dass Devrient seinem Schüler sogar beibringt, die verschiedenen Grußgesten – den Hitlergruß und so fort – besser auszuführen und auf verschiedene Gelegenheiten zuzuschneidern. Er belehrt ihn, dass selbst der Hitlergruß dem Anlass angepasst werden muss. Es gibt den (1) festlichen, getragenen Anlass, wenn man etwa einen Kranz bei einem Begräbnis niederlegt, (2) den Gruß aus einem Kraftwagen oder einem Flugzeug heraus, (3) den Gruß, während der Bewegung, in der Bewegung und den (4) Gruß vor einer Rede.

Alles wird trainiert, trainiert, trainiert, bis es sitzt.

Hitler mutiert mehr und mehr zu einem Schauspieler, zu einem Staatsschauspieler.

Der Gruß muss wie eine beschwörende Zauberformel wirken, flüstert der Lehrer seinem Schüler ins Ohr.

Hitler testet alles sofort aus und ist über die Wirkung begeistert.

Das Publikum ahnt nicht im Entferntesten, dass es ab 1932 nur noch von einem Bühnenmann dirigiert und manipuliert wird, der imstande ist, die alles berechnende, große Show, die ganz große Show, abzuliefern.

Und Devrient geht noch weiter. Er macht Hitler sogar auf inhaltliche Tricks aufmerksam. Hitler weiß bereits, dass nur die tausendfache Wiederholung einfachster Begriffe wirkt, diese müssen in die Köpfe stets aufs Neue gehämmert werden. Er kennt auch die Wirkung der Superlative. *Blutleer, weltfremd, eiskalt* sind typische Hitlervokabeln. Er spricht auch gern von dem „größten Wortbruch aller Zeiten", wenn er auf seine politischen Feinde aufmerksam macht. Er weiß, er muss superlativische Schlagworte auf die Massen niederprasseln lassen, Massen, die er gründlich verachtet und die er doch braucht, wenn er an sein Ziel gelangen will. Noch wichtiger aber ist: Devrient macht Hitler sogar auf den Gefühlswert von Worten aufmerksam. Worte und Wörter kann man auf die verschiedensten Arten aussprechen. Er belehrt ihn über die „Gefühlsspeicherung" in der Theaterpraxis: „Kein Spiel ist gut, wenn es nicht innerlich mitgefühlt wird." Er ermahnt ihn, aus der „Vorratskammer der tatsächlich erlebten Gefühle zu schöpfen." (Devrient S. 147) Bis heute wird diese Psychotechnik im Schauspielunterricht angewendet, sogar in hochrenommierten Schauspielschulen in New York. Man muss sich an ein gefühlsintensives Erlebnis aus der Vergangenheit erinnern, man muss eine abgespeicherte Erinnerung wieder hervorkramen und in der Gegenwart nutzen, man hat ein Wort in der Gegenwart mit eben diesem Gefühl aus der Vergangenheit zu verknüpfen. Man kann also Wörter emotional aufladen wie eine Batterie.

Hitler staunt und staunt und hört zu. Und er lernt und lernt.

Aha, man kann also Gefühle in jedem Moment willkürlich erzeugen! Das ist interessant. Das ist sogar revolutionär. Weiter lehrt ihn Devrient, dass ein Bühnendarsteller auch seine Fantasie benutzen darf, um ein Wort mit

einem Gefühl anzufüllen. Nicht nur die Vergangenheit, auch die Gegenwart und die Vorstellungskraft können Gefühle und Emotionen hervorrufen – mit denen man daraufhin die eigenen Worte ummänteln kann, mit denen man die eigenen Worte umwickeln kann, wie ein Butterbrot in ein Stück Papier. Dann wirkt man eindringlich. Das alles ist Theaterpraxis und Theatergeheimnis. Man kann Trauer, Freude, Angst, Begeisterung, Zorn und Empörung hervorrufen und damit jedes Wort nach Belieben umkleistern und umwinden. Dadurch wirken Worte plötzlich hochemotional, damit ist man jedem anderen Redner weit überlegen.
Hitler ahnt, dass das pures Gold ist, für den Schauspieler, für den Redner. Man kann durch diese Technik sogar vermeiden, dass bei einer Ansprache, die man bereits hundertmal gehalten hat, Langeweile aufkommt. „Magnetisierung" nennt dies der Theaterfachmann, der der Langweile der Wiederholung entgehen will. Selbst abgedroschene Worte muss er, Hitler, nur immer wieder neu erleben und frisch in Emotionen einpacken, er muss sie *magnetisieren* und aufladen.
Devrient belehrt ihn weiter, dass man selbst durch Blicke Emotionen vermitteln kann, alle möglichen Emotionen.
Alles ist nur Show, alles ist Theater, alles ist Technik.
Am Schluss ist Paul Devrient mit seinem Schüler hochzufrieden. Er weiß, Hitler wird nun noch mehr „Vorhänge im Theater" erhalten – dem Theater, das ganz Deutschland umfasst. Er urteilt abschließend: „Hitler wirkt suggestiv-glaubhaft. Es ist echtes Theater in seiner elementarsten Form, dargeboten von einem begabten Schauspieler".
Auch Hitler selbst ist begeistert. Gerührt drückt er seinem Lehrer zuletzt die Hände zum Abschied und sagt: „Für mich gibt es keine Rednerprobleme mehr". (Devrient S. 164/165)
Ende 1932 entlässt Hitler Devrient. Jetzt ist er bereit, den Kampf um Deutschland aufzunehmen.
Der perfekte Rhetoriker Hitler ist geboren.

DER ANFANG VOM ENDE

An der Spitze der sterbenden Weimarer Republik bekämpfen sich bis zuletzt alle möglichen Parteien und Personen. Der konservativ-demokratische Kanzler Heinrich von Brüning (1885 – 1970) wird gestürzt durch

Franz von Papen (1879 – 1969), gegen den wiederum Kurt von Schleicher (1882 – 1934), ein Militär, der der SPD nahesteht, intrigiert.
Höchst bedeutsam ist mit einem Mal das Amt des Reichspräsidenten, der in chaotischen Zeiten besondere Vollmachten besitzt. Hindenburg, der Reichspräsident, gedenkt, seine Karten geschickt auszuspielen. Er kippt zunächst den „Hungerkanzler" Brüning, wie man ihn nennt, und gibt dem ehemaligen Kavallerieoffizier Franz von Papen die Zügel in die Hand, einem Aristokraten und Monarchisten im Herzen.
Aber selbst der findige und wendige Franz von Papen wird wenig später schon wieder ausgebootet und zwar von General Schleicher. Hindenburg lässt auch von Papen fallen wie eine heiße Kartoffel, weil er glaubt, General Schleicher könne das Feuer löschen. Franz von Papen, der so kaltblütig ausgepokert worden ist, schäumt. Rachsüchtig schließt er sich hinter dem Rücken Hindenburgs und Schleichers kurz mit Hitler.
„Am 4. Januar 1933 kam es ... zu einer Unterredung, als deren Ergebnis von Papen den Reichspräsidenten die Bereitschaft Hitlers wissen lässt, sich an der Bildung einer Koalitionsregierung zu beteiligen. Hitler ist auf Grund der alarmierenden Entwicklung seiner Partei – in der letzten Wahl hat er weniger Stimmen auf sich vereinigen können – zu einer biegsameren Taktik bereit. In den Januarwochen fungiert von Papen in Berlin als Mittelsmann zwischen Hindenburg und Hitler ... Schließlich ist Schleichers Stellung nicht mehr zu halten. Hindenburg versagt ihm die Vollmachten. Am 28. Januar 1933 tritt Schleicher zurück. Am 30. Januar ernennt Hindenburg Hitler zum Kanzler." [15]
Hitler befindet sich an der Macht. Die erbittertste Schlacht, die je in Deutschland um die Freiheit geführt worden ist, ist verloren.

7. DIE DIKTATUR DER NAZIS

Keine Zeit war für Deutschland und die Welt so verheerend wie die Periode, da die Nazis in Deutschland die Macht in der Hand hielten. Und kein Griffel kann wirklich die Gräuel beschreiben, die diese Bande von Polit-Verbrechern beging. Versuchen wir es trotzdem. Als Erstes etablierte Hitler die absolute Macht im Staat. Da seine NSDAP, die Nationalsozialistische Deutsche Arbeiterpartei, bei der letzten halbwegs freien Wahl nicht mehr genug Stimmen erhalten hatte, erließ er das sogenannte „Ermächtigungsgesetz".

Es „ermächtigte" ihn, auch Gesetze, die von der Verfassung abwichen, durchzudrücken – womit immerhin der Schein der Rechtmäßigkeit gewahrt blieb. Indem er die demokratischen Parteien mit Versprechungen köderte und gleichzeitig die kommunistischen Mandate einfach strich und unter den Tisch fallen ließ, erhielt er die erforderliche zwei Drittel-Mehrheit für dieses Gesetz.

Der nächste Schritt bestand darin, in allen deutschen Ländern die Polizei unter die Kontrolle der Nazis zu bringen. Jetzt wurde diese Gewalt in die Hände von SA-Schergen gelegt. Eine Art „politische Polizei" bildete die SS Heinrich Himmlers. Dadurch waren die Länder praktisch ihrer Eigenständigkeit beraubt.

Als überdies das „Gesetz zur Gleichschaltung der Länder" von Hitler im Reichstag durchgepaukt und anstelle der einzelnen Ministerpräsidenten „Reichsstatthalter" eingesetzt wurden – natürlich alle aus der nationalsozialistischen Riege – war der Coup perfekt. Nun existierte nur noch ein zentralistisches Staatsgebilde, sprich, alle Kräfte liefen auf einen einzigen Punkt zu: auf Adolf Hitler, den „Führer".

Um den Eindruck zu erwecken, dieses neue Staatsgebilde knüpfe an eine ruhmreiche Vergangenheit an, nannte Hitler dieses neue Deutschland das „Dritte Reich". Das Erste Reich war angeblich das „Heilige Römische Reich Deutscher Nation" (ca. 1400 bis 1806), das Zweite Reich das „Deutsche Kaiserreich" (1871 – 1918) mit Preußen an der Spitze, das Hitler-Reich war nun das „Dritte Reich". Wiederum der nächste Schritt bestand darin, einen Einparteienstaat aus der Taufe zu heben, der allein dem „Führer" verpflichtet war. Dem Verbot der KPD folgte ein Verbot der SPD.

Die übrigen Parteien lösten sich von selbst auf. Angst und Entsetzen mach-

te sich im politischen Raum breit, denn die Nazis fackelten nicht lange, wenn es galt, die Opposition auszuschalten: Der Mord geriet zur politischen Normalität. SPD-Politiker und Gewerkschaftler wurden in „Schutzhaft“ genommen, was im Klartext bedeutete, dass sie in Konzentrationslager auf Nimmerwiedersehen verschwanden.
Einzig Ernst Röhm, der Chef der SA, stand nun noch „neben“ Hitler, jedenfalls hielt er beträchtliche Macht in seiner Hand. Hitler ließ Röhm, ihm ergebene SA-Unterführer und andere politisch missliebige Gestalten deshalb über die Klinge springen und ermorden. Die Großlüge, die Denunzierung und die Verleumdung gehörten längst zu seinem Standard-Repertoire.
Am 2. August 1934 starb Hindenburg, das letzte Symbol der alten Republik. Hitler übernahm sofort das Amt des Reichspräsidenten. Als „Führer und Reichskanzler“ ließ Hitler daraufhin die Reichswehr auf seine Person vereidigen. Die gesamte militärische Macht lag nun ebenfalls in den Händen Adolf Hitlers. Fassen wir kurz zusammen: Hitler schaltete nacheinander aus:

- den Reichstag durch das „Ermächtigungsgesetz“,
- die Polizei,
- die Länderregierungen mit ihren verschiedenen Machtbefugnissen,
- alle Parteien, außer der NSDAP,
- Röhm, einen alten Weggefährten und
- die mögliche Gefahr, die von Seiten der Reichswehr drohte, indem er das Amt des Reichspräsidenten übernahm.

Macht etabliert sich bis heute durch Politiker in Spitzenpositionen, durch Parteien und die Polizei sowie durch die Geheimpolizei und das Militär.
Natürlich wurden die einzelnen Schritte dem Volk durch ein paar Public Relations-Statements schmackhaft gemacht. Nun befand sich diese gesamte Macht in den Händen eines einzigen Großverbrechers, wie ihn die Welt zuvor noch nie gesehen hatte.

DER FÜHRERSTAAT

Deutschland wurde nun völlig umgemodelt. Die politischen, polizeilichen, geheimdienstlichen und militärischen Voraussetzungen waren geschaffen. „Nationalsozialistisch“ wurden (1) die Jugendverbände, (2) die Studentenverbindungen, (3) die Gewerkschaften und (4) die Frauenverbände. Genauso erging es (5) der Presse, (6) den Künstlern, (7) den Wissenschaftlern, (8) den Bauern und (9) den Stadtverwaltungen – beziehungsweise den entsprechenden Verbänden dort.

(10) Die Kirchen suchten sich zunächst zu arrangieren und biederten sich an, nur einige wenige Priester leisteten Widerstand; im Allgemeinen vereinnahmten oder entmachteten die Nazis die beiden großen christlichen Konfessionen.

(11) Die Banken und die Wirtschaft wurden ebenfalls unter die Knute der Nazis gezwungen, aber viele Wirtschaftsführer und Großfinanziers suchten auch liebdienerisch, geschmeidig und biegsam die Kooperation mit den Nazis.

Da der Nationalsozialismus anfänglich einige Erfolge in puncto Arbeitslosigkeit aufzuweisen hatte, durch den Bau von Autobahnen, die Steigerung der Produktion in der Landwirtschaft, die Verwertung von Rohstoffen wie Kohle und Eisen und anderes mehr, blendete das viele. Die Wahrheit war: Im Laufe der Nazi-Herrschaft wurde die Wirtschaft rigoros in Richtung Krieg getrimmt.

Der nationalsozialistische Staat hielt nun alle Lebensbereiche, alle Berufe und alle Menschen unter Kontrolle. Natürlich gab es Widerstand: Vor allem Schriftsteller schrieben sich die Finger wund, aber es gab auch politisch und religiös motivierte Gesinnungstäter. Es gab studentische Widerstandsgruppen wie die „Weiße Rose“ und die Geschwister Sophie und Hans Scholl, es gab einige Professoren und Studenten, und es gab den Oberst Graf von Stauffenberg, der im Jahre 1944 ein Attentat auf Hitler ausübte. Aber alle Widerständler scheiterten.

Insgesamt verurteilten die Nazis während ihrer Herrschaft rund 13 000 Menschen wegen ihrer Opposition gegen das NS-Regime zum Tode. Im Grunde genommen wurde das gesamte deutsche Volk in dieser Periode nicht nur physisch kontrolliert, sondern auch mental – das Radio und der Film spielten dabei die herausragende Rolle. Das Schreckgespenst der totalen Kontrolle und der vollständigen Diktatur, wie sie nur im Zeitalter der Medien möglich ist, wurde Wirklichkeit.

Dazu gehörte auch die ständige, fast hypnotische Wiederholung einer völlig verrückten Rasse-Idee. Der Kampf gegen die Juden begann damit, dass zunächst jüdische Geschäfte boykottiert und verschiedene widerliche Hetzkampagnen gegen sie in Szene gesetzt wurden. Im Jahre 1935 folgte das „Reichsbürgergesetz“, das den Juden die deutsche

Staatsbürgerschaft aberkannte. Schließlich verbot das „Gesetz zum Schutze des deutschen Blutes und der deutschen Ehre“ die Ehe zwischen „reinrassigen“ Deutschen und Juden.
1938 wurden in Deutschland alle jüdischen Synagogen in Brand gesetzt und jüdische Friedhöfe verwüstet. Weiter zerstörten SA- und SS-Leute jüdische Geschäfte und Häuser und randalierten allenthalben. Rund 30 000 Juden wurden von der Geheimen Staatspolizei (Gestapo) verhaftet und in Konzentrationslager gesteckt.
Wieder, wie schon zuvor, folgte eine Auswanderungswelle der Juden. Aber die Schikanen gingen weiter. Die verbliebenen Juden wurden nun vor den Augen der Öffentlichkeit bestohlen, misshandelt und degradiert. Ab dem Jahre 1941 mussten sie auf der linken Brustseite einen gelben Judenstern tragen. Schließlich wurde das jüdische Volk systematisch vernichtet. [1]

MANIPULATIONS-METHODEN

Da Hitler nun immer weniger darauf achten musste, ungesetzliche Aktionen zu beschönigen, gingen er und seine Schergen mehr und mehr mit offener Gewalt vor.
Wer es wagte, seine Stimme gegen ihn zu erheben, verschwand einfach hinter Gittern oder verlor sein Leben.
Die Propaganda erreichte „Höhen“, wie sie nur in totalitären Staaten möglich ist und wie sie von George Orwell in seinem Roman *1984* so genau beschrieben wurde. Mittels Zeitung, Zeitschrift, Radio und Film konnte das deutsche Volk nun belogen und manipuliert werden, wie das nie zuvor in der Geschichte möglich gewesen war.
Erwähnen muss man noch einmal Leni Riefenstahl, die durch ihre eindrucksvollen, propagandistisch geschickt gestrickten Filme die Fantasie der Deutschen in die „richtige“ Richtung lenkte. Ein Manipulations-Instrument ohnegleichen war damit geboren.
Auch Leni Riefenstahl bietet eine Teilerklärung des Rätsels Adolf Hitler. Gehen wir in dieser Beziehung deshalb noch einmal in die Tiefe.

LENI RIEFENSTAHL, KÜNSTLERIN UND PROPAGANDISTIN

Leni Riefenstahl hatte, wie bereits angedeutet, bereits eine erstaunliche Karriere hinter sich – als Tänzerin und Schauspielerin – bevor sie sich auf das Feld des Films begab, wo sie als Regisseurin, Produzentin, Drehbuchautorin und Cutterin reüssierte. Schließlich stieg sie zu der Propagandistin Nummer eins der Nazis auf. Leni Riefenstahl verstand sich nicht mit Propagandaminister Goebbels, der ihr nie verzeihen konnte, dass sie ihm in sexueller Hinsicht eine Abfuhr erteilt hatte, aber sie verstand sich dafür umso besser mit Adolf Hitler. Mit der größten Selbstverständlichkeit bewegte sie sich in der ersten Nazi-Riege, so dass sie schon früh mit entsprechenden Propaganda-Aufträgen bedacht wurde. 1933 bis 1935 setzte sie gekonnt die Reichsparteitage der Nazis in Nürnberg ins bewegte Bild um. Von allen Seiten erntete sie rauschenden Applaus. Den Nazis war es damit gelungen, eine Künstlerin einzufangen, die in der Folge tapfer an ihrer Seite stritt.

1934 bannte Leni Riefenstahl auch den sechsten Reichsparteitag der NSDAP auf Zelluloid. Der Erfolg war diesmal geradezu umwerfend. Sie geriet zur „Reichsfilmregisseurin", während ihr schier unbegrenzte finanzielle Mittel zur Verfügung gestellt wurden und die besten Teams, die man sich wünschen konnte. Sechsunddreißig erfahrene Kameramänner standen ihr jetzt zur Verfügung. „Leni" experimentierte und entwickelte das Medium Film weiter, sie hob es auf neue, nie zuvor gesehene Höhen. Virtuos spielte sie mit Licht und Schatten und als Erste mit verschiedenen atmosphärischen Effekten. Erfolgreich experimentierte sie mit Farbfiltern, nahm Szenen aus verschiedenen Blickwinkeln auf und testete auch die mobile Aufnahme, mit Kameramännern, die auf Rollschuhen und aus fahrenden Autos filmten, so dass rasante Bilder entstanden. Der Fahnenstangen-Fahrstuhl und feste Schienen für Kameras sorgten für völlig neue Bilderlebnisse.

Hitler selbst wurde in Großaufnahmen idealisiert und überhöht dargestellt. Manchmal wurden eigene Gruben ausgehoben, so dass eine Figur von unten aufgenommen werden konnte, mit dem freien Himmel über ihr – was einer Person ein schier „überirdisches" Aussehen verlieh.

Abbildung 12: Adolf Hitler in einem Dokumentarfilm Riefenstahls. Titel: Der Triumph des Willens, 1935. Auffallend die gekonnte Beleuchtung von oben/links, aber auch von vorn/oben, sowie die beschwörende Pose Hitlers mit den Händen und der in den „Himmel" gerichtete Blick. Wir erkennen erneut Hitler, den Schauspieler, den Theatermann.

Leni operierte mit Schienenkameras und filmte aus Ballons und Flugzeugen. Viele Techniken, die noch heute benutzt werden, sind auf sie zurückzuführen.

Das ganze Film- und Fernsehgenre machte einen gewaltigen Sprung nach vorn.

Hinzu kam eine neue Schnitttechnik, denn die Riefenstahl betätigte sich auch erfindungsreich als Cutterin – sie liebte harte, kurze, manchmal kontrastreiche Schnitte. Ihre Propagandafilme gerieten zu Riesenerfolgen. Teilweise wurden sie in allen deutschen Kinos gezeigt, mit Rekordeinspielergebnissen, teilweise in allen deutschen Schulen.

Leni Riefenstahl war in ihrem Element. Sie drehte in der Folge auch Wehrmachtsfilme, in denen sie begeisterte Soldaten zeigte, und sie zeichnete die Olympischen Sommerspiele 1936 in Berlin in Ton und Bild auf, auf völlig neuartige, spannende Art und Weise.

1938, zu Hitlers 49. Geburtstag, wurde ihr Olympia-Film uraufgeführt. Nahezu die gesamte Filmwelt, selbst im Ausland, überschlug sich vor Begeisterung. Leni sorgte für eine französische, englische und italienische Version. Selbst das US-TIME-MAGAZIN sparte nicht mit Lob.

Aber die Judenverfolgungen in Deutschland und der Überfall Hitlers auf Polen beschädigten schon bald ihr Image, zumal Hitler anordnete, dass der „Sonderfilmtrupp Riefenstahl" auch seinen Einmarsch in Polen per bewegtem Bild verklären sollte.
„Leni" gehorchte. Wenig später schrieb sie Adolf Hitler einen glühenden Bewunderungsbrief, als er 1940 in Frankreich einmarschierte.
Und so hatte das deutsche Volk diesem Propaganda-Bombardement schließlich praktisch nichts mehr entgegenzusetzen. Nie wurde ein Volk mit einer so vollkommenen, gekonnten Ästhetik so schamlos manipuliert.

DAS ENDE

Im Jahre 1945, als das *Dritte Reich* zusammenbricht, wird „die Riefenstahl" verhaftet. Schon bald jedoch entlässt man sie. 1947 weist sie die französische Besatzungsmacht aufgrund von Depressionen in eine psychiatrische Anstalt ein. Hier verpasst man ihr Elektroschocks, um ihr zu „helfen". Die Schocks sind furchtbar.
Sie entkommt den Psychiatern, aber 1948 – 1952 wird sie „entnazifiziert" und muss sich vor den Besatzern rechtfertigen. Man stuft sie als *Mitläuferin* ein und schont ihren hübschen Hals.
Aber im Nachkriegsdeutschland wird sie nun von allen Seiten angegriffen, man zerreißt sie förmlich in der Luft. Hat sie nicht den Nazis den Steigbügel gehalten? War sie nicht eine Freundin Adolf Hitlers?
Leni verteidigt sich. Sie habe von all den Verbrechen der Nazis nichts gewusst, behauptet sie. Zwischen ihr und Hitler sei es außerdem nie zu Intimitäten gekommen. Immerhin gibt sie zu, dass sie „der Persönlichkeit Hitlers verfallen" war und dass sie „das Dämonische in ihm" nicht erkannt habe. [2]
„Sie war ein künstlerisches Genie und ein politischer Trottel", urteilt später ein Beobachter über sie. [3]
Leni Riefenstahl versucht trotz aller Kritiken, in künstlerischer Hinsicht wieder auf die Beine zu kommen. Aber sie findet keine Sponsoren mehr für ihre Projekte. Sie engagiert sich aktiv bei Greenpeace, vielleicht um ein öffentliches Zeichen zu setzen. Noch einmal macht sie als Unterwasserfotografin von sich reden, außerdem realisiert sie einige Bildbände.

Zu ihren Verehrern zählen bis heute George Lucas („Krieg der Sterne") und Quentin Tarantino („Kill Bill").
Aber sie wird den Ruf, für eine faschistische Ästhetik gesorgt zu haben, nicht mehr los. Und so viel ist wahr: Sie ließ zu, dass ihre Kunst zu Propagandazwecken missbraucht wurde. Auch die Verehrung, die ihr von Mick Jagger, Andy Warhol, Jodie Foster, Madonna und Siegfried & Roy entgegengebracht wird, ändert daran nichts. Es gibt für sie keine künstlerische Rehabilitierung. Sie bleibt eine tragische Figur, vielleicht eine große Künstlerin, die ihr Supertalent jedoch Unterdrückern und Massenmördern zur Verfügung stellte, wodurch sie zu deren „Erfolg" beitrug. Das gesamte deutsche Volk wurde durch sie in die Irre geführt und verblendet. Kein Bewunderer und kein Fotograf können diesen Makel aus ihrer Biographie wegretuschieren.
Über all diesen Ereignissen wird sie hundert Jahre alt.
Im Jahre 2003 geht sie den Weg alles Irdischen. Das Licht der Welt verlöscht, das sie so lange dirigiert, kontrolliert und manipuliert hat.

8. HITLER UND DER ZWEITE WELTKRIEG

Wir brauchen an dieser Stelle die einzelnen Stationen des Zweiten Weltkrieges nicht nachzuerzählen. Nur so viel. Was viele Beobachter vollkommen erstaunte, ja was selbst viele (Militär-)Historiker bis heute kaum verstehen, war der Umstand, dass Hitler mit seinem „Blitzkrieg", wie er genannt wurde, anfänglich erstaunliche „Erfolge" verbuchen konnte. Tatsächlich gibt es auch in dieser Beziehung ein Geheimnis, das selten gelüftet wird. Aber definieren wir zunächst den Begriff selbst.

DER BLITZKRIEG

Im Allgemeinen spricht man von einem Blitzkrieg, wenn ein Heer in höchster Geschwindigkeit operiert, so dass beispielsweise ein *Stellungskrieg* vermieden wird, wie er im Ersten Weltkrieg gegeben war: Damals verschanzten sich (im Westen) zuletzt die (deutschen) Heere und die (französischen) Heere in Gräben und schlachteten sich wechselseitig ab, während sich nichts bewegte, was den Bodengewinn anging. Keine Seite errang einen Sieg. Es waren lediglich gigantische Materialschlachten.

Im *Blitzkrieg* versucht man dagegen beispielsweise, mit einer solchen Geschwindigkeit die Position des gegnerischen Heeres von verschiedenen Seiten zu umgehen und einzukreisen, dass es rasch niedergerungen werden kann. Oder man operiert so schnell, dass sich der Feind nicht einmal organisieren und zu einer Verteidigung aufraffen kann. Man könnte von einem strategischen und taktischen Standpunkt noch sehr viel mehr hinzufügen, wie dass eine hohe Motorisierung (Panzer) zu Lande und zu Luft (Flugzeuge) den Blitzkrieg in vielen Fällen erst ermöglichen, dass viele Kommandeure im Blitzkrieg relativ eigenständig handeln dürfen und vieles mehr; auch die Überlegenheit und höhere Reichweite bestimmter Waffengattungen sind manchmal kriegsentscheidend. Grundsätzlich spielen jedoch stets die Überraschung und die Geschwindigkeit eine herausragende Rolle.

Im Rahmen eines Blitzkrieges schlägt man fast überfallartig zu, bei rücksichtslosem Einsatz aller Mittel, so dass die Bevölkerung und/oder

die gegnerischen Soldaten in Panik und Schrecken versetzt und vollständig demoralisiert werden.[1]
Der Ausdruck „Blitzkrieg“ wurde jedoch früh zum propagandistischen Schlagwort umfunktioniert, um die Überlegenheit des eigenen Heeres und seiner Führer zu besingen.

DIE BLITZKRIEGE HITLERS

Im Zweiten Weltkrieg spielen *Blitzkriege* eine besondere Rolle. Und so viel ist wahr:

- 1939 überfällt Hitler Polen. In unglaublich kurzer Zeit werden riesige Landmassen besetzt und gewonnen. Nach nur 37 Tagen befindet sich Polen in der Gewalt der Nazis. Es gibt nur 11 000 Tote auf Seiten Deutschlands, dagegen 70 000 Tote auf Seiten Polens. Die Propagandisten Hitlers sprechen von einem „Spaziergang“ und jubeln.
- 1940 werden Dänemark und Norwegen von den deutschen Truppen besetzt und quasi im Handstreich genommen.
- Noch im gleichen Jahr sind Belgien, die Niederlande, Luxemburg und Frankreich an der Reihe.

Luxemburg fällt am ersten Tag. Fallschirmjäger landen hinter den feindlichen Linien und besetzen blitzschnell wichtige Brücken und Festungen. Nur wenig später ergeben sich Belgien und die Niederlande. Und selbst das einst übermächtige Frankreich wird in einer unglaublichen Geschwindigkeit von den deutschen Truppen niedergerungen.
Dabei verfügen die Franzosen (im Verbund mit den Briten, die ihnen zur Seite stehen) über mehr Artillerie, Panzer und Soldaten als die Deutschen. Aber sie werden in dem *Blitzkrieg* Hitlers besiegt. Die Dauer: nur 42 Tage. Die Deutschen verlieren dabei 30 000, die Franzosen 90 000 Soldaten.
Schier in allen militärischen Hauptquartieren der Welt fällt man aus allen Wolken. Wie war, wie ist das möglich? Wie lassen sich die schnellen Siege Hitlers erklären?
Der Sieg über Frankreich gestaltet sich zu einem ungeheuren Triumphzug Hitlers.
Sofort schlachtet er die Niederlage des Feindes propagandistisch aus – in Ton und Bild. Wieder begegnen wir dem Theatermann, dem Schauspieler Hitler.

Er lässt sich mit Siegermiene vor dem Eiffelturm, dem Symbol der Hauptstadt Paris, pressewirksam ablichten. Die Bilder umrunden die Welt. Die „Niederlage des Ersten Weltkriegs ist ausgewetzt“, verkünden seine Trommler.

Weiter lässt sich Hitler von seinem Haus- und Hoffotografen Heinrich Hoffmann, dem wir bereits begegnet sind, vor dem Sarkophag Napoleons ablichten, der im Invalidendom zu Paris beigesetzt ist. Hoffmann beschreibt den Augenblick so: „Stumm und andächtig steht er vor dem Sarkophag Napoleons. Was geht in ihm vor? Zieht er Parallelen zwischen sich und dem Mann, der Europa beherrscht hat? Als sich Hitler endlich aus der Verzauberung löst, sagt er tief ergriffen: `Das ist der größte und schönste Augenblick meines Lebens!`“ [2]

In Deutschland tobt man vor Begeisterung. Die Deutschen sind also den Franzosen doch überlegen, ja unendlich überlegen.

Nie ist Hitler populärer im eigenen Land. Überall jubelt man ihm zu. Man nennt ihn den „Größten Feldherrn aller Zeiten“. Jetzt liegen die Franzosen auf den Knien und betteln um Frieden. Die „Fesseln von Versailles“ sind gesprengt. Die Propaganda überschlägt sich.

Spätere Analysen redeten sehr gescheit von den intensiven Rüstungsprogrammen der Deutschen, der Wehrpflicht im Deutschen Reich, der schlagkräftigen Luftwaffe Görings und dem geschickten Einsatz der Funktechnik.

Und doch, und doch … erklärt auch all das nicht den überwältigenden, schnellen Sieg Hitlers.

Die Frage, die lange nie beantwortet wurde, lautet: Was steckt hinter diesem Blitzkrieg? Wodurch wurde er ermöglicht?

Dabei scheint Hitler gerade erst Luft geholt zu haben. Es geht weiter, immer weiter.

- 1941 sind Jugoslawien und Griechenland an der Reihe. Jedes Mal wird blitzschnell und überraschend angegriffen. Oft werden im Vorfeld Geheimdienstler eingeschleust, die den deutschen Heeren verraten, welche wichtigen Stellungen, Festungen und Brücken zuerst eingenommen werden müssen. Die deutsche Luftwaffe arbeitet perfekt mit den Panzern zusammen. Der „Feind“ wird geschickt und in rasender Geschwindigkeit eingekesselt, so dass er sich nicht mehr zur Wehr setzen kann. Griechenland und Jugoslawien kapitulieren rasch.

Die Propaganda in Deutschland schlägt noch wildere Purzelbäume,

wenn das überhaupt möglich ist. Deutschland scheint unbesiegbar zu sein. Deutschland ist jetzt die stärkste Kontinentalmacht in Europa. Den deutschen Heeren kann scheinbar nichts entgegengesetzt werden.
Hitler wird in Deutschland verklärt.
Leni Riefenstahl stellt die entsprechenden Filme zur Verfügung. Überall sieht man nur lachende Gesichter in Deutschland. Der Führer, der Führer!
Und wieder fragen sich die gescheitesten militärischen Gehirne, was hinter all diesen „Blitzkriegen" steckt?
Nun, es gibt tatsächlich ein gut gehütetes Geheimnis.
Aber verfolgen wir zunächst den weiteren Kriegsverlauf im Schnelldurchgang weiter.

DIE ROLLE ENGLANDS UND DER SOWJETUNION

Nach seinem erfolgreichen Überfall auf Frankreich versucht Hitler rasch, sich mit Winston Churchill, dem englischen Premierminister, zu arrangieren. Er bietet ihm Frieden an. Aber Churchill schiebt seine dicke Zigarre lässig vom rechten in den linken Mundwinkel und sagt: „No!"
Im Taumel seiner Siege befiehlt Hitler, England anzugreifen. Die deutsche Luftwaffe soll als Erstes Flugplätze, Flugzeugfabriken, Häfen und wichtige Verkehrsknotenpunkte auf der britischen Insel vernichten. Dazu ist es nötig, im Vorfeld die englische Luftwaffe auszuschalten. In der Folge tobt ein erbitterter Krieg in den Lüften. Aber die englischen Flugzeuge erweisen sich den deutschen als überlegen – der Großangriff scheitert.
Hitler bekommt einen seiner berühmten Wutanfälle. Das erste Mal zeigt ihm eine Nation die Zähne. In maßloser Selbstüberschätzung beschließt Hitler, die Sowjetunion anzugreifen, ein Projekt, das er „Unternehmen Barbarossa" tauft, obwohl ein Nichtangriffspakt mit Stalin besteht. Im Jahre 1941 marschieren auf einmal mehr als drei Millionen deutsche Soldaten über die Grenze nach Russland. Alles deutete erneut auf einen schnellen, überraschenden Sieg hin, einen Blitzkrieg.
Stalin fällt aus allen Wolken.
Kiew wird erobert und Leningrad eingeschlossen. Plötzlich stehen die

Deutschen sogar vor den Toren Moskaus. Stalin reißt sich zusammen und mobilisiert alle Kräfte. Immer wieder stampft er quasi aus dem Nichts eine russische Armee nach der anderen aus dem Boden. Da kommt ihm zusätzlich der entsetzliche russische Winter zu Hilfe. Hitlers Angriff verläuft im Sand.

ANDERE KRIEGSSCHAUPLÄTZE

Längst hat sich der europäische Krieg inzwischen zu einem Weltkrieg ausgeweitet. Hitler versucht, England auch an anderen Stellen empfindlich zu treffen, denn die Briten befinden sich mit ihren Flottenstützpunkten scheinbar überall. Weiter kämpft Mussolini inzwischen sogar auf nordafrikanischem Boden.

Die Engländer treiben die Italiener jedoch zurück, so dass Mussolini Hitler um Hilfe bittet. Hitler schickt ihm im Jahre 1941 einen genialen Strategen: General Rommel, der ein Afrikakorps aufstellt und die Engländer zunächst das Fürchten lehrt, ohne dass jedoch eine endgültige Entscheidung in dieser Region herbeigeführt werden kann. Die Engländer sind darüber hinaus auch in Persien, im Irak und Syrien etwa präsent, wo ihnen Hitler ebenfalls seine Truppen entgegenwirft.

Aber die alles entscheidende Front existiert in Russland, das inzwischen einen Pakt mit den Briten abgeschlossen hat und mit englischen Waffen beliefert wird. England seinerseits weiß die USA auf seiner Seite. Das Schicksal der Welt steht auf Messers Schneide.

STALINGRAD

Hitler setzt nun noch einmal alles auf eine Karte. Im Sommer 1942 befiehlt er, Stalingrad einzunehmen. Tatsächlich gelingt es einer deutschen Armee, bis nach Stalingrad vorzudringen und sogar in der zäh und erbittert verteidigten Stadt Fuß zu fassen. Ende Oktober befinden sich zwei Drittel Stalingrads in deutscher Hand. Da bricht erneut der russische Winter herein. Und wieder hängt alles in der Schwebe.

DER KRIEGSEINTRITT DER USA UND JAPANS

Der europäische Krieg artet auch deshalb zu einem Weltkrieg aus, weil Japan durch seine Expansionsgelüste im Fernen Osten die USA auf den Plan gerufen hat. Japan versucht, sich weite Teile Chinas (und andere Staaten) unter den Nagel zu reißen, was auf wenig Gegenliebe seitens der Vereinigten Staaten stößt. Als die USA die Japaner zurückpfeifen wollen, antworteten diese mit einem Bombenangriff auf die US-Pazifikflotte in Pearl Harbor.

Pearl Harbour ist ein wichtiger Hafen und Stützpunkt der US-Marine und der US-Luftwaffe auf Hawaii. Die Stimmung in den USA schlägt darauf radikal um, sprich, die amerikanische Bevölkerung, die sich bislang weitgehend aus dem europäischen Krieg herausgehalten hat, signalisierte ihre Bereitschaft, in eben diesen Krieg einzutreten. Hitler, der bislang vermieden hat, gegen die übermächtige USA mobil zu machen, erklärt daraufhin zusammen mit Italien frech und in erneuter Selbstüberschätzung den Vereinigten Staaten den Krieg. Die Japaner jubeln – und gewinnen zunächst wider Erwarten einige wichtige, aufsehenerregende Schlachten. Der Krieg tobt nun an allen Fronten, zu Lande, zu Wasser und in der Luft.

NOCH EINMAL: STALINGRAD

Die Wende kommt in Stalingrad. Hier kapituliert die deutsche Armee schließlich im Jahre 1942 im Angesicht der sowjetischen Übermacht, die scheinbar unendliche Ressourcen an Menschen und Material in den Krieg werfen kann. Hitler beginnt, das erste Mal an sich selbst zu zweifeln und lässt häufiger seinen Leibarzt zu sich rufen; seine aufgesetzte Selbstsicherheit fängt an zu zerbröseln. Die schlechten Nachrichten fallen nun wie Bomben über ihn her:

- Die Japaner erleiden entscheidende Niederlagen.
- In Afrika gelingt es den Engländern unter General Montgomery, die Deutschen und die Italiener zum Rückzug zu zwingen.
- In Deutschland selbst werden nun deutsche Städte von englischen Flugzeugen bombardiert – der Krieg wird in das eigene Land hineingetragen, was die Bevölkerung in Angst und Schrecken versetzt.
- Weiter sind die Amerikaner überall auf dem Vormarsch, sie fassen auf dem europäischen Kontinent Fuß.

- Im U-Boot-Krieg und im Luftkrieg zeigt sich eine deutliche Wende zu Ungunsten Deutschlands ab. Hitler reagiert wie ein Geisteskranker: Er entlässt nun in rascher Folge verschiedene deutsche Heerführer und maßt sich selbst die Rolle des quasi unbesiegbaren, hyperintelligenten Feldherrn an. Aber nur ein Wahnsinniger kann versuchen, praktisch gegen die ganze Welt Krieg zu führen.

Freunde wie Feinde fragen sich überrascht: Was passiert gerade mit Hitler? Wie zu erwarten häufen sich die schlechten Nachrichten in der Folge:

- Gegen viele deutsche Städte fliegen nun (1943) auch Amerikaner Großangriffe.
- Rommel muss immer weiter aus Afrika zurückweichen.
- In Stalingrad kapituliert die eingeschlossene deutsche Armee.
- Die Briten und Amerikaner landen auf Sizilien und beginnen, gegen Deutschland zu Lande vorzurücken.
- Italien läuft zum „Feind" über, das faschistische Regime unter Mussolini bricht zusammen.
- Die Amerikaner und Engländer landen in Frankreich und marschieren von dort aus gegen Deutschland.
- Die Russen setzen zum Angriff gegen Finnland an. [3]

Die Schlinge zieht sich um Deutschland mit anderen Worten mehr und mehr zu. Noch immer schreien jedoch Hitler und sein Propagandaminister Dr. Joseph Goebbels ihre Parolen in die Mikrofone und hetzen die Deutschen zum äußersten Widerstand auf. Sechszehnjährige werden eingezogen und die „Hitlerjugend", halbe Kinder, mobilisiert, um die „Heimat" zu verteidigen. Aber vom Westen her rücken nun unnachgiebig die Engländer, die Franzosen und die Amerikaner vor, im Osten die Russen.

Brücken in Deutschland werden jetzt von Deutschen selbst gesprengt, um den Vormarsch der feindlichen Armeen aufzuhalten, überall soll dem Gegner nur „verbrannte Erde" bleiben. Aber der Vorstoß, bis in das Herz Deutschlands, ist nicht aufzuhalten. An allen Fronten fielen nun ehemalige Verbündete von Deutschland ab.

Ein letztes Mal versucht Hitler herrisch, den Vorstoß der Feinde aufzuhalten, im Westen wie im Osten. Etwas stimmt nicht mit ihm. Aber was? Die schiere Anzahl der Angreifer ist zu hoch. Dresden und andere Städte verwandeln sich in ein Flammenmeer, Wien und die süddeutschen Länder fallen in Feindes Hand. Um Berlin, wo sich Hitler verschanzt hält,

schließen die Russen einen engen Ring. Hitler, schon halb im Wahn befangen, befiehlt dennoch weiterzukämpfen.
Hitler reagiert völlig irrational.
Haus um Haus, Straße um Straße werden nun in Berlin heiß umkämpft. Hitler selbst verkriecht sich immer tiefer in seinem Bunker. Endlich, eine Minute vor Zwölf, fragt sich der größte Feldherr aller Zeiten irritiert nach dem Grund für die Niederlage. Schließlich findet er ihn: Schuld ist das deutsche Volk, das in rassischer Hinsicht offenbar doch unterlegen ist und die Niederlage verdient hat!
Während in Berlin um seinen Bunker herum die Bomben einschlagen und die Maschinengewehre knattern, lässt sich Hitler trauen. Danach ernennt er zu seinem Nachfolger als Reichspräsidenten Großadmiral Dönitz, zu seinem Nachfolger als Reichskanzler Propagandaminister Goebbels. Daraufhin tötet er seine Frau und sich selbst. Aber auch Goebbels zieht sich rasch aus der Affäre und nimmt sich das Leben.
Holen wir nun tief Luft und fragen wir noch einmal: WIE ist das alles zu erklären?
Die „Blitzkriege"? Die unglaublichen militärischen Erfolge anfangs? Und das wahnsinnige Verhalten Hitlers am Schluss?

HITLERS GEHEIMNIS

All diese Fragen sind sehr leicht zu beantworten, wenn man Hitlers größtes Geheimnis kennt, das erneut etwas mit Ärzten, der pharmazeutischen Industrie und mit Psychiatern zu tun hat.
Man erlaube uns eine Wiederholung: Die „Supersoldaten" Hitlers bewegten sich 1940, im Rahmen der verschiedenen „Blitzkriege", mit ungeheurer Geschwindigkeit – als etwa Luxemburg, die Niederlande, Belgien und Frankreich eingenommen wurden. Sie bewegten sich tatsächlich so rasch, dass der „Feind" kaum seinen Augen trauen konnte. Die Bodentruppen legten ohne die geringsten Schwierigkeiten hundert Meilen am Tag zurück; scheinbar kamen sie ohne Schlaf aus. Die deutschen Piloten konnten ebenfalls offenbar ohne Erholungspause operieren und waren tagelang im Einsatz. Die Deutschen brauchten gerade einmal einen Monat – und schon standen sie vor Paris.
Wie konnte man dieses „Wunder" verstehen?

In Deutschland wurde es natürlich mit dem „arischen Mythos“ erklärt. Offenbar waren die Deutschen, die von den Ariern abstammten, anderen Rassen weit überlegen. Nur deshalb konnten sie so rasch vorrücken und alle anderen Nationen im Handumdrehen besiegen.
Aber was ist die Wahrheit? Nun, die furchtbare Wahrheit ist, dass die deutschen Soldaten vollgestopft waren mit Drogen. [4]
Das war das schmutzige Geheimnis.
Relativ spät erkannten die Briten, was tatsächlich passiert war. Sie kamen der Wahrheit auf die Spur, als eines Tages ein deutsches Flugzeug in England abstürzte. Sie entdecken in dem „Survival Pack“ des Piloten, der den Absturz nicht überlebte, gleich mehrere Drogen, unter anderem auch ein geheimnisvolles Tablettenröhrchen namens PERVITIN. Sofort wurde es in die Labors der Briten geschafft und genau analysiert. Die britischen Chemiker entdeckten, dass es sich
um eine synthetische Droge handelte, die in einem Kriegslaboratorium der Nazis entwickelt worden war. Sie entdeckten ... *Crystal Meth.*

CRYSTAL METH

Crystal Meth, kurz *Crystal* genannt oder *Meth,* manchmal heute auch einfach *Speed* oder *Ice,* die Langform lautet *Crystal Metamphetamin,* ist eine Art Motivations-Droge. Die Leistung erhöht sich nach der Einnahme ungeheuerlich. *Crystal* gehört zu der Gruppe der Metamphetamine, die der Substanzklasse der Amphetamine zugeordnet ist, zu der auch *Ecstasy* etwa zählt. Sie führt zu einer starken Ausschüttung von *Dopamin* im Gehirn, was bekanntlich die Motivation und das „Glücksgefühl“ erhöht. *Crystal* erreicht diesen Zustand so schnell und so intensiv wie kaum eine andere Droge. Der biochemische Stoff verursacht, dass eine Person tagelang wach bleiben kann. Sie spürt keinen Hunger, sondern ist einfach nur blendend gelaunt und voller Elan. Die Illusion ergreift von ihr Besitz, dass ihr alles gelingen könne. Das Glücksgefühl verführt zu Hyperaktivität und gaukelt unbändige Energie vor. Auf die Dauer macht *Crystal Meth* jedoch schnell süchtig. In dieser Beziehung kann die Droge durchaus mit Kokain verglichen werden.
Heute ist Crystal Meth als Disco-Droge bekannt, bei wilden Partys wird sie eingeworfen. Das Gift stimuliert anfänglich, bevor es den Körper zer-

stört. In der Folge treten Gedächtnisverlust auf, Psychosen und Neurosen, manchmal Herz- und Hirnschäden. Mitunter wird eine Person schon nach nur einmaligem Gebrauch abhängig.[5]

CRYSTAL METH UND DIE NAZIS

Die „Blitzkriege“ der Nazis wurden genau mit dieser Droge geführt. Millionen von deutschen Soldaten wurden mit *Crystal* versorgt. Die Soldaten selbst nahmen an, dass es sich um eine harmlose Pille handelte, vergleichbar vielleicht einem Bonbon mit besonderen Wirkstoffen. Jedenfalls blieben sie tagelang wach. Sie brauchten nicht zu schlafen und stürzten sich euphorisch in diesen Krieg. Natürlich waren sie „schneller“ als ihre Gegner, denn sie brauchten sich ja nicht zu erholen. Sie waren topfit. Sie konnten länger schießen, stürmen, rennen und laufen, denn die Droge gaukelte ihnen vor, dass sie über eine unvorstellbare Energie verfügten und ihnen „einfach alles gelang“.

Die Soldaten warfen die Meth-Droge mitunter täglich ein. Die psychoaktive Pille wirkte sofort.

Die Pharma-Firma Temmler brachte die Pervitin-Pille auf den Markt und pries sie als Medikament für alle möglichen Probleme an. Man bleibe länger munter und wach, man fühle sich voller Euphorie und selbstsicher – versprach Temmler.

Der Chemiker Fritz Hauschild erfand das „Wundermittel“ Ende der 1930er Jahre – pünktlich zum Beginn des Zweiten Weltkrieges. Big Pharma verdiente Unsummen mit diesem Produkt, denn PERVITIN wurde gegen Stress eingesetzt und aggressiv vermarktet, auch an Hausfrauen und Manager. Es eignete sich angeblich ferner für Studenten im Prüfungsstress, aber besonders … für Soldaten an der Front. Offenbar war es die ideale Kriegsdroge, denn sie brachte euphorische Killer hervor. In jedem Tornister eines jeden Soldaten fand sich dieses Pervitin, einige nannten die Droge miniaturisierend *Panzerschokolade*. Andere Spitznamen lauteten: *Stuka-Tabletten, Hermann-Göring-Pillen* oder *Fliegermarzipan.*

Die Nebenwirkungen später waren jedoch wie schon ausgeführt verheerend: Schwindel, Halluzinationen, Depressionen und Angstzustände folgten, speziell wenn man nicht weiter Pervitin einwarf.

Das hohe Suchtpotential von Pervitin wurde relativ früh erkannt. Der

Reichsgesundheitsminister Leonardo Conti wirkte darauf hin, dass man es nach einiger Zeit nur noch über ein Rezept beziehen konnte. Diese Regelung galt jedoch nicht für die Soldaten. Im Heer und in der Luftwaffe, in der Marine und bei allen Armee-Verbänden wurde Pervitin weiter wie ein harmloses Bonbon eingeworfen. Die „Nebenwirkungen" interessierten die Nazi-Banditen nicht, schließlich ging es um den „Endsieg".
Da Pervitin sogar zeitweise den Schmerz unterdrückte, war es die ideale Soldaten-Droge. Und so gewannen die Deutschen eine Schlacht nach der anderen, denn sie waren schnell, schmerzunempfindlich, blieben tagelang wach, waren bester Laune und hielten sich für unbesiegbar.
Offiziere und Soldaten jeden Ranges schluckten Pervitin. In der Folge waren sie stets hellwach und einsatzbereit. Sie vollbrachten „Wundertaten". Oft verwandelten sie sich in völlig emotionslose Killer, die ohne jedes Mitgefühl den Feind abschlachteten.
Die entsetzlichen Nebenwirkungen traten oft erst nach Wochen ein. Dann waren die gleichen Soldaten seltsam energielos. Einige wurden von Angstzuständen geplagt, wie schon beschrieben. Also musste erneut Pervitin eingeworfen werden.
Riesige Mengen der populären Droge wurden hergestellt.
Wenn Mangel aufkam, baten Soldaten auch schon einmal in Briefen ihre Eltern, Ehepartner oder Freunde, ihnen doch ein paar Röhrchen Pervitin zu schicken.
Und so haben wir ein hoch wichtiges „Geheimnis" des Zweiten Weltkriegs endgültig entschlüsselt. Es handelte sich um einen Krieg, der von Hitler anfänglich nur aufgrund von *Crystal Meth* gewonnen wurde.
Was aber geschah mit Hitler selbst?

ADOLF HITLERS GEHEIMES DROGEN-LEBEN

Göring, der zweite Mann der Hitler-Riege, war zweifelsfrei drogensüchtig; er war ein Morphin-Junkie.
Weniger bekannt ist, dass auch Hitler drogenabhängig war. Der „Führer" litt häufig unter Depressionen. Heute benutzt man gern den Ausdruck *manisch-depressiv.* Das heißt, an einem Tag erschien Hitler energisch, selbstsicher und bester Laune, am nächsten Tag stürzte er emotionsmäßig in tiefste Tiefen. Hitler fuhr „Achterbahn".

Um diesem Umstand abzuhelfen, bestellte Hitler einen gewissen Dr. Theo Morell zu seinem persönlichen Leibarzt.[6]
Dr. Morell (1886 – 1948) war selbst eine reichlich quecksilbrige Figur. Nach 1918 eröffnete er eine Praxis in Berlin und spezialisierte sich auf Urologie und Elektrotherapie. Aus der Elektrotherapie entwickelte sich später die Elektroschock-Therapie, die (erfolglos) eingesetzt wurde, um Menschen zu heilen, ja, die darüber hinaus Psychiater in verbrecherischer Weise benutzten. Ohne Übertreibung kann man Dr. Theo Morell deshalb selbst als eine Art Psychiater bezeichnen, zumal er sich intensiv um den „Gemütszustand" des Führers kümmerte.
1933 trat Morell der NSDAP bei. Seine Praxis in Berlin entwickelte er zielstrebig zu einer „Prominentenpraxis", denn die gutbetuchte Klientel konnte besser gemolken werden als der einfache Bürger. Künstler und Politiker tummelten sich schließlich in seiner Praxis, so unter anderem auch Heinrich Hoffmann, der persönliche Fotograf Hitlers, dem wir bereits begegneten, und dessen Geschlechtskrankheit er behandelte. Hoffmann wiederum machte Hitler mit Morell bekannt, der ihn später in seinen schriftlichen Unterlagen nur als „Patient A" bezeichnete.
Morell behandelte Hitler mit Barbituraten (Beruhigungsmittel, Schlafmittel) und mit … *Metamphetaminen.*
Und so wirkte auch Hitler öfters euphorisch und von einem „eisernen Durchhaltewillen" beseelt. Scheinbar war seine Siegesgewissheit durch nichts zu erschüttern. Wenn er abstürzte und in tiefste Depressionen versank, holte ihn der „Reichsspritzenmeister" wieder in die Höhen der schönsten Emotionen.
Morell spritzte Hitler die Droge von 1936 bis 1945 – man muss sich eine so lange Zeit vor Augen halten! Spätestens ab 1940 war Hitler ständig „high". Es ist nicht nur nicht auszuschließen, sondern darf mit hoher Wahrscheinlichkeit angenommen werden, dass ein *Drogensüchtiger* den gesamten Planeten Erde in den Zweiten Weltkrieg stürzte.
Der törichte Krieg gegen die Sowjetunion im Jahre 1941 – den jeder Stratege verdammte, weil ein Zweifrontenkrieg unter militärischen Gesichtspunkten der reine Wahnsinn war – war möglicherweise ebenfalls auf diesen Arzt und Seelenklempner zurückzuführen, auf Dr. Theo Morell. Der Führer fühlte sich „unbesiegbar", nicht anders als seine gedopten Soldaten, als er das „Unternehmen Barbarossa" anbefahl, wie der Deckname für den Überfall der Nazis auf die Sowjetunion hieß.

Niemand anders als Morell ist jedenfalls dafür verantwortlich, dass Hitler zu einem Süchtigen geriet. Hitler wurde abhängig von *Crystal Meth* (oder sogar von verschiedenen Drogen) – und er wurde abhängig von Dr. Morell.

Morell selbst versuchte sich rasch den Beutel zu füllen. Er kaufte Fabriken auf, entwickelte dort verschiedene Hormonpräparate sowie ein „Läusepulver", um dem durch Läuse übertragenen Fleckfieber unter den Soldaten beizukommen. Er versuchte mit anderen Worten, ganz groß in das Big Pharma-Geschäft einzusteigen.

Sein unmittelbarer Draht zu Hitler verschaffte ihm die entsprechenden Aufträge und satte Einkünfte. Morell selbst starb 1947, noch bevor er zur Rechenschaft gezogen werden konnte.

Auch Hitlers Krieg gegen die Sowjetunion muss also eine völlig neue Deutung erfahren. Die deutschen Soldaten dort waren zunächst ebenfalls „hochmotiviert" und „euphorisch", sie überwanden anfänglich in Blitzgeschwindigkeit ihre Feinde. *Crystal Meth* spielte die Rolle eines teuflischen Generals. Die Droge peitschte jeden deutschen Soldaten voran und ließ ihn zu einem hocheffizienten, kaltblütigen Killer mutieren. Aber als Stalin aufwachte und zurückschlug, und als die Briten begannen, Stalin zu unterstützen, geriet der deutsche Vormarsch ins Stocken, selbst Crystal *Meth* konnte nun nichts mehr ausrichten.

Die furchtbare Kälte Russlands zwang die Deutschen zum Rückzug. Zunächst empfanden sie kaum Schmerzen, auch die Kälte machte ihnen scheinbar nichts aus, denn Crystal dämpft oder absorbiert selbst die Empfindung der Kälte, jedenfalls wenn man eine Überdosis nimmt. Aber als der Drogen-Nachschub ausblieb, erkannten viele Soldaten entsetzt, dass ihnen einige Zehen (und manchmal mehr) abgefroren waren.

Zu Beginn überrannten die deutschen Soldaten halb Russland, der Sieg war zum Greifen nahe. Aber auf dem Rückzug brachen viele Soldaten zusammen. Sie litten unter Halluzinationen, Paranoia und Psychosen. Manchmal attackierten sie Feinde, die nicht vorhanden waren. [7]

Als die Engländer bemerkten, dass eine Droge für den Erfolg der Deutschen verantwortlich war, begannen sie selbst entsprechende Experimente anzustellen. Auch sie suchten nach einer „Superdroge", um den Krieg zu gewinnen. Sie experimentierten mit Amphetaminen, Kaffein, Benzedrin und anderen Substanzen.

Und so siegten sie zunächst in Afrika mit Bernard Montgomery (Spitzname Monty) selbst über den legendären, genialen „Wüstenfuchs“ Erwin Rommel. Montgomery erlangte hierdurch Weltruhm und fungierte später als Befehlshaber der britischen Bodentruppen bei der Landung der Amerikaner in der Normandie.

Droge kämpfte also in Nordafrika gegen Droge.

Auch Montys Soldaten reagierten aufgrund des Dopings aggressiver, „brave to the brink of suicide“ – tapfer bis an den Rand des Selbstmords. Das Standbild Rommels wurde umgestoßen. Als die Deutschen zudem in der Sowjetunion den Rückzug antreten mussten, war das Märchen von der „Unbesiegbarkeit der Deutschen“ endgültig vorbei.

HITLERS ENDE

Hitler selbst erlebt all diese Verluste wahrscheinlich nur noch in einem Albtraum, der aus Panzern, Toten, Bomben und Drogen besteht. Die entsprechenden Fotos aus dieser Zeit können kaum mehr seinen Zerfall maskieren. Möglicherweise schwebt er bereits ab dem Jahr 1943 ständig am Rand des Zusammenbruchs.

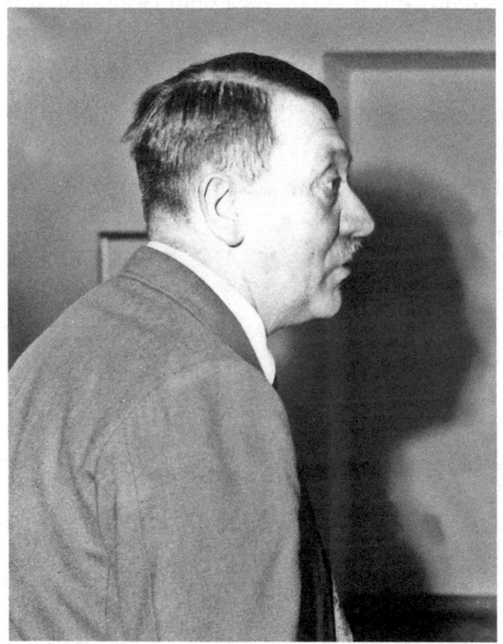

Abbildung 13: Hitler 1944, drogensüchtig. Der Führer erscheint vorzeitig gealtert. Der Lack ist ab. Der Schauspieler Hitler weiß, er muss von der Bühne abtreten.

1944 schwärmen die Nazis indes noch immer von einigen „Wunderwaffen", die sie angeblich besitzen. Eine dieser „Wunderwaffen" besteht aus einem neuen, winzigen U-Boot-Typ. Man baut auf deutscher Seite unglaublich kleine „Micro- Submarines", die kaum entdeckt werden können. Sie sind klein und schmal und bieten kaum Platz für einen einzigen Mann. Man will sie in letzter Minute auf die Feinde loslassen. Eine neue Droge wird für die Submarine-Piloten entwickelt – eine Mischung aus Kokain und Crystal Meth. Damit können die Piloten drei bis vier Tage lang ununterbrochen wach bleiben. Euphorisch erwarten die Nazi-Banditen die Ergebnisse.

Das Resultat? Kein einziger dieser winzigen U-Boot-Fahrer kehrt je zurück. In der furchtbaren Enge dieser Mini-Submarines müssen sie allein aufgrund von Platzangst gestorben sein. [8]

1945 ist Hitler ein hoffnungsloser Drogenfall. Er entlässt Morell, kurz vor Kriegsende. Er selbst ist vollgepumpt mit Hormonen, Steroiden und Crystal Meth.

Fünf Minuten vor Zwölf versteckt sich Hitler in Berlin in seinem Bunker. Er besitzt jetzt keinen „Reichsspritzenmeister" mehr und leidet wahrscheinlich unter entsetzlichen Entzugserscheinungen. Die schlechten Nachrichten fallen wie Bomben auf ihn nieder. Der Feind ist überall auf dem Vormarsch.

Hitler flieht nicht, sondern er tötet seine Frau und sich selbst, wie bereits berichtet. Es ist nicht auszuschließen, dass bei dieser Entscheidung auch die Entzugserscheinungen eine Rolle spielen.

Historiker müssen darauf gefasst sein, dass die gesamte Geschichte der Nazis neu- und umgeschrieben werden muss.

9. GEHEIMNIS ENTHÜLLT: ADOLF HITLER

Damit sind wir (fast) am Ende dieses Buches angelangt. Aber es fehlen noch einige bedeutsame Botschaften, die wir keinesfalls unter den Tisch fallen lassen dürfen:
Wir konnten durchgängig sehen und erkennen, zu welch einem erstaunlichen Grad Hitler nichts als ein *Schauspieler* war, ein Theatermann, der freilich so professionell seine Rolle einübte und einstudierte, dass ihm erst halb und dann ganz Deutschland auf den Leim ging.
Hitler war ein großartiger Schauspieler – so viel muss man ihm zugestehen. Aber er war eben „nur" ein Schauspieler, der die Macht der Rede, der Gestik und des Kostüms nutzte und sich damit so gut auskannte, bis er praktisch jeden überzeugen konnte, mit dem er in Berührung kam – selbst Josef Goebbels, der am Anfang zu ihm in einer gewisse Konkurrenz innerhalb der NSDAP stand, sich schließlich aber vor ihm verbeugte und ihm den ersten Platz einräumte. Sogar Leni Riefenstahl war von ihm hingerissen, die selbst eine ungewöhnlich talentierte Expertin in Sachen Theater-, Bühnen- und Filmkunst war.
Hitler überzeugte die besten Profis seines Fachs, die ihn in der Folge rückhaltlos unterstützten.
Dennoch war alles, alles an ihm nur Theater: Die Kleidung, die Orden, die Gestik, die großen Worte, das Zweifinger-Bärtchen, ja die gesamte Ausstattung. Von seinen Kraftfahrzeugen bis hin zu den Flugzeugen, von seinen stiernackigen, bewaffneten SA-Schergen bis hin zu den strammen, schneidigen Soldaten - alles war für Hitler nur Bühnenzubehör. Er war ein hochbegabter, brandgefährlicher Schauspieler, denn er verwandelte die gesamte Welt zuletzt in eine einzige Bühne. Und eben diese ganze Welt taugte nur dazu, ihm zu Füßen zu liegen und ihm frenetisch zu applaudieren. Für diesen Applaus tat Hitler alles, er mordete sogar, in Größenordnungen, die uns noch heute schaudern machen.
Die Worte und die Texte auf der Bühne wurden ihm von ein paar verdrehten, inhumanen Arierverehrern, bösartigen Judenhassern und gewissenlosen Psychiatern eingegeben – die in ihrer Abscheulichkeit bis heute kaum oder jedenfalls unzureichend entlarvt worden sind. Deren Texte sprach er auf der Bühne, deren Ideen käute er wieder und hämmerte sie anderen ein.

Wenn man das Schauspielertum, die Schauspielerei Hitlers wirklich durchschaut hat, den Bühnendarsteller Hitler, wird er auf einmal leichter begreifbar. Ständig spielte Hitler eine Rolle, ja er lernte ständig neue Rollen, wenn es von ihm verlangt wurde. Die donnernde Rede mit dem rollenden R, die herausgeschrienen, hasserfüllten, zornigen Worte, der verzerrte, wütende Gesichtsausdruck, die auf- und niederfahrenden Fäuste, die Militärkleidung, all das gehörte zu dem Schauspieler Hitler, ebenso wie der zackige Hitlergruß und die beeindruckende Kulisse, die ebenfalls nichts anderes als Show war. Das Hakenkreuz und die anderen Symbole, die prächtigen, kolossalen Nazi-Bauten, die Aufmärsche, alles, alles war Theater und diente dazu, die Zuschauer namenlos zu beeindrucken.

Wenn man dies begreift, hat man auf einmal einen Gutteil der schwarzen Seele Hitlers begriffen, denn er feilte ständig weiter an dem Schauspiel, um eine noch bessere, größere Show abzuliefern. Er war so betrunken von dem Applaus, dass er nach seinen ersten Siegen wieder und wieder Krieg spielen musste, zwanghaft, wie eine aufgezogene Puppe, so dass er zuletzt sogar gegen die Sowjetunion marschierte. Er war betrunken von sich selbst und seinem „Genie“, denn offenbar konnte er die Massen verführen und zu donnerndem Applaus hinreißen. Deshalb begab er sich immer wieder auf die Bühne, damit ihm die Zuschauer zujubelten. Er konnte nicht genug bekommen von dem verführerischen Saft, der da heißt Bewunderung, dem jeder Künstler nachläuft, selbst ein gescheiterter Kunstmaler.

Die Herren Psychiater, die ihm die Texte soufflierten, ungesehen von vielen bis heute, hievte er in die höchsten Positionen, er schanzte ihnen konkrete Macht zu, so dass sie ihre inhumanen, abscheulichen Intentionen ausleben konnten, während er auf der Bühne ihre Texte immer wieder hinausschrie. Er gestattete ihnen, Menschen in die Konzentrationslager zu schicken und dort zu töten, er erlaubte ihnen, Millionen von Menschen zu foltern und umzubringen, denn das verlangte schließlich sein Theatertext, an den er selbst inbrünstig glaubte. Nur ein Schauspieler, der sich vollkommen in eine Rolle hineinversetzt – so hatte er gelernt – ist wirklich überzeugend und kann die Massen zu Begeisterungsstürmen hinreißen.

Selbst der Einfluss des Kommunismus und das „Vorbild“ Lenin besitzen eine Theater-Komponente. Denn Lenin gelang es vor allem mit der anklagenden, großkotzigen Rede und mit dem optisch wirksamen Kampfgetümmel auf der Straße, die alle einen gewissen Show-Charakter besaßen, mit Märschen, Fahnen und Wimpeln, die Menge ungeheuerlich zu beeindrucken. Das kupferte Hitler hurtig ab, denn das war großes, gutes Theater.

Auch das Militär kann man unter gewissen Gesichtspunkten mit dem Theater vergleichen. Man denke nur an all die schneidigen Uniformen, die glitzernden Orden auf der Brust, den knallenden Stechschritt, den hypnotisierenden Gleichschritt und den überwältigenden Bühneneindruck, den ein Heer mit Zehntausenden von Stahlhelmen und Soldaten verursacht – und wird auch hier schnell die Bühnenkomponenten erkennen, die bis heute dem Militär anhaften. In Geheimbünden (DIE EISERNE FAUST) und bei der Reichswehr bekam er ständig genügend Anschauungsmaterial hierfür. Und als er mit dem infamen Ludendorff, dem Generalissimus, einen Umsturz plante, verriet er erneut, wie sehr ihn die militärische Ästhetik mit all ihren Mätzchen in seinen Bann geschlagen hatte. Und so trat er selbst nur allzu gern in einer schneidigen Militäruniform auf. Schon Bismarck und erst recht Friedrich der Große benutzten ebenfalls die gleiche Theaterpose, und beide waren längst von Malern und Bildhauern verklärt und auf ein hohes Podest gehoben worden, aber auch von einigen Schreiberlingen, die sich von dem Glanz und dem „forschen" Auftritt blenden ließen. Und so wurden vergangene Theatershows genutzt, um die Theatershow in der Gegenwart ebenfalls zu einem Bühnenerfolg geraten zu lassen.

Darüber hinaus spannte niemand das Radio, die Schallplatte und den Film so gerissen und gekonnt ein wie Hitler. All diese Medien dienten wiederum nur dazu, den Theatermann Hitler noch größer, bedeutender, übermenschlicher erscheinen zu lassen. Alles, alles wurde in den Dienst der Propaganda und des Persönlichkeitskultes gestellt: Seine Kraftfahrzeuge und Flugzeuge, die raffinierten Bilder seines Fotografen Hoffmann, Riefenstahls Filme ... alles war Theater, Show, Effekthascherei. Das Auge musste unendlich beeindruckt werden, aber auch das Ohr. Und so gerieten Hitlers Auftritte zu megalomanischen Aufführungen, die den Zuschauer schier umwarfen: Er konnte ihnen nichts mehr entgegensetzen, er konnte nur mit glänzenden Augen zu Hitler emporschauen und hingerissen applaudieren. Das deutsche Volk wurde so hypnotisiert von diesen riesenhaften Theateraufführungen, dass es ihm die Sprache verschlug und überwältigt vor ihm kniete. Monumentalbauten und riesenhafte Heere kamen hinzu. Wer hätte sich diesem Spektakel entziehen können?

Propaganda, Propaganda. Und inmitten all dieses Trubels befand sich stets der überragende Hauptdarsteller Hitler, der selbst dem Regisseur Befehle erteilen konnte.

Hitler glaubte in seinem Wahn bis zuletzt, dass er allein mit seiner schreienden Rede das Geschick der ganzen Welt zurechtdonnern könnte. Dabei überschätzte er seine Effekte am Schluss. Wenn Zuschauer zu klatschen aufhören, gehen sie einfach aus dem Theater hinaus und wenden sich wieder der Wirklichkeit zu. Und keine noch so geschickt gestrickte, getürkte, gute Theater-Kritik, kein noch so schneller, gekaufter, beweglicher Schmierfink, kann sie davon abhalten, die Realität zu sehen, speziell wenn sie sich vor Bomben verstecken und in Bunkern Zuflucht suchen müssen. Die Realität macht das Theatererlebnis zunichte und zeiht es der Lüge.

Der Schauspieler Hitler, der Hauptdarsteller des Stücks, erkannte entnervt und verwirrt am Schluss, dass er von der Bühne abtreten musste. Selbst Drogen und Aufputschmittel konnten ihm nicht mehr helfen. Niemand applaudierte mehr. Er befand sich allein auf der Bühne. In Scharen verließen selbst seine Getreuen das sinkende Schiff. Alle, alle wandten sich gegen ihn, selbst der „treue Heinrich" verriet ihn, wie der Führer Heinrich Himmler bezeichnete, der vorher sklavisch seine mörderischsten Befehle ausgeführt hatte.

Man beachtete ihn nicht mehr. Er stand allein auf der Bühne, vor einem leeren Saal, ohne einen einzigen Zuschauer.

Gebrochen, krank und zerstört trat er ab. Er hatte die ganz große Show abgeliefert. Ja, vielleicht hatte er viele mit sich in den Abgrund gerissen. Aber dafür thronte er eine Weile unangefochten über allen anderen, alle Scheinwerferkegel waren nur auf ihn gerichtet, den größten Feldherrn aller Zeiten, den genialen Führer.

Doch nun fiel der Vorhang. Seine Konkurrenten zerbombten alles um ihn herum, selbst auf seiner Bühne schlugen bereits die Granaten ein. Und so inszenierte er erneut wie ein dramatischer Schauspieler, der es einfach nicht lassen kann, seinen Tod. Er ließ sich trauen – was bei Licht besehen mehr als albern war, jedenfalls wenn man seine Ehefrau wenig später umbringt – und haschte damit nach einem letzten großen (Theater-)Effekt. Das Bühnenstück verlangte nach diesem Ausgang, speziell wenn man die Libretti Wagners kannte. Bis zuletzt stand Hitler auf den Brettern, die die Welt bedeuteten. Auch sich selbst brachte er um, gleich zwei Mal, mit

Gift *und* einer Pistole, denn der Schauspieler Hitler musste immer alle toppen.

Wie ein roter Faden zog sich der Theatermann Hitler, der Schauspieler Hitler durch all seine Aktionen. Er hörte nie auf, vernarrt zu sein in die Bühne, die er mit der Wirklichkeit verwechselte.

Nach seinem Tod geriet er zum bestgehassten Mann der Welt. Aber selbst das war nur möglich aufgrund der großen Pose, der Hauptrolle, die er abgegeben hatte. Immerhin vergaß man ihn nicht. Welcher Schauspieler konnte das schon von sich behaupten?

Und so hängen bis heute einige Ewiggestrige an seiner großen Pose, denn die Neo-Nazis lassen ihn immer wieder auferstehen und versuchen, seine Bühnenshow zu kopieren und erneut aufzuführen, manchmal mit den exakt gleichen Mitteln, die er benutzte, nichtwissend, dass Nachahmer nie das Original erreichen.

Und so könnte man das gesamte Leben Hitlers endlich einmal als das betrachten, was es aus einer gewissen Perspektive war: Ein einziges gigantomanisches, großes Theaterstück, wobei die gesamte Welt seine Bühne war.

Hat man dies verstanden, zerplatzt die Figur Hitlers auf einmal wie eine Seifenblase. Tausend Fragen werden beantwortet. Die Ruhmessucht, von der jeder Schauspieler geplagt ist, löst viele Rätsel. Der Größenwahn, dem selbst einige Spitzenkünstler manchmal erliegen – was in Wahrheit der erste Schritt in Richtung Untergang ist –, hat auch etwas mit der überzogenen Schauspielerei zu tun.

Und so endete Hitlers Leben, des verkrachten, gescheiterten Kunstmalers, es mündete ein in ein zweites gescheitertes Leben, das des verkrachten, gescheiterten Führers.

Er scheiterte vollkommen und nahm furchtbare Rache dafür, dass er nie in die Kunstakademie in Wien aufgenommen worden war. Also wandte er sich später einer anderen „Kunstrichtung“ zu: der Kunst der Verführung auf dem politischen Parkett, der politischen Schauspielkunst.

Hitler nutzte ästhetische Techniken in vielen Bereichen, um der Welt etwas vorzugaukeln und ihr eine Illusion zu verkaufen, und es gelang ihm sogar eine Weile. Er nutzte die Techniken der ausgefeilten Rhetorik, des geschniegelten, geleckten Aussehens und der gigantischen Kulisse. Er verführte durch eine martialische Ästhetik, deren Einfluss man nicht unterschätzen sollte. Viele hatten sie bereits in der Vergangenheit erfolgreich benutzt: Alexander der Große, Cäsar, Napoleon, Friedrich der Große und Bismarck – und gewiss nicht ohne Erfolg. Noch heute sitzen wir vielen Geschichtsfälschungen in dieser Beziehung auf.

Und in der Gegenwart? Man denke nur an die billigen Showeffekte, die militärische Paraden auslösen, in Nordkorea, in Russland oder im Iran, mit all den gewaltigen Waffen, die teilweise nur aus Pappe bestehen und ebenfalls nichts als Theater und eine Lüge sind. Mit genau dieser Ästhetik gewann Hitler kurzfristig, während er auf Dauer verlor.

Denn das schmerzverzerrte Gesicht ist nicht hübsch, das Blut, das aus einem Körper rinnt und den Tod herbeiführt, ist nicht ansehnlich, der zerfetzte Leib ist nicht herrlich. Die martialische Ästhetik ist eine falsche, verlogene Ästhetik. Schlussendlich zeigt sie immer ihr hässliches Gesicht aufgrund der bösartigen Absichten, die ihr zugrunde liegen.

Und so verschätzte sich Hitler in der Wirksamkeit seiner rhetorischen Waffen.

Hitler war eine Art Nero, der sich für den größten Künstler aller Zeiten hielt. Nero, der römische Kaiser, hatte selbst angesichts des brennenden Roms, das er vielleicht selbst hatte anzünden und abfackeln lassen, um Platz für seinen neuen Palast zu schaffen, noch pathetische, rührselige Gedichte verfasst – obwohl sich die brennenden Leiber der Römer direkt vor seinen Augen wälzten.

Jedenfalls verlor der Theatermann, der Schauspieler Hitler schlussendlich. Zu guter Letzt gab es keine einzige Person mehr, die applaudiert hätte. Hitler hatte vergessen, dass das Leben eben kein Schauspiel ist, kein Theaterstück, sondern aus blutenden, fühlenden, leidenden Menschen besteht, die Schmerz empfinden und vor Schmerz fast wahnsinnig werden können.

LEHREN DER GESCHICHTE

Allein die genaue Kenntnis der Historie ist wertvoll und lehrt uns viel. Wenn zudem jedoch wichtige Erkenntnisse abstrahiert werden können, die man in die Gegenwart und die Zukunft transponieren kann, steigt der Wert der Geschichte um das Tausendfache. Denn in diesem Fall kann man Zukunft *gestalten,* man kann Fehlentwicklungen vermeiden und umgekehrt richtige Aktionen anschieben.

In den Fächern Physik und Mathematik sind bestimmte Lehrsätze und Axiome selbstverständlich – und sie helfen uns, höhere Plattformen zu erreichen.
Im Fach *Geschichte* existieren sie nicht. Für die meisten Historiker ist Geschichte nach wie vor ein Ozean von (unausgewerteten) Daten, die meist willkürlich aneinandergereiht werden. Eine höhere Form der historischen Wissenschaft wird erst dann etabliert sein, wenn es Logiken und Axiome gibt, Folgesätze und Lehrsätze, deren Anwendung bestimmte Ergebnisse zumindest mit hoher Wahrscheinlichkeit herbeiführen. Erst ein einziger Versuch wurde unternommen, um Axiome und Lehrsätze der Historie zu etablieren.[1]
Fragen wir uns also, welche „Lehren" wir aus Hitlers Leben herausklauben und extrahieren können, die sich auch auf die Gegenwart übertragen lassen und vielleicht sogar die Zukunft in positiver Weise beeinflussen können?

DIE VERFÜHRUNG DURCH DIE PROPAGANDA

Der Kernpunkt des Hitler-Phänomens war zweifellos die überragende Rolle der Propaganda.
Propaganda kann über verschiedene Kanäle verbreitet werden: über Bücher, Magazine, Zeitungen und Vorträge, per Radio, Fernsehen und Film, inzwischen auch über das Internet und durch Websites. Alle möglichen Social-Media-Kanäle, das Handy und sogar schon 3D-Kommunikationsformen wurden darüber hinaus etabliert. Jeder dieser Bereiche wiederum verfügt über buchstäblich Hunderte von Techniken. Nicht eben wenige davon öffnen der Manipulation Tür und Tor.
Nichts ist deshalb heute wichtiger, als die Formen der Verführung durch die alten und neuen Medien systematisch zu studieren und Manipulations-Methoden zu entlarven. Es fehlt eine „Wissenschaft" der FAKE NEWS, obwohl auch in dieser Beziehung die ersten Anstrengungen bereits unternommen wurden.[2]
Immerhin konnten wir in dem vorliegenden Buch bezüglich der Redeweise Hitlers (und Diktatoren überhaupt) klare Identifikations-Merkmale etablieren:

(1) Diktatoren bedienen sich eines verhetzenden Vokabulars,
(2) sie bauen einen Sündenbock auf („die Kapitalisten“ im Falle Lenins, „die Juden“ im Falle Hitlers),
(3) sie operieren nur in Schwarz-Weiß-Zeichnungen, es gibt nur „gut“ und „böse“, „richtig“ und „falsch“,
(4) sie gebrauchen und schüren negative Emotionen wie Hass und Zorn, sprechen aber mitunter auch gezielt das „Mitleid“ an,
(5) ihre Gestik wirkt oft übertrieben; sie schauspielern.
(6) Sie benutzen immer wieder die gleichen Schlagworte.

Daran können wir sie erkennen.

Wenn man diese Merkmale aus dem Effeff kennt, kann man frühzeitiger als bisher Diktatoren entlarven.

Es bietet sich an, viele Diktatoren miteinander zu vergleichen und sie auf Gemeinsamkeiten hin abzuklopfen. Das ist der erste Schritt, um künftige destruktive Persönlichkeiten im politischen Raum zu verhindern.

Darüber hinaus vermochten wir weitere wichtige Einsichten zu gewinnen.

MACHTERGREIFUNG UND MACHTERHALT

Auch bezüglich der Machtergreifung und des Machterhalts konnten wir bestimmte Identifikations-Merkmale etablieren. Destruktive Persönlichkeiten im politischen Raum greifen nach der Macht durch

(1) die Etablierung einer kriminellen Partei,
(2) die aufrührerische Rede,
(3) die verhetzende Schrift und
(4) optisch einprägsame Symbole. (Im Falle der Nazis spielte das Hakenkreuz eine große Rolle, sowie Wimpel, Flaggen und etwa die spezielle, uniforme Kleidung der „Braunhemden“, der SA-Schlägertruppe.)
(5) Sie versuchen ferner durch die systematische Kreation von Chaos Macht zu erringen. (Dazu gehören Unruhen, Tumulte, Aufstände, Proteste, Aufmärsche, Massendemonstrationen, Schlägereien, Morde, Beschädigung von Sacheigentum und so fort.)
(6) Steht die unmittelbare Machtübernahme auf dem Programm, zeichnen sie sich aus durch die gewaltsame, unrechtmäßige Ergreifung der Befehlsgewalt über das Militär, die Geheimdienste,

die politische Kaste, die Polizei und die Propaganda-Einrichtungen, sowie erneut durch Morde und durch Chaos.

(7) Um ihre Macht aufrechtzuerhalten, sind dies die Taktiken der destruktiven Persönlichkeit: Einschüchterung, Verbannung, Verhaftung, Gefängnis, Mord und Massenmord. Noch intensiver wird jetzt an dem Führerkult gefeilt und geschmirgelt.

An diesen Anzeichen lassen sie sich rasch erkennen.

DIE DESTRUKTIVE PERSÖNLICHKEIT IM POLITISCHEN RAUM

Weiter zeichnen sich Diktatoren/destruktive Persönlichkeiten generell aus durch bestimmte Charakteristiken:

(1) Die destruktive Persönlichkeit im politischen Raum liebt den Krieg, das Töten und den Mord. Sie ist geradezu vernarrt darin, politische Probleme zu „lösen", indem sie Menschen umbringen und beiseiteschaffen lässt.

(2) Sie fördert Geheimdienste. Sie wird ständig mehr und höhere Ausgaben für Geheimdienste fordern und neue Geheimdienste etablieren. Sie erlaubt die Folter, Attentate, illegales Aushorchen und Ausspionieren, das Ausstreuen von Falsch- und Desinformationen, Drogenexperimente, Freiheitsberaubung, ungesetzliche Gefangennahmen, unmenschliche Verhörmethoden und so weiter.

(3) Die destruktive Persönlichkeit im politischen Raum liebt es, in großem Stil zu zerstören. Dazu gehören nicht nur Menschen, die man töten kann, sondern es zählen dazu auch materielle Gegenstände, Häuser, Landstriche und feste Objekte.

(4) Die destruktive Persönlichkeit im politischen Raum herrscht durch Angst. Die destruktive Persönlichkeit im politischen Raum wird Ängste schüren und Angstthemen erfinden, um als „starker Mann" auftreten zu können.

(5) Die destruktive Persönlichkeit im politischen Raum wird hart daran arbeiten, einen Hassgegner aufzubauen. Wenn sich kein Hassgegner anbietet, wird ihn die destruktive Persönlichkeit im politischen Raum erfinden.

(6) Die destruktive Persönlichkeit im politischen Raum ist ein Meister der

Schwarzen Propaganda und verhetzender rhetorischer Techniken. Sie kennt alle Tricks und Finessen der Lüge und der Verleumdung.

(7) Sie benutzt Ästhetik, um einem Volk falsche, zerstörerische Ziele schmackhaft zu machen (Marschmusik, Monumental-Architektur, verhetzende Rhetorik).

(8) Die destruktive Persönlichkeit im politischen Raum hält nichts von der Gleichberechtigung der Frau und tritt generell die Menschenrechte mit Füßen.

(9) Die destruktive Persönlichkeit im politischen Raum strotzt vor Eigenwichtigkeit. Sie liebt den Pomp, die Show und die Großkotzigkeit. Sie ist großmäulig und denkt nur an ihre eigene wahnhafte Größe.

(10) Die destruktive Persönlichkeit im politischen Raum bekämpft heimlich oder offen jede andere Person, die ihr den ersten Platz streitig zu machen sucht, selbst wenn sich diese in der eigenen Partei oder im eigenen Lager befindet.

(11) Die destruktive Persönlichkeit im politischen Raum wird sich immer über Recht und Gesetz stellen und alles versuchen, um das Gesetz auszuhebeln. Sie erkennt nie die Rechte anderer an, selbst wenn sie dies vorspiegelt. Sie wird stets versuchen, sich zum höchsten Richter zu erheben, damit ihre eigenen Untaten nicht geahndet werden können.

(12) Die destruktive Persönlichkeit im politischen Raum wird immer heimlich oder offen versuchen, die Freiheit einzuschränken beziehungsweise die verschiedenen Freiheiten zu beschneiden.

(13) „Divide et impera!“ – „Teile und herrsche!“, ist das Operationsprinzip der destruktiven Persönlichkeit im politischen Raum. Sie wird immer zu intriganten, perfiden und brutalen Methoden greifen, um Macht zu erringen, Macht zu erhalten und Macht zu zementieren. Sie wird wirkliche oder eingebildete Gegner und „Freunde“ völlig gewissenlos und kaltblütig gegeneinander ausspielen.

(14) Die destruktive Persönlichkeit im politischen Raum wird alles tun, um sich zu tarnen und das Volk über ihre wahren verbrecherischen Absichten im Unklaren zu lassen. Sie wird hierfür ein ganzes Repertoire an Methoden entwickeln, um über ihre wahren zerstörerischen Ziele hinwegzutäuschen. Sie wird „gute Taten“ öffentlich zur Schau stellen, um Beobachter irrezuführen. [3]

NOCH EINMAL: ADOLF HITLER

Nehmen wir nun noch einmal Adolf Hitler unter die Lupe. Es handelt sich bei ihm selbstredend um den Prototyp der destruktiven Persönlichkeit im politischen Raum. Wir finden alle vierzehn Charakteristiken bestätigt: Niemand liebte den Krieg mehr als Adolf Hitler, den Mord hielt er für eine legitime politische Waffe. Seine Geheimdienste waren gefürchtet, er kreierte ein Spitzelsystem ohnegleichen, sogar Kinder denunzierten ihre eigenen Eltern, wenn sie Kritik am Nationalsozialismus zu äußern wagten!

Hitler zerstörte mehr Leben und mehr Sacheigentum als jeder andere Diktator. Weiter regierte er durch Angst. Er baute die Juden zum Sündenbock und Hassgegner auf. Wenn er seine wütenden Reden vom Stapel ließ, so befleißigte er sich ausschließlich der Schwarz-Weiß-Zeichnung. Er lehnte es grundsätzlich ab, zu differenzieren, und verallgemeinerte absichtlich und in bösartiger Weise. Nie wurde in größerem Ausmaß verleumdet, und nie kamen mehr Schwarze-Propaganda-Methoden zum Einsatz.

Er kreierte sogar eine eigene Sprache, um seine Verleumdungen in die Welt hinauszuschleudern. Durch seine Monumentalbauten, die Flaggen, Wimpel, Märsche und Uniformen, sprich, durch eine pervertierte und berechnend eingesetzte „Ästhetik" versuchte er den Deutschen Sand in die Augen zu streuen.

Frauen waren nichts als Gebärmaschinen für weitere Soldaten. Er selbst versteckte seine erotischen Beziehungen vor den Augen der Welt, seine letzte „Liebe" bezahlte mit dem Tod. Weiter strotzte er vor Eigenwichtigkeit, er erhöhte sich selbst über jedes Maß hinaus und ließ nie zu, dass ein Zweiter gleichberechtigt neben ihm Platz nehmen konnte. Röhm, ein alter Kamerad und Weggefährte, wurde eines Tages kaltblütig abserviert und heimtückisch ermordet. Geschickt entzweite er auch andere „Kampfgenossen", er liebte es, wenn die zweite Nazi-Garnitur untereinander uneins war und um seine Gunst buhlte.

Hitler trat das Gesetz lange vor der Machtergreifung mit Füßen, denn er landete im Gefängnis. Später brach er das Gesetz erneut regelmäßig, ja, er schaffte es ab. Er hebelte das Gesetz aus, stellte sich über Gesetz und Gerechtigkeit und machte sich selbst zum höchsten Richter, er stilisierte sich selbst zum unfehlbaren „Führer" hoch.

Und: Keiner beschnitt die Freiheiten mehr als Hitler. Der anfängliche wirtschaftliche Aufschwung mündete schließlich in den entsetzlichsten Krieg aller Zeiten ein, der keinen Stein auf dem anderen ließ.

DIE KONSTRUKTIVE PERSÖNLICHKEIT IM POLITISCHEN RAUM

Es käme einer Todsünde gleich, nicht auch die konstruktive Persönlichkeit im politischen Raum zu identifizieren, denn wahrscheinlich ist es wichtiger, „gute Leute" zu unterstützen als „schlechte Leute" zu bekämpfen. Grundsätzlich zeichnen sich konstruktive Persönlichkeiten im politischen Raum dadurch aus, dass sie Verbesserungen in die Wege leiten, die für die Mehrzahl der Regierten positive Veränderungen herbeiführen, ohne dass dadurch gleichzeitig Minderheiten unterdrückt werden. Auf den Punkt gebracht zeichnen folgende Einstellungen und Haltungen konstruktive Persönlichkeiten im politischen Raum aus:

- Sie verteidigen die verschiedenen Freiheiten, die existieren: die Redefreiheit, die Pressefreiheit, die Versammlungsfreiheit, die Freiheit, einen Beruf auszuwählen, die Freiheit zu reisen und die weltanschauliche Freiheit.
- Sie ordnen sich dem Gesetz unter und kämpfen für Recht und Gerechtigkeit. Die Gleichheit vor dem Gesetz ist ihnen ein wirkliches Anliegen. Gegen Ungerechtigkeiten gehen sie vor, selbst wenn sie persönlich dadurch in Misskredit geraten.
- Sie verteidigen den Frieden und suchen Krieg mit allen Mitteln zu verhindern.
- Sie freuen sich über den wachsenden Wohlstand des Staates und arbeiten daran, ihn durch ihre Entscheidungen und ihren Einfluss zum Wohle aller weiter zu mehren.
- Sie treffen Entscheidungen auch zu Ungunsten ihrer eigenen politischen Karriere, wenn sie dadurch ihrem Gewissen dienen. Sie sind mehr daran interessiert zu versöhnen als zu entzweien. Sie suchen Kompromisse und können im Zweifelsfall Unrecht eingestehen, etwas, was die destruktive Persönlichkeit nie kann. Sie fördern konstruktive Ziele und andere konstruktive Persönlichkeiten.
- Sie kämpfen für die Menschenrechte und die Gleichberechtigung der Frau.

○ Sie sind vollständig tolerant in religiösen Belangen. Ihr Ziel besteht darin, jeden nach seiner Fasson selig werden zu lassen.
○ Ihnen ist daran gelegen, zu dienen und nicht zu herrschen. Sie müssen nicht im Rampenlicht stehen und wissen um die Vergänglichkeit des Ruhmes; sie können von der politischen Bühne abtreten, ohne dass dadurch ihr Ego verletzt wird und ihre gesamte Welt zusammenbricht.
○ Sie reden nicht der Angst das Wort, sondern versuchen, durch positive Nachrichten aufzufallen.
○ Sie vermeiden es, den politischen Gegner in der öffentlichen Arena genüsslich zu schlachten und sind mehr „Staatsmänner“ als „Parteifunktionäre“.

ANWENDUNG

Mit all diesen Charakteristiken und Identifikations-Merkmalen verfügen wir über hervorragendes Material, um künftige Adolf Hitlers zu verhindern.
Hinzufügen muss man lediglich, dass in diktatorischen Staaten die „Propaganda“ inzwischen ein Teilbereich der Geheimdienst-Szene ist. Das heißt, wir werden heute von den entsprechenden „Nachrichtendiensten“ in einem Ausmaß mit Falschinformationen übergossen, das abenteuerlich ist. Details hierzu wurden in einem anderen Buch zusammengetragen.[4]
Jedenfalls verfügen wir nun für die Gegenwart und für die Zukunft über ein Handwerkszeug, mit dem wir arbeiten können. Wir können damit künftige Diktatoren verhindern, was bei Licht betrachtet eine erhebende Perspektive ist.
Aber die Biographie Hitlers lehrt uns noch sehr viel mehr. Erst jetzt kommen wir zu dem entscheidenden Punkt.

10. DIE PSYCHIATRIE UNTER DEM VERGRÖSSERUNGSGLAS

Wir konnten bereits etablieren, in welchem Ausmaß die Psychiatrie für das Phänomen Hitler verantwortlich war. Adolf Hitler wurde von ihr nicht nur befruchtet, was seine eigene verdrehte, verquaste Weltanschauung anging.

Psychiater, man erlaube uns die Wiederholung, waren verantwortlich für die Einweisung „lebensunwerten Lebens" in die Konzentrationslager und für den Massenmord.

Psychiater standen in der Verantwortung, als es darum ging, die verbrecherische Rassenideologie in den Konzentrationslagern umzusetzen. „Ausgemerzt" wurden „Minderwertige", „Volksschädlinge", Kranke, „Unfertige", Behinderte, Greise, TBC-Patienten, Landstreicher, Alkoholiker, „Ballastexistenzen" und Juden.

Sie waren weiter indirekt verantwortlich für die Ermordung „niederer Rassen" in allen Teilen Europas, besonders der Juden und Slawen, denn überall verbreiteten sie ihre Anschauung, zusammen mit den Nazi-Schergen.

Und sie waren schließlich teilweise verantwortlich für den Geisteszustand Hitlers. Auch Dr. Morell war eine Art Seelenklempner. In Verbindung mit Big Pharma, die bis heute in einem symbiotischen Verhältnis mit der Psychiatrie steht, spielte er mehr als eine dubiose Rolle. Millionen von deutschen Soldaten wurden „gedopt", die Drogen enthemmten die Soldaten. Hitler selbst verwandelten die Drogen Morells in ein psychisches Wrack und in einen Geisteskranken, der zu keiner rationalen Entscheidung mehr fähig war.

Die Verantwortung der Psychiatrie wurde bis heute nicht aufgearbeitet, sie wurde im Gegenteil systematisch unter den Teppich gekehrt. Nach 1945 unternahm die Psychiatrie alles, aber auch wirklich alles, um sich reinzuwaschen und Forscher, auch Geschichtswissenschaftler, irrezuführen. Sie gaben ihren Institutionen neue, frische, harmlose Namen, die nicht mit Blut befleckt waren, ja manchmal gaben sich Psychiater selbst Inkognito- und Tarnnamen, wie uns das Schicksal Dr. Heydes/ Dr. Sawades lehrt. Psychiater veränderten zudem vorsichtig, vorsichtig ein wenig ihr Fachvokabular. Sie versuchten mit allen Mitteln zu verhindern, dass

ihre Schandtaten das Licht der Welt erblicken konnten.
Und sie machten weiter wie bisher!
Da sie außerdem Hitlers Einflüsterer und Ohrenbläser gewesen waren, da sie dem Schauspieler Hitler den Text vorgegeben hatten und da sie die eigentlichen „Autoren“ des Bühnenstückes waren, in dem Hitler die Hauptrolle spielte, musste auch das rasch zugedeckt werden.
Das Image war alles. Nach 1945 hätte kein Hund von einem Psychiater mehr eine verschimmelte Wurstscheibe genommen, wenn das alles sofort bekannt geworden wäre. Und so wurde rasch der Mantel des Schweigens über all die Ereignisse ausgebreitet.
Genau in dieser Beziehung wurde *nichts* aus der Geschichte gelernt, die doch eigentlich dazu dienen sollte, Konsequenzen zu ziehen, so dass sich furchtbare Ereignisse nicht endlos wiederholen müssen.
In Wahrheit beherrschte das „psychiatrische Denken“ noch lange nach 1945 die Welt. Bis heute wurde es nicht „ausgemerzt“.
Treten wir in aller Kürze den Beweis an.

APARTHEID IN SÜDAFRIKA

Erlauben wir uns einen gewaltigen Sprung, in räumlicher und zeitlicher Hinsicht.
Er dient uns dazu, das tatsächliche Ausmaß des „Rassegedankens“ zu verstehen und nachzuvollziehen.
Nicht nur in Deutschland wüteten die Herren Psychiater. Auch in Südafrika fassten sie Fuß. Das Gespenst des Rassismus war (und ist hier teilweise immer noch) allgegenwärtig. Vollkommen unbeliebt bei den Schwarzen sind bis heute die Buren (wörtl. = Bauern) – die (in der Mehrheit) niederländischen Weißen.
Aber was sind die tiefer liegenden Gründe für den Rassismus? Sind tatsächlich „die“ Buren verantwortlich?
Gräbt man tiefer, so stößt man im politischen Raum Südafrikas auf eine eigenartige Bruderschaft: die *Stellenbosch-Boys.* Stellenbosch ist eine Stadt im südlichsten Südafrika, sie liegt in der Nähe von Cape Town. In Stellenbosch wurde dem „Gründer der Apartheid“, dem „Architekten der Apartheid“, Hendrik Verwoerd (1901 – 1966), einem ehemaligen weißen Staatschef des Landes, nicht nur ein Gebäude errichtet, er wird

in dieser Stadt nach wie vor regelrecht verehrt.
Es gibt einige Stimmen, die behaupten, dass die „Stellenbosch-Mafia“ ein kaum sichtbarer „Broederbond“ (Brüderbund) ist, der hinter den Kulissen nach wie vor Südafrika beherrscht. Angeblich kontrolliert diese geheime Bruderschaft bis heute die Justiz, die Ökonomie, die Minen, die Banken und die großen Geschäftsketten. Weiße hätten hier das Sagen, das ganz große Kapital beherrsche nach wie vor alles.
Diese Gerüchte mögen richtig oder falsch sein. Richtig ist es auf jeden Fall, dass Hendrik Verwoerd als Prime Minister Südafrika von 1958 bis 1966 regierte, dem Jahr, da er einem Attentat zum Opfer fiel. Bis heute wird er als „Erfinder des Rassismus“ bezeichnet. Und so viel ist wahr: Während seiner Regierungszeit wurde die Anti-Apartheid-Bewegung (mit Nelson Mandela im Mittelpunkt) mit einem Bann belegt, verfolgt, denunziert und ihre Verfechter mit drakonischen Strafen belegt. Er sorgte im Jahre 1930 dafür, dass Schwarze und Weiße streng voneinander getrennt leben mussten und paukte entsprechende Gesetze durch. Verwoerd förderte kurz gesagt die „Apartheid” in Südafrika wie kein zweiter. Doch nun wird es wirklich brisant! Wenig bekannt ist der Umstand, dass Verwoerd ein Psychologe von Haus aus war. Genauer gesagt unterlag er vollständig dem Einfluss von Psychiatern, die gegen „niedere Rassen“ mobil gemacht hatten.
Doch wie kam Verwoerd mit diesen Herren in Kontakt? Nun, Hendrik Verwoerd studierte an *deutschen Universitäten,* als dort rassistische Theorien propagiert wurden!
Zudem gab es weitere Einflüsterer. Benjamin Rush (1746 – 1813), einer der Väter der *amerikanischen Psychiatrie,* erklärte einst, dass die schwarze Farbe durch eine seltene, vererbbare lepraähnliche Krankheit verursacht werde. Er nannte sie „Negritude“. Er verstieg sich sogar zu der Behauptung, die einzige Methode der „Heilung“ bestünde darin, die schwarze Hautfarbe in eine weiße Hautfarbe zu verwandeln. [1]
Schwarz- und dunkelhäutige Menschen, speziell Afrikaner, wurden in der Folge im Umfeld der Psychiatrie kategorisch als „minderwertig“ eingestuft. Psychiater behaupteten weiter, der Intellekt der „Negros“ sei von Haus aus weniger ausgeprägt als der der Weißen, ihr IQ niedriger; sie taugten nur zu Sklavenarbeit. Schwarzafrikanern wurde generell unterstellt, dass sie häufiger stahlen, mordeten und vergewaltigten als Weiße.
Damit sich die Weißen nicht an den Schwarzen ansteckten, die je offen-

bar „krank“ waren aufgrund ihrer Hautfarbe, damit sie nicht „infiziert“ wurden, war die Segregation, die Trennung zwischen weiß und schwarz, sozusagen eine hygienische Notwendigkeit!

Auch diese (psychiatrische) Idee wurde in Südafrika eifrig aufgegriffen und verbreitet.

Hendrik Verwoerd war nur einer von vielen Politikern, der diese „Wissenschaft“ auf den Königsthron hob, aber als Staatschef war er der einflussreichste. Die Rassentheorie diente in Südafrika dazu, schwarze Menschen zu Menschen dritter Klasse zu degradieren. Außerdem forderten ihre Vertreter, dass man ihnen eine gute Erziehung und Ausbildung verweigern müsse.

In Südafrika waren die Konsequenzen barbarisch. Bis heute besteht eines der gut gehüteten Geheimnisse des Landes darin, dass unter der Regierung Verwoerds *Zehntausende* von schwarzen Südafrikanern in ***psychiatrischen Camps*** verschwanden. Sie wurden als Sklavenarbeiter missbraucht, ausgebeutet, zu unmenschlichen Arbeiten abkommandiert und starben in den Lagern wie die Fliegen. Wenn sie krank waren, wurden sie nicht behandelt. Man peitschte sie aus, ließ sie hungern, pferchte sie in Gefängnisse, bespuckte sie und trat ihre Menschenrechte mit Füßen.

Adolf Hitler und seine Psychiater lassen grüßen!

RASSISMUS IN US-AMERIKA, GROSSBRITANNIEN UND AUSTRALIEN

Psychiater wüteten auch in US-Amerika, England und Australien.

In den Vereinigten Staaten von Amerika etwa wurden afroamerikanische Kinder sowie Kinder südamerikanischer Herkunft (Hispano-Amerikaner) in vorwiegend weißen Schulbezirken von Psychiatern lange Zeit häufiger als „lernbehindert“ eingestuft als weiße Kinder. In der Folge wurden diese „Lernbehinderungen“ mit hochgefährlichen Psychopharmaka „behandelt“. Sie wurden mit anderen Worten mit bewusstseinsverändernden Psychopharmaka vollgestopft, die teilweise verheerender wirkten als Kokain.

Afro- und Hispano-Amerikanern begegnete man außerdem in den Justizvollzugsanstalten der USA deutlich häufiger als Weißen: Die Gefängnisse quollen über von ihnen. Und selbst heute finden sich in den USA weitaus mehr Schwarze und Farbige in den Gefängnissen als Weiße, im Verhält-

nis zu dem Bevölkerungsanteil, wenn es inzwischen in dieser Hinsicht auch einige kleine Verbesserungen gibt. [2]
In Großbritannien war die Wahrscheinlichkeit, als „schizophren" diagnostiziert zu werden, für Schwarze zehnmal so hoch wie für Weiße. [3]
In Australien führte die Rassentheorie der Psychiater dazu, dass die Aborigines lange Zeit auf das übelste verleumdet und diskriminiert wurden.
Die Diskriminierung anderer Rassen wurde von Psychiatern also *weltweit* in Szene gesetzt, es handelte sich beileibe nicht nur um ein deutsches Phänomen.
Und so wird bis heute die wichtigste Quelle des Rassismus in der öffentlichen Diskussion schlicht „vergessen": die Psychiatrie.
Der Grund? Die Hitler-Zeit wurde nie sauber aufgearbeitet, weiter hielten Psychiater auch nach 1945 wieder die Zügel in der Hand, was „geistige Gesundheit" anging, obwohl sie Blut an ihren Händen kleben hatten.

DIE FURCHTBAREN KRIEGE IM EHEMALIGEN JUGOSLAWIEN

Gönnen wir uns ein letztes Beispiel für das Versagen und die Massenmorde der Psychiater. Erinnern wir uns nur an die entsetzlichen Kriege im ehemaligen Jugoslawien.
Orientieren wir uns zunächst. Wir alle wissen um die Fakten: Innerhalb Jugoslawiens, einem Vielvölkerstaat in Mittel- und Südosteuropa, der von 1918 bis 2003 bestand, bricht ein verheerender Bürgerkrieg aus – eben zwischen den verschiedenen Völkerschaften und „Rassen". Heute gibt es sechs international anerkannte Nachfolgestaaten Jugoslawiens: Bosnien und Herzegowina, Kroatien, Montenegro, Nordmazedonien, Serbien und Slowenien.
In dem furchtbaren Bürgerkrieg zwischen den verschiedenen Völkerschaften Jugoslawiens versuchen die Serben, angeführt von einem gewissen Radovan Karadžić, einem Mann bosnisch-serbischer Herkunft, mit inhumanen Terrormethoden einen möglichst großen Teil des Landes an sich zu reißen. Karadžić behauptet, es sei nur natürlich, über andere Volksgruppen zu „herrschen", weil diese seiner Ansicht nach „minderwertig" seien.
Es gelingt ihm, sich bis in die höchsten politischen Ämter hochzuboxen.

Danach ordnet Karadžić die furchtbarsten „Säuberungen“ an – aus Gründen der „Rasse“, aber auch aufgrund des religiösen Glaubensbekenntnisses. Die „niederen“ Völkerschaften werden nun vertrieben, deportiert und ermordet. Karadžić jubelt. Endlich wird aufgeräumt. Endlich kann die Herrenrasse in Jugoslawien die Zügel in die Hand nehmen. Persönlich heißt er den Massenmord gut. Die Grausamkeiten sind unvorstellbar. Selbst das Leben von Zivilisten wird nicht geschont. Karadžić lässt sogar muslimische Frauen und Kinder vertreiben und ermorden. Er ist ein ausgemachter Schlächter vor dem Herrn.

Das alles geschieht *Ende* des 20. Jahrhunderts, lange *nach* Hitler!

Aber wie begründet Karadžić seine Taten? Aaah, wir haben vergessen zu erwähnen, dass Karadžić ein *Psychiater* ist. Er stammt aus der Schule eines anderen „berühmten“ Psychiaters: Jovan Raskovic (1929 – 1992), der eine Art Mentor für Karadžić ist. Raskovic ist bekannt für seine hasserfüllten Schriften gegen Kroaten, Bosniaken und Muslime. Er glaubt, nach seinen eigenen Worten, die bosnischen Muslime seien fixiert auf ihre „anale Phase“ und Kroaten seien „niedrige Kastraten“ [4] Aufgrund dieser Eigenschaften müssten die Serben – wegen ihrer rassischen Überlegenheit – Autorität und Führerschaft einfordern und über andere Völker innerhalb Jugoslawiens herrschen.

Welch eine Rechtfertigung für Raub, Mord und Unterdrückung! Der Psychiater Karadžić ist ein gelehriger Schüler Raskovics und das ausführende Organ. Es gelingt ihm, den Krieg ständig am Brennen zu halten. Aufgrund seiner politischen Position kann er die entsetzlichsten Gemetzel anbefehlen. Die Erde färbt sich blutig rot.

Als die USA und verschiedene ehrenwerte Politiker Europas versuchen, diesem Gemetzel ein Ende zu bereiten, kristallisiert sich schon nach kurzer Zeit heraus, dass der wahre Kriegstreiber *Karadžić* ist, denn er ist für ein Blutbad nach dem anderen verantwortlich. Niemand liebt den Krieg so sehr wie er, niemand mordet mit einer wilderen Lust.

Ein internationaler Haftbefehl wird gegen ihn ausgeschrieben. Karadžić fühlt, der Boden unter seinen Füßen wird heiß. Er flieht und taucht unter. Schnell gibt er sich einen anderen Namen. Er heißt jetzt offiziell Dragan David Dabic. Rasch lässt er sich einen dichten Rauschebart wachsen, der ihn fast unkenntlich macht. Außerdem gibt er sich nun als Alternativmediziner aus. Die USA setzen fünf Millionen Dollar auf seinen Kopf aus für Hinweise, die zu seiner Verhaftung führen. Eine wilde Jagd beginnt. Schließlich wird er im Jahre 2008 geschnappt. Man stellt ihn vor das Kriegsgericht in Den Haag in den Niederlanden. Er verteidigt sich verzweifelt und wortreich, aber er kann niemanden überzeugen. Man untersucht seine Missetaten in völliger Objektivität. Nach jahrelangen Verhandlungen stellen die Richter fest, dass Karadžić, der Psychiater, zweifelsfrei ein Kriegsverbrecher ist, verantwortlich für Völkermord und „Verbrechen gegen die Menschlichkeit". Im Jahre 2019 wird er zu lebenslanger Haft verurteilt. Er verschwindet auf Nimmerwiedersehen hinter Gittern …

In fataler Weise fühlt man sich an einige Psychiater hinter Hitler erinnert, die ebenfalls die Flucht antraten und versuchten, sich zu verstecken.

Aber noch einmal: Das alles geschieht *Ende des 20. und Anfang des 21. Jahrhunderts!*

DIE PHARMAZEUTISCHE INDUSTRIE

Verzichten wir darauf, Seiten um Seiten über die Psychiatrie zu füllen. Oder müssen wir noch die Verbrechen der Psychiatrie in der Sowjetunion und in China zitieren, um auch die letzten Zweifler zu überzeugen? Dort wurden von Psychiatern ebenfalls Millionen von Menschen gefangen gehalten, gefoltert und ermordet.

Verzichten wir jedoch nicht darauf, noch einmal auf die dubiose Rolle der pharmazeutischen Industrie einzugehen; denn sie nahm ebenfalls Einfluss auf die Geschichte – in einem weitaus größeren Umfang, als es bis heute zugestanden wurde, denn Historiker sind keine Pharmakologen und schlagen sich ungern durch das Dickicht der medizinischen Fachausdrücke.

Zunächst ein Skandal der besonderen Güte, um ein wenig das „Klima" und die „Atmosphäre" zu beleuchten, die innerhalb der pharmazeutischen Industrie herrscht.

DIE WAHREN VÄTER DES HEROINS

Heroin, Heroin. Es handelt sich um eine der mörderischsten Drogen.

Im 19. Jahrhundert versuchen Chemiker, eine synthetische Droge zu entwickeln, die eine schmerzstillende Wirkung besitzen soll. Man forscht wie verrückt, schließlich geht es hier um einen Milliardenmarkt. Unglaubliche Gewinne winken. Innerhalb des pharmazeutischen Unternehmens *Bayer* entwickelt ein Chemiker schließlich das entsetzliche *Heroin.*

Wo ist Fußnote [5] ?

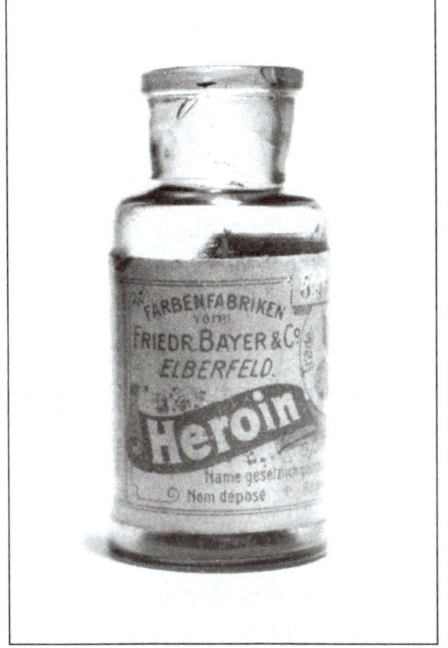

Abbildung 14: Heroin, entwickelt von der pharmazeutischen Industrie, angemeldet 1898. Der Markenname leitet sich her von dem Wort „Heros" (= Held).
Hier die ursprüngliche Flasche von Bayer, die um 1920 benutzt wird. Sie enthält fünf Gramm Heroin.
Hitler wird von Dr. Morell unter anderem auch Eukadol gespritzt – ein pharmakologischer Cousin des Heroins.

Die Werbekampagnen schlagen turmhohe Wellen. In zwölf Sprachen wird das „Schmerzmittel", das auch als „Hustenmittel" angepriesen wird, aggressiv vermarktet. Big Pharma behauptet, es wirke bei Bluthochdruck, Lungen- und Herzerkrankungen, Verstopfungen und sexueller Lustlosigkeit unter anderem – und besitze kaum Nebenwirkungen. Aber schon nach wenigen Jahren erkennt man, dass es in Hochgeschwindigkeit direkt in die Abhängigkeit führt. Andere Nebenwirkungen sind: Beschädigung des Zentralnervensystems, des Herzens, des Atemtraktes und der Leber.
Die pharmazeutischen Hersteller, die Top-Manager von Bayer, stehen Kopf. Was tun? Da hat man gerade Millionen und Millionen in die Werbekampagnen investiert. Und nun versuchen einige Korinthenkacker dem eigenen Unternehmen einen Strich durch die Rechnung zu machen und in die Suppe zu spucken. Nur weil es ein paar Junkies gibt. Dabei rollt der Rubel gerade so schön. Es ist zum Haare-ausraufen. Kann man nicht rasch noch ein paar Ärzte bezahlen, welche die Nebenwirkungen

herunterspielen? Sie müssen lediglich einige Befunde in Zweifel ziehen, was das Suchtpotenzial angeht. Es stehen doch genügend Doktoren auf der eigenen Gehaltsliste? Ein paar Prozesse mit ein paar Süchtigen könnte man finanziell leicht verkraften. Bei den satten Einnahmen, die das Heroin kreiert, kann man sie aus der Portokasse bezahlen. Himmel! Gerade ist man dabei, unanständig reich zu werden und sich den Beutel bis an den Rand zu füllen. Und jetzt das! Wie kann man es verhindern, dass Heroin vorzeitig vom Markt genommen wird?
So denken und kalkulieren (vielleicht) die Top-Manager des Konzerns. Die Zahl der Abhängigen steigt jedoch weiter sprunghaft an. In den USA erlässt man ein gesetzliches Verbot für Heroin. Damit befinden sich die Pharma-Manager endgültig in der Gefahrenzone.
Erst 1931 stellen die Manager von *Bayer* die Produktion von Heroin ein, nach einem langen, langen Zeitraum. Inzwischen hat das Unternehmen Unsummen verdient, vielleicht Milliarden von Dollars.
Was geschieht in der Folge: Schon bald schießen *illegale* Heroin-Hersteller und -Händler wie Pilze aus dem Boden. In Marseille entsteht die *French Connection*. Rohmaterial wird aus Indochina und der Türkei organisiert und nach Frankreich geschmuggelt, wo das Heroin hergestellt und vor allem in die USA verschifft wird. Die Zahl der Heroinsüchtigen steigt weiter und weiter. Zusätzlich entsteht die *Pizza Connection,* die von der italienischen Mafia organisiert wird. Auch Mexiko mischt früh im Heroinhandel mit.
Aaah, das schöne Geschäft ist dahin, dahin. Es befindet sich jetzt in anderen Händen.
Was passiert inzwischen in Deutschland?
Selbst Hitler kommt mit Heroin in Berührung, wie Autor Norman Ohler recherchierte. Nachweislich wird ihm *Eukadol* intravenös verabreicht – ein „pharmakologischer Cousin des Heroins“. [6]
In den Spitzenzirkeln der pharmazeutischen Industrie überlegt man angestrengt. Eine Notstandssitzung nach der anderen wird anberaumt. Wie kann man diesen hoch lukrativen Markt zurückgewinnen? Ein anderes Schmerzmittel muss her und zwar schnell. Und so verlegt man sich auf andere „Medikamente“, die ebenfalls satte Einnahmen versprechen. Aber es ist vertrackt. Viele von ihnen machen Patienten ebenfalls süchtig. Das Ergebnis? Viele Abhängige steigen auf Heroin um.
Was ist das weitere Resultat?

Milliarden und Milliarden von Dollars wandern aufgrund des Heroinhandels in die Taschen von Großkriminellen. Das Verbrechen weltweit wird in unvorstellbarem Ausmaß gefördert. Behaupte nie einer, die Drogenkrise, der wir uns heute alle ausgesetzt sehen, habe nichts mit der pharmazeutischen Industrie zu tun.

PERVITIN UND TEMMLER

Betrachten wir in diesem Sinne auch noch einmal das furchtbare *Pervitin,* das Methamphetamin-Präparat, das in einer schier unvorstellbaren Menge an Hitlers Soldaten verabreicht wurde – konkret verteilte man fünfunddreißig Millionen Tabletten an Heer und Luftwaffe – ganz abgesehen davon, dass diese Pille zum Niedergang und Größenwahn Hitlers beitrug. *Pervitin,* es ist kaum zu glauben, wurde erst im Jahre 1988 vom Markt genommen.

Die Pharma-Firma *Temmler* hielt die Rechte – bei der Temmler-Gruppe handelt es sich um eine der größten pharmazeutischen Unternehmen ganz Europas, sie ist in Deutschland, Irland, Italien und in der Schweiz vertreten.

Pervitin wurde also selbst nach 1945 weiter verabreicht. Es existierte weiter in den Armeen der Bundesrepublik und der DDR – man muss es sich vorstellen! Eine lupenreine Fortsetzung der Hitlerzeit! Die Bundeswehr wurde selbst noch bis in die 70er Jahre damit ausgestattet, die DDR-Armee bis 1988. Verharmlosend sprach man von *Muntermacher-Pillen.*

Zudem nutzten Leistungssportler Pervitin als Dopingmittel.

In den USA gebrauchte man *Pervitin* im Vietnamkrieg (1955 - 1975) – man muss sich auch diese Ungeheuerlichkeit vor Augen halten! Hitlers „Kriegstechniken“ wurden fortgesetzt, als hätte es den Zweiten Weltkrieg nie gegeben.

DIE NACHFOLGE-DROGEN

Die Nachfolge-Drogen bestehen in allen möglichen Formen und Variationen von Pervitin, aber immer ist *Crystal-Meth* mit von der Partie.

Sowohl die pharmazeutische Industrie als auch die „harte“ Drogenszene führen also die Tradition des „Medikamentes“ Pervitin fort, das in Wahrheit nie etwas anderes als eine furchtbare Droge war – kein „Medikament“ in einem guten Sinne.
Heute ist *Crystal-Meth* in einem unvorstellbaren Ausmaß verbreitet. Selbst Schokolade wurde damit versetzt. Zudem gibt es heute beispielsweise den *Chemsex.* Hierunter versteht man Sexualverkehr (chemischen Sex) unter dem Einfluss von synthetischen Drogen – wobei *Crystal Meth* die herausragende Rolle spielt. *Chemsex* ist vor allem in der Gay-Szene verbreitet, aber man findet ihn auch auf wilden Hetero-Partys. Geschlechtskrankheiten folgen oft auf dem Fuß, sowie alle möglichen „Nebenwirkungen“. Mittlerweile hat sich die Sitte, Chemsex zu betreiben, laut einschlägigen Untersuchungen verzehnfacht. [7]
In den USA werden *Methamphetamine* bis heute bei ADHS (Aufmerksamkeitsdefizit-Hyperaktivitätsstörung) bei Erwachsenen und Kindern eingesetzt, bei Kindern schon ab sechs Jahren. Die Spätfolgen und Nebenwirkungen können wir nicht einmal ansatzweise beschreiben, sie sind entsetzlich.
Crystal Meth wird geschnupft, geraucht, gespritzt und anal eingeführt, es gibt inzwischen sogar regelrechte Meth-Inhalierstifte.
Auf den Straßen spricht man von *Crystal, Crystal Speed, Yaba* oder *Crank.*
In Neuseeland nennt man Crystal Meth *Pee,* in Südafrika *Tik,* im Iran *Shishe* und auf den Philippinen und in Japan *Shabu. Wint* oder *Vint* heißt die Droge in Russland, wo sie unvorstellbar viele Anhänger findet, *Sisa* nennt man sie in Griechenland, wo sie sich ebenfalls rasant verbreitet, und *Ya Ba* in Thailand – was wörtlich „Droge des Wahnsinns“ bedeutet. In Thailand löst sie selbst das Heroin als Droge Nr. 1 ab. Wir finden *Crystal Meth* inzwischen in Bangladesch, in Indien, in Israel und in den USA.
Brauchen wir weitere Beweise, dass Hitlers Droge noch immer unter uns weilt, ja mittlerweile weltweit vertreten ist, wenn auch in anderen Varianten und unter anderen Namen?
Brauchen wir weitere Beweise für die Verbrechen der pharmazeutischen Industrie?

DIE UNHEILIGE ALLIANZ

„Vergessen" wird im Zusammenhang mit Crystal Meth, dass Pervitin ursprünglich von der *pharmazeutischen Industrie* erfunden, zusammengepantscht und in riesigem Stil verkauft wurde.
Wir denken heute mit einer gewissen Abscheu an die „harten Straßendrogen" und vergessen dabei, dass ursprünglich Chemiker der *pharmazeutischen Industrie* bei der Entwicklung vieler Straßendrogen Pate standen.
Big Pharma und die harte Drogenszene sind unter gewissen Gesichtspunkten betrachtet lediglich zwei Seiten einer Medaille, die da heißt:
FANTASTISCHE, RIESIGE GEWINNE DURCH DROGEN.
Und so wandern wir heute langsam aber sicher in Richtung einer Drogen-Gesellschaft. Noch einmal: Big Pharma spielt bei all dem den Vorreiter, zusammen mit der Psychiatrie. Die Straßendrogenszene wurde in der Vergangenheit mehr als einmal von Big Pharma befruchtet, wie allein die Entwicklung des Heroins beweist. Dennoch herrscht allgemein „Übereinstimmung" darüber, dass man nur Drogendealer jagen, schnappen und ins Gefängnis stecken sollte. Unter den Teppich gekehrt wird der Umstand, dass die pharmazeutische Industrie oft einfach in ihre Fußstapfen tritt. Die Geschäfte der Pharmaindustrie sind in der Folge jedoch „legal". Uns wird vorgegaukelt, dass Straßendrogen furchtbar sind, aber pharmazeutische Drogen völlig in Ordnung. Dabei bemerken wir nicht, dass wir an der Nase herumgeführt werden. Wir haben es hier manchmal mit dem gleichen Menschenschlag zu tun: mit Drogendealern.
Verwischt und verzerrt wird das Bild rasch durch Rechtfertigungen. Man will mit „pharmazeutischen Drogen" ja nur „Kranken helfen", heißt es etwa.
Erinnern Sie sich an den raffinierten, verbrecherischen Einsatz von *Emotionen* bei Hitler und Lenin? *Mitleid* hieß die Masche. Wer genug Mitleid heuchelte, konnte die Gemüter und die öffentliche Meinung für sich gewinnen.
Und so werden die Völker diesseits und jenseits des Atlantiks belogen, sie werden irregeführt. Sanft und unauffällig wird der Weg für „harte" Straßen-Drogen durch „weiche" Medikamente freigemacht. Viele legale Medikamente sind nichts als ein Sprungbrett für illegale Drogen. Und da Big Pharma überall die sündhaft teure Werbung finanziert, wagt niemand, gegen sie vorzugehen und die Wahrheit zu sagen.

Drogen sind Drogen. Ob sie nun einen beeindruckenden lateinischen Namen besitzen oder ob ihnen auf der Straße eine lässige Abkürzung verpasst wurde.

Noch einmal: Big Pharma befindet sich nicht nur im Schlepptau der Straßendrogenszene, sie ist gleichzeitig der Vorreiter – zumindest in einigen Belangen.

Dieser Umstand wird bis heute selten offen zu sagen gewagt.

DIE ZUKUNFT EINER DROGEN-GESELLSCHAFT

Längst gibt es sehr genaue Untersuchungen, was den übermäßigen Gebrauch von Drogen und Medikamenten angeht. Wir werden heute bombardiert mit Anzeigen von neuen, „wunderbaren" Medikamenten, wir werden von ihnen verfolgt und förmlich heimgesucht. Wir werden manipuliert, wir werden zu Ärzten gelotst und geschickt, um noch mehr, noch mehr, noch mehr Drogen einzuwerfen, die sich „Medikamente" nennen.

Aber die Zukunft einer Drogengesellschaft sieht so aus: (1) Die Selbstverantwortung sinkt, (2) desgleichen die Verantwortung gegenüber unseren Mitmenschen. (3) Mehr und mehr Krankheiten entstehen. (4) Drogenabhängige arbeiten weniger. (5) Die Selbstmord-Quote nimmt zu. (6) Dem Sozialstaat entstehen höhere Kosten. (7) Die ältere Population wird gefährdet. (8) Kinder werden frühzeitig mit Drogen („Medikamenten") in Berührung gebracht und zu Drogenabhängigen erzogen. (9) Bestimmte Zielgruppen werden in den Drogensumpf gezogen, wie zum Beispiel Sportler oder auch Tierhalter mittlerweile.[8]

Von Psychiatern und Ärzten werden heute mit einer ungeheuren Sorglosigkeit (oder Gier?) neue Krankheiten und „Risikofaktoren" definiert. Daraufhin werden punktgenau auf diese neuen Probleme zugeschnitte Pillen zusammengepantscht und mit aufwendigen, sündhaft teuren Werbekampagnen vermarktet. Es handelt sich um ein Milliardengeschäft.

Der absolute Horror sind Psychodrogen, zu denen auch *Crystal Meth* gehört, in der einen oder anderen Form, unter diesem oder jenem Namen, aber es gibt sehr viel mehr höchst bedenkliche Medikamente. Psychodrogen sind ein ganzes Marktsegment mittlerweile. Aggressiv verkauft werden sie an Krankenhäuser, Doktoren und Endverbraucher.

Die Gewinnspannen sind gigantisch, zu Höchstpreisen werden sie verscherbelt. Der wahre „Preis“ liegt dabei noch höher: Die gesamte Welt bewegt sich damit in Richtung einer Drogengesellschaft.
Dabei sind die Nebenwirkungen von *Meth* allein zahlreich und sollten jedem zu denken geben: Das Immunsystem wird geschwächt, auf Dauer treten Magengeschwüre und Schlaf- und Herzrhythmusstörungen auf. Paranoia und Halluzinationen sowie eine gesteigerte Aggressivität folgen auf dem Fuß. Weiter können die Zähne ausfallen und Gedächtnisstörungen eintreten. Depressionen und Angstzustände sind gratis. Während der Schwangerschaft kann es zu Fehlbildungen des Fötus` kommen.
Und so gelangen wir zu einer völlig neuen Betrachtungsweise.

HITLER UND DIE PSYCHIATRIE

Die (inhumane) Psychiatrie im Verbund mit einer (verantwortungslosen) pharmazeutischen Industrie weilt noch immer unter uns. Die Sünden wurden nie systematisch aufgearbeitet, echte Konsequenzen nie gezogen.
Psychiater retteten sich geschickt aus der Hitlerzeit in die Gegenwart. Sie veränderten ihre Namen und die Namen ihrer Institutionen, damit man ihnen nicht auf die Schliche kommen konnte. Sie maskierten ihre Verbrechen und machten später weiter, als wäre nichts geschehen.
Wir brauchen deshalb eine Bewegung wider die Psychiatrie und gegen Big Pharma, zumindest wenn sie mit Psychopillen handelt. Immerhin wurden mit Pervitin-Pillen Soldaten in Kriege gehetzt und nachweislich enthemmt. Zunächst darf der Staat den Herren Psychiatern keine Gelder mehr zur Verfügung stellen, wie das heute immer noch vielerorts geschieht. Darüber hinaus ist es notwendig, die Vergangenheit sauber aufzuarbeiten und völlig neue Wege im Gesundheitswesen zu beschreiten. Wir dürfen nicht gestatten, dass die Psychiatrie ein Monopol hinsichtlich „geistiger Gesundheit“ besitzt, denn ihre Geschichte ist zu schrecklich.
Psychiater waren in vielen (historisch einwandfrei dokumentierbaren Ereignissen) nachweislich für die Ausrottung von Millionen von Menschen verantwortlich.

Psychiater sind im Bestfall Quacksalber, im schlechtesten Fall Massenmörder.

Erst wenn der Einfluss der Psychiatrie zurückgefahren worden ist, wird das Kapitel *Hitler* vollständig abgeschlossen sein.

Wir haben also noch immer nicht hinter dem „Führer" richtig aufgeräumt.

Es geht nicht nur darum, künftige Hitlers zu verhindern, obwohl das bereits mehr als ein nobles Unterfangen ist. Es geht auch darum, nicht mehr zuzulassen, dass Psychiater erneut die Autoren- und Theater-Texte für einen Schauspieler und Verbrecher wie Adolf Hitler schreiben.

LITERATURVERZEICHNIS

Adolf Hitler, das Rätsel

1 Vgl. George Patton, https://1000-zitate.de/autor/George
2 Vgl. Werner Maser, Mein Schüler Hitler, Pfaffenhofen 1975
3 Vgl. https://www.hausarbeiten.de/document/108891

Die teuflischen Einflüsse

1 Thomas Röder, Die Männer hinter Hitler, Malters, 1994, S. 126
2 Vgl. Paul Kennedy, Aufstieg und Fall der großen Mächte, London 1987, auch veröffentlicht bei Amazon
3 Joachim Fest, Hitler, Frankfurt 2007, S. 37
4 Ian Kershaw, Hitler, München, 2009
5 Vgl. Frank Fabian, Ungewöhnliches politisches Wörterbuch, Suhl, 2017, Stichwort „Aufklärung“
6 Siehe Frank Fabian, Die mächtigsten Geheimbünde in Geschichte und Gegenwart, Suhl, 2016
7 Will Durant, Die Napoleonische Ära, Frankfurt, Berlin, 1982, S. 91
8 Charles Darwin, Die Abstammung des Menschen und die geschlechtliche Zuchtwahl, I. Teil, Stuttgart 1871, S. 145
9 Friedrich Nietzsche, Werke in fünf Bänden, Hrsg. Karl Schlechte, München 1965, Werke III, S. 425 und S. 586
10 Friedrich Nietzsche, a. a. O., Werke III, S. 428
11 Arthur Gobineau, Versuch über die Ungleichheit der Menschenrassen, frz. Essai sur l`inégalité des races humaines, Paris 1853
12 Thomas Röder, Die Männer hinter Hitler, a. a. O., S. 61ff
13 Thomas Röder, Die Männer hinter Hitler, a. a. O., s. 81ff
14 Vornbaum, Anklageschrift, S. XXIII
15 Vgl. Spiegel 1988, Die Mörder sind noch unter uns, Heft 25, sowie Thomas Röder, a. a. O., S. 146
16 Thomas Röder, a. a. O., S. 159
17 Thomas Röder, a. a. O., S. 162
18 Vgl. Hermann Keppler, Der sanfte Schrei, München 1988
19 Vgl. https://derblickfaenger.wordpress.com/2014/01/18/psychiatrie-die-endgultige-bankrotterklarung-einer-pseudowissenschaft-meinungsverbrechen-de/Sowie viele andere Eintragungen im Internet

Wie man sich einen ganzen Staat in die Tasche steckt oder Das Spiel um die Macht

1 Frank Fabian, Die geheim gehaltene Geschichte Deutschlands, München, 2020[6], S. 292f

2 Zitiert nach: Frank Fabian, a. a. O., S. 316ff

3 Vgl. Stichwort Adolf Hitler, Wikipedia

4 Siehe Ian Kershaw, a. a. O., S. 166

5 Vgl. https://www.spiegel.de/panorama/historiker-overy-im-interview-hitler-wurde-von-lenin-beeinflusst-a-402650.html
Vgl. auch Richard Overys Buchs, Die Diktatoren, München, 2005

6 Vgl. die Darstellung der Biographie Lenins mit Frank Fabian, Die geheim gehaltene Geschichte Deutschlands, a. a. O., S. 291ff

7 Siehe Hermann Weber, Lenin, Reinbek bei Hamburg, 1970[19]

8 Frank Fabian, a. a. O., S. 294f

9 Siehe Wolfgang Benz, Wie wurde man Parteigenosse, Frankfurt, 2009

10 Vgl. Adolf Hitler, Mein Kampf, München, 1936, S. 197, 201, 203, 523

11 Frank Fabian, Fake News, München, 2019, S. 117ff

12 Golo Mann, Deutsche Geschichte 1919 – 1945, Frankfurt 1959, S. 102

13 Golo Mann, a. a. O., S. 101. Die Texte Manns sind hier aus dramaturgischen Gründen ins Präsens gesetzt

14 Es gibt von Lenins Werken verschiedene Gesamtausgaben, einige belaufen sich auf 55 Bände, andere auf 40 Bände. Vgl. W. I. Lenin: Полное собрание сочинений, Gesammelte Werke (55 Bände), im Internet abrufbar, 2010[5]
W. I. Lenin. Sämtliche Werke. Vom Lenin-Institut in Moskau autorisierte Ausgabe, Wien 1927–1931.

15 Frank Fabian, Fake News, a. a. O., S. 129

16 Vgl. Walther G. Oschilewski, Zeitungen in Berlin, Berlin, 1975

17 Werner Klose, Hitler und sein Staat, Tübingen 1979, S. 21ff

18 Alfred Rosenberg, zitiert nach Sabine Behrenbeck, Deutsche Erinnerungsorte, Band III, München, 2001

19 Vgl. Richard Overy, Die Diktatoren, a. a. O.

20 Siehe das „Schwarzbuch des Kommunismus“. Es gibt verschiedene Ausgaben, wie etwa Stéphane Courtois, Nicolas Werth, Jean-Louis

Panné, Andrzej Paczkowski, Karel Bartošek, Jean-Louis Margolin, Rémi Kauffer, Pierre Rigoulot, Pascal Fontaine, Yves Santamaria, Sylvain Boulouque: Le livre noir du communisme – Crimes, terreur, répression. Robert Laffont, Paris 1997.

21 Vgl. Frank Fabian, die größten Geschichtsfälschungen, München 2020^{2}

Hitlers Geheimbündelei

1 Vgl. Ernst Röhm, Die Geschichte eines Hochverräters, München 1928, siehe auch die Dokumente in der Deutschen Nationalbibliothek.

2 Kurt Bauer, Nationalsozialismus, Böhlau, Wien, 2008, S. 75

3 Vgl. Diese und die weiteren Ausführungen: Frank Fabian, die mächtigsten Geheimbünde, München, 2020^{2}, S. 215ff

4 Siehe Jim Marrs, Verschiedene Werke, so z. B. The Rise of the 4. Reich, zu finden bei Amazon, 2009

5 Siehe mehrere Einträge bei Wikipedia, Stichworte Jim Marrs, Vril-Gesellschaft, Thule-Gesellschaft

6 Vgl. verschiedene Kurzfilme des History-Channels in den USA, die sich mit dem Thema „Hitler und Esoterik“ befassen.

7 Vgl. Hermann Gilbhard, Die Thule-Gesellschaft, München, 2015

8 Siehe Frank Jacob, Die Thule-Gesellschaft, Berlin 2010, sowie Norbert Frei, Journalismus im dritten Reich, München, 1999

Hitlers Obsession mit dem Militär

1 Vgl. Bettina Amm, Ludendorff-Bewegung, in: Wolfgang Benz, Handbuch des Antisemitismus, Berlin 2012

2 Gerhard Ritter, Staatskunst und Kriegshandwerk, München 1964, S. 253

3 Vgl. Frank Fabian, Die geheim gehaltene Geschichte Deutschlands, a. a. O., S. 264ff

4 Siehe beispielsweise Ulrich Schlie, Wie Hitler Bismarck für seine Zwecke nutzte, 2014, https://www.welt.de/kultur/article125180436/Wie-Hitler-Bismarck-fuer-seine-Zwecke-nutzte.html

5 Frank Fabian, Die geheim gehaltene Geschichte Deutschlands, a. a. O., S 195ff

6 Siehe William R. Gaede, Wie dachte Lessing über Friedrich II.? in: The Journal of English and German Philology, Illinois, 1936, S. 546ff

7 Siehe Jürgen von Stackelberg, Voltaire und Friedrich der Große, Erlangen, 2013

Propaganda und Kampf: 1923 – 1933

1 Vgl. Ian Kershaw, Stuttgart 1998, S. 360, Zitat ins Präsens gesetzt

2 Bruno Gebhardt, Handbuch der Deutschen Geschichte, IV. Band, Stuttgart, 1959, S. 122ff

3 Vgl. Karl Heinrich Pohl, Gustav Stresemann, Göttingen, 2015

4 Die beste Darstellung des gesamten Ruhrkampfes findet sich bei: Bruno Gebhardt, a. a. O., S. 128ff

5 Fritz Blaich, Der schwarze Freitag, München, 1985

6 Hagen Schulze, Kleine deutsche Geschichte, München 1998

7 Gebhardt, a. a. O. S. 143ff

8 Siehe u. a. Ferdinand Siebert, Aristide Briand, Erlenbach/Zürich 1973

9 Gebhard, a. a. O., S. 153ff

10 Zitat nach Heinrich Pohl, a. a. O.

11 Zum Stichwort Reparationen siehe Bruno Gebhardt sowie Eberhard Kolb, Der Frieden von Versailles, München, 2005

12 Cicero, De oratore, Über den Redner, Stuttgart, 2001[4]

13 Vgl. Hitler, Mein Kampf, verschiedene Ausgaben. Hier wird im Allgemeinen Bezug genommen auf Maser, Adolf Hitler, Mein Kampf. München, 1974

14 Werner Maser (Hrsg.) Paul Devrient, Mein Schüler Adolf Hitler, München, 2003, S. 46

15 Frank Fabian, Die geheim gehaltene Geschichte Deutschlands, a. a. O., S. 329

Die Diktatur der Nazis

1 Frank Fabian, Die geheim gehaltene Geschichte Deutschlands, a. a. O., S. 329ff

2 Vgl. Jürgen Trimborn, Riefenstahl, Berlin 2002, sowie André Müller, Man will, dass ich mich schuldig fühle, in: Die Weltwoche 33, 2002

3 Siehe Leni Riefenstahl, in: The Telegraph, 10/ 9/2003, sowie andere internationale Pressestimmen wie der Nachruf der TIMES im gleichen Jahr.

Hitler und der Zweite Weltkrieg

1 Vgl. Gerhard Förster, Totaler Krieg und Blitzkrieg, Berlin, 1967

2 Siehe Michale Sontheimer, Hitlers Blitzkriege, In: Spiegel, 5. 2. 2005, Text aus dramaturgischen Gründen ins Präsens gesetzt

3 Vgl. Frank Fabian, Die geheim gehaltene Geschichte Deutschlands, a. a. O., S. 358ff

4 Vgl. Nazi Secret Files, TV-Sendung vom 30. Juni 2020, AHC-Channel, USA

5 Siehe European Monitoring Centre for Drugs and Drug Addiction, Brüssel, 2008. Vgl. weiter Interpol Report on Methamphetamine, Lyon, 2005 sowie Narconon International information on methamphetamine, www.narconon.org

6 Vgl. die MDR-Sendung Zeitreise, vom 5. 4. 2016

7 Siehe oben zitierte MDR-Sendung

8 Norman Ohler, der totale Rausch, erschienen bei Amazon, 2015

Geheimnis enthüllt: Adolf Hitler

1 Frank Fabian, Was wir aus 10 000 Jahren Geschichte lernen können, Suhl, 2001
Auch Will Durant etablierte verschiedene Lehren und Lehrsätze der Geschichte, aber ohne jede Systematik.

2 Frank Fabian, Fake News, München 2019

3 Frank Fabian, Die geheim gehaltene Geschichte Deutschlands, München, 2020[5], S. 370ff

4 Aufgeklärt wird hierüber in diesem Buch: Frank Fabian, Top-Spione, die Weltgeschichte schrieben, München, 2019

Die Psychiatrie unter dem Vergrößerungsglas

1 Siehe Benjamin Rush, Medical Inquiries and Observations, Upon the Diseases of the Mind, Philadelphia, 1812

2 Siehe John Gramlich, Factank, The gap between the number of blacks and whites in prison is shrinking, 2019, https://www.pewresearch.org/fact-tank/2019/04/30/shrinking-gap-between-number-of-blacks-and-whites-in-prison/

3 Siehe https://www.ncbi.nlm.nih.gov/pmc/articles/PMC2418996/

4 Siehe Internet-Archiv vom 28. März 2014, Psychiatrie – Methoden im internationalen Terrorismus, S. 23

5 Vgl. diesen Weblink: Robin Munro, Dangerous Minds, Political Psychiatry in China Today and its Origins in the Mao Era, Human Rights Watch, August 2002, abgerufen am 19. November 2015

6 Vgl. https://www.vice.com/de/article/avqa4g/der-totale-rauschvon-crystal-bis-kokain-hat-das-dritte-reich-nichts-ausgelassen

7 Daniel Deimel u. a., Drug use and health behavior among German men, in: Harm Reduction Journal, Band 13, Berlin, New York u. a., 2016 S. 36. Vgl. Auch Focus vom 4. März 2016

8 Siehe Ron Gilbert, Side Effects, Clearwater 2008, S. 7ff

BILDVERZEICHNIS/QUELLENNACHWEIS

Abbildung 1: Nürnberger Reichsparteitag
Everett Collection durch shutterstock.com lizensiert

Abbildung 2: Hitler mit Hitlergruß
Everett Collection durch shutterstock.com lizensiert

Abbildung 3: Hitler mit Hitlergruß
Elzbieta Sekowska, „BERLIN, GERMANY, CIRCA 1938 - Vintage portrait of Adolf Hitler, leader of nazi Germany", https://www.bigstock-photo.com/de/image-62413511/stock-foto-berlin%2C-germany%2C-circa-1938-vintage-portrait-of-adolf-hitler%2C-leader-of-nazi-germany, 26.11.2021

Abbildung 4: Madame Tussauds Wachsfigurenkabinett Prag
pierwszy, „PRAGUE, CZECH REPUBLIC - MAY 2017: Adolf Hitler statue in the Madame Tussaud museum in Prague. Madame Tussaud museum is the museum of the wax figures", https://www.bigstockphoto.com/de/image-234397765/stock-foto-prague%2C-czech-republic-may-2017%3A-adolf-hitler-statue-in-the-madame-tussaud-museum-in-prague-madam, 26.11.2021

Abbildung 5: SS-Totenkopfring – Nachbildung
Von Helfmann - Selbst fotografiert, CC BY-SA 3.0, https://commons.wikimedia.org/w/index.php?curid=11808873

Abbildung 6: Lenin
TASS/Archive, „Wie sammelt man Geld für eine Revolution? Lernen Sie von den Bolschewiki!“, https://de.rbth.com/kultur/geschichte/2017/09/04/wie-sammelt-man-geld-fur-eine-revolution-lernen-sie-von-den-bolschewiki_833390, 26.11.2021

Abbildung 7: Hammer- und Sichel-Symbol
cigdemsimsek, „Communist symbols hammer and sickle on red. 3D illustration.“, https://www.bigstockphoto.com/de/image-246061963/stock-foto-communist-symbols-hammer-and-sickle-on-red-3d-illustration, 206.11.2021

Abbildung 8: Helm mit Hakenkreuz
Artsiom P, „Old German military helmet armrest with swastika of world war II for any purpose“, https://www.bigstockphoto.com/de/image-246565210/stock-foto-old-german-military-helmet-armrest-with-swastika-of-world-war-ii-for-any-purpose, 26.11.2021

Abbildung 9: Briefmarke mit Hitler als Motiv
kostiuchenko, „GERMAN REICH. Circa 1939 - c.1944: A postage stamp with portraying of Adolf Hitler“, https://www.bigstockphoto.com/de/image-158062754/stock-foto-german-reich-circa-1939-c-1944%3A-a-postage-stamp-with-portraying-of-adolf-hitler, 26.11.2021

Abbildung 10: Ludendorff und Hitler
Von Bundesarchiv, Bild 102-16742 / CC-BY-SA 3.0, CC BY-SA 3.0 de, https://commons.wikimedia.org/w/index.php?curid=5481366

Abbildung 11: Friedrich der Große
akg-images.de

Abbildung 12: Hitler, verklärt von Riefenstahl
Photo by Hulton Archive/Archive Photos via Getty Images

Abbildung 13: Hitler, drogensüchtig
Photo by ullstein bild Dtl. / ullstein bild via Getty Images

Abbildung 14. Heroinflasche von Bayer
Von Mpv_51 at English Wikipedia - Transferred from English Wikipedia, Gemeinfrei, https://commons.wikimedia.org/w/index.php?curid=546164

ZUM AUTOR

Frank Fabian (Pseudonym) studierte Geschichte, Germanistik und Philosophie in Würzburg und Frankfurt.
Der ehemalige Fernsehjournalist, der im ZDF für über zweihundert Filmbeiträge verantwortlich zeichnete, schrieb bislang fünfundzwanzig (Geschichts-)Bücher.
Fabian wurde unter anderem in Deutschland, Russland, in der Tschechischen Republik, in den Niederlanden, Bulgarien, in den USA und Polen publiziert.
Er erhielt verschiedene Auszeichnungen, so dreimal die Goldene Feder.
Im Jahre 2004 wanderte Fabian aus in die Vereinigten Staaten von Amerika; er lebt heute in Florida.

Erfolgstitel in Deutschland:
- Die Größten Lügen der Geschichte
- Die *geheim* gehaltene Geschichte Deutschlands
- Die mächtigsten Geheimbünde in Geschichte und Gegenwart
- Die internationale Banken-Mafia
- Top-Spione, die Weltgeschichte schrieben
- Die Kunst des Regierens
- Die Kunst des Friedens
- Was wir aus 10.000 Jahren Geschichte lernen können
- Regierungskunst 4-0
- Ungewöhnliches politisches Wörterbuch
- Die Erfolgsgeheimnisse Singapurs

Im gleichen Verlag erschienen

Die brisanteste Politik-Recherche des 21. Jahrhunderts mit spektakulären und einfachen Lösungsansätzen.

F. Fabian / Dr. W. Maruschky
ISBN: 978-3-936652-13-0
Preis: 9,80 Euro

Lernen, wie man regiert von den erfolgreichsten Geistern der Weltgeschichte.

Für eine bessere und gerechtere Welt! Wissen, wie es geht!

Frank Fabian
ISBN: 978-3-936652-34-5
Preis: 9,80 Euro

Eine neue politische Philosophie und Regierungsform wird vorgestellt.

Deutschland in Gefahr!
Lösung: Steuern runter!
einfacher!
gerechter

Petra Riechert / Frank Fabian
ISBN: 978-3-936652-20-8
Preis: 9,80 Euro

Was Sie für Ihren Geldbeutel tun können.

Erleben Sie die Gedankenwelt und Visionen der Unternehmerin und Politikerin zur Zukunftsfähigkeit unserer Gesellschaft hautnah mit. Und lassen Sie sich auf die komplexe Welt des gesellschaftlichen Lebens ein. Denn: Demokratie lebt vom Mitmachen.

Dr. Ute Bergner
ISBN: 978-3-936652-36-9
Preis: 13,80 Euro

Vorbild Natur - Auf Augenhöhe vernetzt
Von der Natur lernen, heißt Leben lernen

Mit einer neuen Politphilosophie von der „Pirateninsel" zu einem der erfolgreichsten Staaten des Planeten

Bernhard Seitz / Frank Fabian
ISBN: 978-3-936652-36-9
Preis: 13,80 Euro

Ein praktisches Vorbild zur Reformierung gegenwärtiger Regierungssysteme

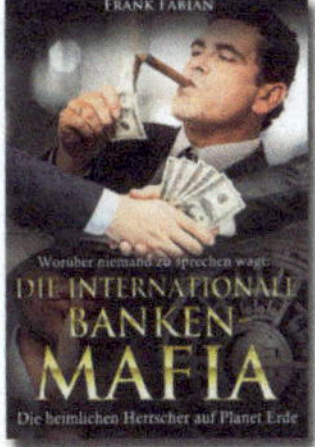

Die Operationsweise „internationaler Bankiers" wird exakt belegt und dokumentiert, wie die Förderung von Kriegen, die Irreführung des Verbrauchers, die Manipulation von Aktien, Gold, Wahlen oder ganzen Nationen.

Frank Fabian
ISBN: 978-3-936652-24-6
Preis: 9,80 Euro

Ein Buch, dass an Spannung nicht zu überbieten und dessen aufklärerischer Wert unschätzbar ist.